Max Kruse bei einer Lesung in Donauwörth 2005. Foto: Stefan Sisulak © Stadt Donauwörth.

Max Kruse (1921–2015)

Gedenkband zum 100. Geburtstag des Schriftstellers und Kinderbuchautors

Im Auftrag der Deutschen Akademie für Kinder- und Jugendliteratur

herausgegeben von
Claudia Maria Pecher und Hans-Heino Ewers

Schwabe Verlag

MIX
Papier aus verantwortungsvollen Quellen
FSC
www.fsc.org
FSC® C083411

Bibliografische Information der Deutschen Nationalbibliothek
Die Deutsche Nationalbibliothek verzeichnet diese Publikation in der Deutschen Nationalbibliografie; detaillierte bibliografische Daten sind im Internet über http://dnb.dnb.de abrufbar.

Abbildung Umschlag: © Andreas Baar, Penzberg
Umschlaggestaltung: icona basel gmbh, Basel
Layout: icona basel gmbh, Basel
Satz: 3w+p, Rimpar
Druck: CPI books GmbH, Leck
Printed in Germany
ISBN Printausgabe 978-3-7574-0070-5
ISBN eBook (PDF) 978-3-7574-0072-9
DOI 10.31267/978-3-7574-0072-9
Das eBook ist seitenidentisch mit der gedruckten Ausgabe und erlaubt Volltextsuche. Zudem sind Inhaltsverzeichnis und Überschriften verlinkt.

rights@schwabeverlag.de
www.schwabeverlag.de

Herausgeber und Verlag danken der Giordano-Bruno-Stiftung,
der Internationalen Buchwissenschaftlichen Gesellschaft – gefördert
durch die Waldemar-Bonsels-Stiftung,
der Deutschen Akademie für Kinder- und Jugendliteratur, Volkach,
sowie den Städten Donauwörth und Penzberg
für die Unterstützung der Publikation.

Inhalt

Anhang

Vorwort

Im Jahr 2000 hat die Deutsche Akademie für Kinder- und Jugendliteratur, Volkach, Max Kruse den Großen Preis verliehen. Sie nimmt dessen 100. Geburtstag am 19. November 2021 zum Anlass, die allgemeine Aufmerksamkeit ein weiteres Mal auf diesen Schriftsteller und Kinder- und Jugendbuchautor zu lenken. Für viele Generationen ist der Name Max Kruse mit den *Urmel*-Geschichten verbunden, die sie in ihrer Kindheit rezipiert haben – sei es in Buchform, als Hörspiel, als Fernsehserie oder als Animationsfilm. Das sonstige breite literarische Schaffen dieses Autors ist dagegen vielfach in Vergessenheit geraten. Max Kruse den ihm zustehenden Platz in der Geschichte der deutschen Kinder- und Jugendliteratur zu verschaffen, ist das Hauptanliegen dieser Gedenkschrift. Max Kruses internationale Wirkung muss späteren Studien überlassen bleiben.

Im Sommersemester 2020 hat ein Projektseminar im Masterstudiengang der Buchwissenschaften der Ludwig-Maximilians-Universität München die weitausgreifende multimediale Verwertung der Kinderserien Max Kruses erforscht und dokumentiert. Einige der in diesem Rahmen angefertigten Dossiers sind im Anhang dieses Bandes abgedruckt. Sie belegen, dass Medienverbundsysteme auf dem Feld der Kinderliteratur bereits in den 1960er und 1970er Jahren hoch entwickelt waren und noch auf originär deutschen Stoffen beruhten.

Dem Zentrum für Buchwissenschaft der LMU München sei für die Unterstützung dieses Projektes gedankt. Ein besonderer Dank geht an Franziska Willbold für das Korrekturlesen des Manuskripts. Der Bibliothek für Jugendbuchforschung im Bibliothekszentrum Geisteswissenschaften der Goethe-Universität Frankfurt am Main gebührt ein großer Dank für die unermüdliche Beschaffung der Primärliteratur. Ohne die hervorragenden Kinderbuchbestände dieser Sammlung wäre diese Gedenkschrift nicht zustande gekommen.

Dieser Band erscheint zum 100. Geburtstag des Schriftstellers. Seine Ergebnisse werden der Öffentlichkeit im Rahmen einer Tageskonferenz am 18. November 2021 in München präsentiert. Den Hauptteil der Förderung dieses Projektes kommt von der Internationalen Buchwissenschaftlichen Gesellschaft – gefördert durch die Waldemar-Bonselsstiftung, deren Vorstand die Herausgeber dieses Bandes ihren Dank aussprechen. Die Arbeiten an dieser Gedenkschrift wurden mit dem Gefühl abgeschlossen, nur erste Türen für die Erforschung des Werks von Max Kruse geöffnet zu haben. Möge dieser Band den Startschuss für eine weitere Kruse-Erforschung abgeben.

Claudia Maria Pecher
Hans-Heino Ewers

Einleitung

Dem Vater des Urmel und dem Schriftsteller Max Kruse ein Denkmal

Hans-Heino Ewers, Frankfurt am Main

Am 19. November 2021 wäre Max Kruse 100 Jahre alt geworden. Die Deutsche Akademie für Kinder- und Jugendliteratur, Volkach, hat sich aus diesem Anlass entschieden, diesen Schriftsteller und Kinder- und Jugendbuchautoren mit einer Gedenkschrift zu würdigen. Ganze Generationen zumindest aus Westdeutschland dürften lebhafte Erinnerungen an ihre kindliche Rezeption der *Löwe*- oder *Urmel*-Geschichten haben, so sehr ihnen der Name des Urhebers auch entfallen sein mag. Das Urmel mag ihnen dabei in Buchform, als Puppenspiel im Fernsehen, auf Hörkassette, in Hörspielform, als Theateraufführung oder als Zeichentrick-Kinofilm begegnet sein. Max Kruses Geschichtenfolgen ist nicht zuletzt dank ihrer zahllosen medialen Adaptionen ein andauernder überwältigender Erfolg beschieden worden, wodurch sie zu einem Bestandteil der deutschen Kinderkultur des späten 20. und beginnenden 21. Jahrhunderts geworden sind.

Im zweiten Band des von Klaus Doderer herausgegebenen *Lexikons der Kinder- und Jugendliteratur* ist Max Kruse ein Artikel gewidmet. An dessen Ende wird Kruse «als einer der einfallsreichsten, meistbeschäftigten Kinderschriftsteller der Gegenwart» bezeichnet, dem «die Vermarktung seiner erfolgsgewöhnten Produkte auch in anderen Medien gelungen» sei und der «in der Geschichte der deutschen Kinderliteratur einen festen Platz einnehmen» werde.[1] Zumindest bezüglich der Geschichtsschreibung der Kinder- und Jugendliteratur hat sich diese Prophezeiung ganz und gar nicht erfüllt. In der von Reiner Wild 1990 herausgegebenen *Geschichte der deutschen Kinder- und Jugendliteratur* wird Max Kruse nur zweimal beiläufig erwähnt,

1 Lexikon der Kinder- und Jugendliteratur. Hrsg. v. Klaus Doderer. Zweiter Band: I–O. Weinheim, Basel: Beltz 1977, S. 278. Der Verfasser ist Hans Gärtner.

seiner großen Kinderserien gar nicht gedacht.[2] Ähnlich verhält es sich in den beiden von Günter Lange 2000 und 2012 herausgegebenen Handbüchern zur Kinder- und Jugendliteratur.[3] An Einzelstudien und Monographien speziell zu Max Kruse mangelt es seit Jahrzehnten. Für die Kinder- und Jugendliteraturwissenschaft und -didaktik seit den 1970er/1980er Jahren sind Max Kruse und sein kinder- und jugendliterarisches Schaffen schlicht nicht existent.

Die Beiträgerinnen und Beiträger einschließlich der Herausgeber dieses Gedenkbandes machen da keine Ausnahme: Niemand von Ihnen hat sich zuvor mit diesem Autor und dessen umfangreichem Oeuvre befasst. Sie alle haben sich auf ein Unternehmen mit ungewissem Ausgang eingelassen. Allen Beiträgen ist eine gewisse Entdeckerfreude anzumerken wie bei ihnen auch eine Verwunderung darüber zu spüren ist, was bislang unbeachtet geblieben ist. Alle sind von der Überzeugung getragen, dass hier ein Autor und dessen Schaffen völlig zu Unrecht ignoriert worden sind. Der vorliegende Gedenkband möchte allerdings nicht nur den Autor der *Löwe-* und der *Urmel*-Serie, sondern Max Kruse als Schöpfer eines vielgestaltigen literarischen Werks (auch für Erwachsene) würdigen und diesem – in Erfüllung gewissermaßen der Prophezeiung Hans Gärtners – endlich einen Platz in der Geschichte der deutschen Kinder- und Jugendliteratur verschaffen.

Nun ist es nicht nur Max Kruses Kinderserien so ergangen. Auch andere Kinderserien rein unterhaltenden Charakters – die *Pumuckl-*, die *Wawuschel-* oder die *Kleine Vampir*-Serie bspw.[4] – sind von der Kinderliteraturgeschichtsschreibung so gut wie unbeachtet geblieben. Verantwortlich für diese Ausblendung dürfte die neue grundlegende Kinder- und Jugendliteraturauffassung gewesen sein, wie sie seit den 1970er Jahren in Vermittler-, Kritiker-

---

2 Reiner Wild (Hrsg.): Geschichte der deutschen Kinder- und Jugendliteratur. Stuttgart u. a.: Metzler 1990.

3 Günter Lange (Hrsg.): Taschenbuch der Kinder- und Jugendliteratur. 2 Bde. Baltmannsweiler: Schneider Verlag Hohengehren 2000; ders. (Hrsg.): Kinder- und Jugendliteratur der Gegenwart. Ein Handbuch. Schneider Verlag Hohengehren 2012.

4 Die *Pumuckl*-Serie von Ellis Kaut startete 1965 in Buchform, nachdem sie zuvor als Radiohörspiel gesendet wurde (ab 1962), als Fernseh-Serie ausgestrahlt ab 1982. Die *Wawuschels* von Irena Korschunow erschienen ab 1967 und wurden ab 1970 filmisch umgesetzt. Die *Kleine Vampir*-Serie von Angela Sommer-Bodenburg kam ab 1979 auf den Markt und wurde mehrfach filmisch bzw. medial umgesetzt.

und Wissenschaftlerkreisen vorherrschte. Es sollten nicht nur die kindlichen und jugendlichen Leser ernst genommen, sondern auch die Kinder- und Jugendliteratur als eine überaus ernste Angelegenheit begriffen werden. Unterhaltende, belustigende, spaßhafte, nonsenshafte Angebote gerieten in Verdacht, die jungen Rezipienten von der erforderlichen Auseinandersetzung mit der eigenen Umwelt und den inneren Bedrängnissen abzuhalten. Emanzipatorische Kinder- und Jugendliteratur war nur denkbar als eine Literatur des Daseinsernstes und der Problembewältigung; Realismus wurde zur wertmäßigen Schlüsselkategorie der Kinder- und Jugendliteraturkritik. So wurden denn auch die wachsenden Angebote phantastischer Literatur zunächst als reine Fluchtliteratur angesehen und bekämpft, bis man dazu überging, diese als mehr oder weniger unvermeidliches Übel hinzunehmen. Seitdem teilt sich das kinder- und jugendliterarische Feld auf in (hochbewertete) realistische und (geduldete) phantastische Literatur. Die genannten populären Kinderserien des späten 20. Jahrhunderts zählen jedoch weder zu der einen, noch zu der anderen Literatur und bringen eben deshalb die jüngere Kinderliteraturkritik und -wissenschaft in Verlegenheit. Weil sie nichts damit anfangen können, so scheint es, werden diese Serien schlicht und einfach ausgeblendet.

Gänzlich aus dem Blick der jüngeren Kritik und Wissenschaft geraten waren die sog. volksliterarischen Gattungen, die auf dem kinderliterarischen Feld stets eine gewichtige Rolle gespielt haben und weiterhin spielten. Als deren Gallionsfigur hat lange Zeit Otfried Preußler gegolten, dessen Märchen- und Kasperlgeschichten sich zwar bis heute auf dem Markt behauptet haben, die nichtsdestotrotz aber als Relikte einer längst untergegangenen Kinderliteraturepoche galten, der sog. Heile-Welt-Literatur der 1950er und frühen 1960er Jahre. Mit Preußler sei die volksliterarische Kinderliteratur als solche an ihr Ende gelangt, so eine weitverbreitete Auffassung. In der Kinderliteraturforschung der jüngeren Generationen taucht sie denn auch nicht mehr auf. Dabei stellt die volksliterarische Kinderliteratur neben Realismus und Phantastik nach wie vor die dritte Säule des kinderliterarischen Feldes dar; mit dem viel beschworenen Paradigmenwechsel um 1970 hat sie sich mitnichten überlebt. Für die Vitalität und das Entwicklungspotential dieser dritten Säule des Kinderliteraturbereichs steht zwar auch besagter Otfried Preußler – mit seinem *Krabat* von 1971, einer modernen Sagenadaption –, doch wird Preußler in dieser Hinsicht von Max Kruse

Abb. 1: Cover der ersten Folge der hochformatigen Ausgabe der *Löwe*-Serie von 1965, Ill. Horst Lemke.

überragt. Bereits die schwankhaften Erzählungen der *Löwe*-Serie aus den 1950er und 1960er Jahren weisen einen höheren Grad an Gegenwartsbezug auf, doch ist so recht erst mit der *Urmel*-Serie die althergebrachte Schwankliteratur in der modernen Welt angekommen.

Der Vater des Urmel

Die einer älteren Wissenschaftlergeneration angehörenden Anhänger einer volksliterarischen Kinderliteratur waren – in guter Grimm'scher Tradition – vorrangig um deren Reinheit bemüht und wandten sich dagegen, diese mit Versatzstücken der Moderne zu versehen. Eben dies ist Max Kruses hauptsächliches Geschäft: Bereits in den frühen *Löwe*-Bänden fliegen Propellerflugzeuge und fliegende Teppiche in einträchtlichem Nebeneinander. In dem hier verwendeten Bibliotheksexemplar von *Sultan in der Grube* (1959) findet sich prompt die handschriftliche Bemerkung «nicht geeignet». Für den Tübinger Volkskundler Hermann Bausinger läuft das – von Preußler weitgehend noch beachtete – volksliterarische Reinheitsgebot auf eine «Requisitenerstarrung» hinaus; eine Auflösung dieser Erstarrung würde bedeuten, dass «Figuren und Requisiten in betonter Unbefangenheit der Gegenwart angenähert» werden könnten.[5] Eben dies betreibt Max Kruse mit ungeahntem Einfallsreichtum. Für eine solche Annäherung an die Gegenwart sorgen Dinge wie Zahnpasta, Waschmaschinen, Illustrierte, Klatschzeitungen, Kitschromane, Fotoapparate, Tonbandgeräte, Radiogeräte, Fernsehen, Zeitungsreporter, Pressefotografen und last not least Hubschrauber, die sämtlich zur Ausstattung der epischen Welt der *Urmel*-Bücher gehören. Unter dem Personal befinden sich ein abgesetzter Monarch mit dem Spitznahmen «Futsch» und zwei Wissenschaftler, darunter in Gestalt des Professors Tibatong ein alternativer Wissenschaftler, wie man heutzutage sagen würde.

So ist es in den 1970er Jahren zu einer wahren Blütezeit des karnevalesken Schwankromans für Kinder gekommen.[6] Als wahrer Meister dieses Genres darf Max Kruse gelten. Er hat sich mit der *Urmel*-Serie zum Virtuosen des Sprachwitzes, zum Spieler mit kuriosesten Namen, zum Zeichner höchst unförmiger und grotesker Figuren, zum Erfinder äußerst absurder Handlungsverläufe entwickelt. Fragt man danach, ob diese überaus reichhaltige Spätphase der althergebrachten Schwankdichtung im kinderlite-

---

5 Hermann Bausinger: *Formen der «Volkspoesie»*. 2., bearb. u. verm. Aufl. Berlin: Erich Schmidt 1980, S. 177.

6 Von der Forschung wahrgenommen worden ist lediglich die ebenfalls hierhergehörende *Sams*-Serie von Paul Maar; diese wurde freilich als phantastische Literatur nach Art des E.T.A. Hoffmann missverstanden.

Abb. 2: Cover der ersten Folge der *Urmel*-Reihe von 1969, Ill. Erich Hölle.

rarischen Horizont auch formgeschichtlich etwas Neues hervorgebracht hat, dann wäre hervorzuheben, dass Kruse die zwei Strömungen der Schwankliteratur, den Menschen- und den Tierschwank, zusammengeführt hat. Inspiriert wurde er dazu von den *Dr. Doolittle*-Erzählungen von High Lofting (1920 ff.). In der *Löwe*- und der *Urmel*-Serie bilden Menschen- und Tierfiguren in größter Selbstverständlichkeit ein gemeinsames Handlungskollektiv. Das tierische Personal besteht u. a. aus einem Schwein, einem Pinguin, einem Pelikan, einem See-Elefanten, einem Waran, einem Pandabären und nicht

Abb. 3: Aus: *Urmel spielt im Schloß*, Ill. Erich Hölle, 1972, Vorsatz.

zuletzt aus hybriden Wesen wie dem Tiefsee-Monster Onkel Pitsch und dem urzeitlichen Urmel mit den Zügen eines Dinosauriers.

Beheimatet ist dieses Handlungskollektiv auf einer Insel namens Titiwu, die Utopie-Charakter besitzt und die Vision der Wiederherstellung eines brüderlichen bzw. schwesterlichen Verhältnisses von Mensch und Tier darstellt, der bereits Lofting verpflichtet war.

Die Insel Titiwu ist nicht fernab der Gegenwart, sondern nahe dem Festland gelegen, wo die moderne Welt und die Stadt Pumpolon lokalisiert sind. Von hieraus gehen wiederholt Versuche aus, sich der Insel Titiwu zu bemächtigen. Anfänglich sucht der festländische Professor Zwengelmann aus wissenschaftlichem Ehrgeiz sich des wiederbelebten Urzeitwesens Urmel zu bemächtigen. In der vierten Folge *Urmel spielt im Schloß* (1972) droht ein Zugriff der modernen Klatschpresse auf die Insel, in Gang gesetzt von einer jungen aufstrebenden «Zeitungsreporterin», bezeichnenderweise einer Nichte des Professor Zwengelmann, wodurch Wissenschaft und Pressewesen als die zwei Kehrseiten einer Medaille ausgewiesen sind. Das Inselkollektiv aus Mensch und Tier sieht sich zum eigenen Schutz genötigt, eine Normalität vorzuspielen und den Tieren vorübergehend das – wie immer auch fehlerhafte – Sprechen zu verbieten, um so die Sensationsgier der Klatschpresse ins Leere laufen zu lassen. Der Übergriff kann abgewehrt und die Reporterin zur Überläuferin gemacht werden.[7] Dass es darüber hinaus in den *Urmel*-Folgen nicht immer mit rechten Dingen zugeht, kann da nicht verwundern. Der schwedische Kinderliteraturwissenschaftler Göte Klingberg hat als eigenständige Gattung die «surreal-komische Erzählung» in die Diskussion gebracht: «In dieser Formel ist das Verkehrte, das erheiternd Ver-rückte, das Antirealistische, Tolle, Unlogische oder Vertrackt-Logische und das zum Gelächter um seiner selbst willen Reizende am besten ausgedrückt.»[8] Max Kruses jüngste Ausformung der althergebrachten Schwankdichtung darf nach hiesiger Auffassung zu den von Klingberg so genannten surreal-komischen Erzählungen gezählt werden.

Die *Löwe*- und *Urmel*-Serie wie auch die nachfolgenden Kinderserien Max Kruses – die *Don Blech*-Serie, eine Ritterroman-Parodie, wie die als Western-Parodie aufgezogene *Lord Schmetterhemd*-Serie und die grotesken *Schnurfe*-Schwankromane – dürfen als Crossover-Literatur im besten Sinne des Wortes gelten, um eine gegenwärtige Modekategorie zu benutzen. Dass dies auch auf die Augsburger Puppenspielversionen zutrifft, stellt der Beitrag von Fred Steinbach in diesem Band heraus. Wir haben es in damaliger Terminologie mit literarischen bzw. fernsehmäßigen Familienangeboten zu tun, die Kinder und Erwachsene zugleich ansprechen. Letztere dürften die stark ausgeprägten satirischen Züge der Kruse'schen Serien teils schmunzelnd, teils mit Beklemmung wahrgenommen haben. Es handelt sich um Zeitgeist- und Wissenschaftssatire, um Erziehungs- und Geschlechterrollensatire, um nur einige Stoßrichtungen zu nennen. Mehr bittere Züge tragen die satirischen Anspielungen auf autoritäre Herrschaftspraktiken und auf die jüngste deutsche Vergangenheit.

---

7 In der neunten und letzten Folge der ersten *Urmel*-Staffel, dem 1975 erschienenen Band *Urmel wird ein Star*, erreicht die satirische Bloßstellung des Presse-, Film- und Medienwesens einen Höhepunkt. In der zeitgleichen realistischen Kinderliteratur ist dergleichen nicht anzutreffen.

8 Göte Klingeberg: Die phantastische Kinder- und Jugenderzählung. In: Gerhard Haas (Hrsg.): *Kinder- und Jugendliteratur. Zur Typologie und Funktion einer literarischen Gattung*. Stuttgart: Reclam 1974, S. 220–241, hier S. 222–223.

Teils haben wir es mit direkter Satire zu tun, welche das satirische Objekt als solches namhaft macht. So wird in der Gestalt des Professors Zwengelmann ein anmaßender, großsprecherischer, zugleich aber bornierter und starrer Wissenschaftstyp gezeichnet, der schnell die Fassung verliert, wenn etwas nicht seinem Weltbild entspricht. Stärker vertreten ist jedoch die indirekte, die verkleidete Satire, die vom tierischen Personal der *Urmel*-Serie getragen wird und die auf menschliche Typen und deren alltägliches Verhalten zielt. So ist das Schwein Wutz eine köstliche und keineswegs böse satirische Verkörperung des kleinbürgerlichen Hausfrauentyps der 1950er Jahre mit Ordnungs- und Reinlichkeitsfimmel und Leidenschaft für die Klatschpresse. Max Kruse steht hier in der großen Tradition gesellschaftssatirischer Tierdichtung, deren neuere Ausprägung sich H. Chr. Andersen, Kenneth Graham, A.A. Milne, Manfred Kyber, Waldemar Bonsels und Felix Salten verdankt.

Die Kinderserien Max Kruses dürfen darüber hinaus als Höhepunkte der westdeutschen Kinderbuchillustration gelten. Verantwortlich zeichnen dafür die Künstler Horst Lemke und Erich Hölle. Ihnen widmen sich die Beiträge von Andreas Bode und Carola Pohlmann in diesem Band. Bode vermag aufzuzeigen, wie sich Lemkes Illustrationskunst im Laufe der Serienentwicklung wandelt und ab dem zweiten hochformatigen *Löwe*-Band ein beachtliches Niveau erreicht. Eine tiefgreifende Veränderung erlebt von *Urmel*-Band zu *Urmel*-Band auch die durchweg hochkarätige Illustrierung Erich Hölles, wie Carola Pohlmann nachweist. Beide Künstler dürften einen großen Anteil an der Wirkungsgeschichte der Kinderserien Max Kruses haben. Es zeigt sich zudem, dass die Erstillustrierung aus den 1950er, 1960er und 1970er Jahren einen hohen Grad an Subtilität und Tiefgründigkeit besitzen, die in den nachfolgend einsetzenden grenzenlosen medialen Adaptionen teilweise verloren gegangen sind.

Die *Löwe*-Serie und entschieden mehr noch die *Urmel*-Serie sind äußerst prominente Beispiele für einen weitausgreifenden Medienverbund im Bereich der Kinder- und der Familienkultur, der bis hinein in den Bereich der Merchandisingprodukte reicht.[9] Mehr noch kann der *Urmel*-Komplex als

9 Vgl. auch die in Anm. 4 genannten Serien. Dass bereits die 1970er und 1980er Jahre eine Hochphase der kinderkulturellen Medienverbundsysteme darstellten, scheint vielen neueren Beiträgen zu diesem Modethema nicht mehr präsent zu sein. Vgl. bspw. Tobias

Manifestation dessen gelten, was heutigentags als transmediales Erzählen bezeichnet wird.[10] Nach Max Kruses eigenem Bericht – abgedruckt in diesem Band[11] – war der Urmel-Stoff von vornherein auf eine multimediale Umsetzung hin konzipiert. Petra Jostings Beitrag zeichnet die ungeahnten Weiten der intra- und intermedialen Transpositionen der Urmel-Geschichten nach. Sie konnte sich dabei auf das umfangreiche Dossier einer Studierenden der Münchener Buchwissenschaft stützen, welches die nahezu unüberschaubaren Verästelungen medialer *Urmel*-Verwertung dokumentiert. Jana Laura Kieners Arbeit ist zusammen mit den Dossiers anderer studentischer Teilnehmer des Projektseminars aus dem Sommer 2020 im Anhang dieses Bandes abgedruckt.

Der Schriftsteller Max Kruse

Das bekanntheitsmäßige Herausragen eines seiner Werke stellt für einen jeden Schriftsteller eine zweischneidige Angelegenheit dar. Max Kruse hat darunter in besonderem Maße gelitten: Der überwältigende Erfolg seiner *Urmel*-Serie hat nicht nur die Wirkungsmöglichkeiten seiner weiteren schwankhaft-karnevalesken Kinder-Serien radikal eingeengt. Sie hat darüber hinaus den Blick auf die Breite seines literarischen Schaffens behindert. Neben einer Wiederbeachtung und Neubewertung seiner Kinderserien bedarf es einer Berücksichtigung seiner sonstigen literarischen Tätigkeitsbereiche. Es gilt einen Blick für das Gesamtwerk dieses Autors zu entwickeln, der nicht nur für Kinder und Jugendliche, sondern auch für Erwachsene geschrieben hat. Hierzu kann die hier vorgelegte Gedenkschrift nur erste vorläufige Schritte leisten. Einige Schaffensbereiche konnten gar nicht angesprochen werden: So musste die Beschäftigung mit dem Lyriker Max Kruse späteren Arbeiten überlassen werden. Kruse trat zunächst mit Kindergedichtbänden hervor – mit *Windkinder* von 1968 und *Ein Klecks ging mal spazieren* von

Kuhrwinkel: Medien- und Produktverbund. In: Ders. u. a.: (Hgg.): *Handbuch der Kinder- und Jugendliteratur.* Stuttgart u. a.: Metzler 2020, S. 14–19.

10 Vgl. Daniel Pietschmann u. Sabine Völkel: Transmediales Erzählen. In: Tobias Kuhrwinkel u. a. (Hgg.): *Handbuch der Kinder- und Jugendliteratur.* Stuttgart u. a.: Metzler 2020, S. 95–104.

11 Vgl. S. 118 ff.

2003 –, brachte aber auch Lyrik-Bände für Erwachsene heraus – 1982 *Federleicht. Verse zu chinesischen Holzschnitten*, 2001 *Ich bin ein Vogel aus Samarkand* und 2013 *Mein Herz beginnt zu schweben. Liebesgedichte.*[12] Außenvor geblieben ist auch der Autor von Sachbüchern für Kinder und Jugendliche. Dessen voluminöse Geschichtsdarstellung *Im weiten Land der Zeit. Roman über die Entwicklung der Menschheit im Abendland* von 1997/98 (Taschenbuchausgabe in vier Bänden 2003) wird im Beitrag von Gerhard Lauer in diesem Band angesprochen. Schließlich muss auch der Autobiograph Max Kruse unberücksichtigt bleiben, der in den 1980er Jahren hervortritt (*Die versunkene Zeit. Bilder einer Kindheit im Käthe-Kruse-Haus*, 1983; *Die behütete Zeit. Eine Jugend im Käthe-Kruse-Haus*, 1993; *Die verwandelte Zeit. Der Aufbau der Käthe-Kruse-Werkstätte in Bad Pyrmont*, 1996) und gleichzeitig eine Firmengeschichte liefert. Hierauf stützt sich der Beitrag von Kirsten Goebner in diesem Band.

Der Zeit- und Gesellschaftssatiriker Max Kruse ist oben bereits angesprochen worden. Er wird nicht nur in den oben genannten Kinderserien greifbar, sondern auch in anderen Werken, wobei die Texte aus den späten 1960er und den 1970er Jahren eine besondere Rolle spielen. Mit der Problematik illegitimer Herrschaft hat sich Kruse bereits 1968 befasst; die Parabeln über den «Umgang mit anderen und sich selbst» sind unter dem Titel *Der kleine Mensch bei den fünf Mächtigen* erschienen. Eines der Grundthemen der *Don Blech*- und der *Schnurfe*-Geschichten ist die Überlistung autoritärer Herrscherfiguren und deren lustvolle Entlarvung als egozentrische, narzisstische, schwächliche, gleichzeitig aber herrische, grausame, sadistische Charaktere, denen jede Verrücktheit zuzutrauen ist. Dies tritt auch in Einzeltiteln wie *Die Nacht der leuchtenden Pantoffeln. Eine Geschichte aus dem Orient* von 1975, dessen orientalische Motive Nazli Hodaie in ihrem Beitrag kommentiert. Eine heiter-groteske Wirtschaftswundersatire stellt der an ein erwachsenes Publikum gerichtete Roman *Goldesel AG* dar, der 1971 bei Goverts Krüger Stahlberg erschienen und später auch im Taschenbuch herausgekommen ist. Wie dem Satiriker im Allgemeinen, so liegen auch dem politisch wachen Max Kruse das Parabolische und die groteske Überzeichnung näher als ein minutiöser sozialkritischer Realismus.

12 Bibliographische Angaben im chronologischen Werksverzeichnis im Anhang dieses Bandes.

Abb. 4: Cover von *Goldesel AG*, 1971.

1979 erschien bei Thienemann ein großer und gewichtiger Problemroman aus der Feder von Max Kruse, der sich wie ein vorgezogenes politisches Vermächtnis des Autors ausnimmt. Kruse kombiniert in *Froki und der Schatz der Erde* realistische Schilderungen mit allegorischen Darstellungsweisen ähnlich, wie es sechs Jahre zuvor Michael Ende in seinem *Momo*-Roman getan hatte.[13] Beide hochpolitischen Romane sind vom Anspruch her durchaus miteinander vergleichbar, wobei Kruse das Thema der ökologischen Gefährdung der Menschheit in den Mittelpunkt rückt und die hemmungslose Zerstörung der natürlichen Ressourcen der Gesellschaft anprangert. Den Zeitumständen der Ölkrise entsprechend geht es um die Verschleuderung der fossilen Brennstoffe, dem besagten «Schatz der Erde», durch eine Konsumgesellschaft, die einen wahren Tanz um das goldene Kalb inszeniert. Kruses Werk erschien in einem Jahr, in welchem derselbe Verlag Michael

13 Vgl. Hierzu Hans-Heino Ewers: *Micheal Ende neu entdecken.* Stuttgart: Kröner 2018, insbes. S. 85–91.

Abb. 5: Cover von *Froki oder der Schatz der Erde*, 1979.

Endes zweiten großen Roman, die *Unendliche Geschichte*, herausbrachte. So nimmt es nicht Wunder, das Kruses Roman bereits bei seiner Ersterscheinung untergehen musste (wozu in geringerem Maße auch der wenig aussagekräftige Titel beigetragen haben mag). Kruse veranstaltet am Schluss ein wahres Scherbengericht über die Konsumgesellschaft und verordnet den Menschen eine strenge Askese. Umfang und Zeitplanung dieses Gedenkbandes haben eine ausführliche Analyse dieses wichtigen Werks bedauerlicherweise nicht mehr zugelassen, wie auch eine umfassendere Würdigung des politischen Max Kruse späteren Arbeiten überlassen bleiben muss.

Ab den 1980er Jahren entwickelt sich ein neuer Schaffensschwerpunkt. Der mittlerweile über 60jährige Schriftsteller konzentriert sich fortan auf historische Romane, die teils in Kinder- und Jugendbuch-, teils in Erwachsenenbuchverlagen erscheinen. Am Beginn steht die für den Schneider Verlag geschriebene historische Mädchenbuch-Serie *Caroline*, die in Bayern während der Napoleonischen Zeit spielt und abenteuerliche Züge trägt.[14] 1985 legt Max Kruse mit *Der Schattenbruder* seinen ersten Mittelalterroman vor. Mit diesem und den weiteren Mittelalterromanen – der *Morgenstern*-Serie, der Walter Scott-Parodie *Der Ritter* und dem *Hazard*-Roman – befasst sich der Beitrag von Klaus Wolf in diesem Band, der die zu Unrecht wenig beachtete historische Belletristik Kruses in den zeitlichen Kontext einbettet. Wolf nimmt jedoch auch den in der Toskana und Oberitalien spielenden großen Renaissance-Roman Kruses in den Blick, der 1991 unter dem Titel *La Primavera* herausgekommen ist und den Romeo und Julia-Stoff weiterentwickelt. Diese Werkphase wird mit dem 1995 erschienenen historischen Tibet-Roman *Der Auserwählte: Animurs Geschichte* abgeschlossen, der ein weiteres Mal den Kampf gegen diktatorische Regime in den Mittelpunkt rückt.

Die historischen Romane dienen auf deutlich erkennbare Weise der Herausbildung und Präzisierung einer geschichtsphilosophischen Position des Autors, in deren Zentrum die emanzipatorische Bedeutung der neuzeitlichen Wissenschaften steht, die sich bereits in der Kreuzzugsepoche andeutet, doch erst in der Renaissance hervortritt. Deren Schlüsselwerte sind Besonnenheit, Vernunft und religiöse Toleranz. Mit Kruses Humanismus setzt sich der Beitrag von Gerhard Lauer in diesem Band auseinander, nicht ohne das ausgesprochen negative Mittelalterbild des Autors einer Kritik zu unterziehen. Kruses geschichtsphilosophische Reflexionen schlagen sich in dem bereits erwähnten romanartigen Sachbuch *Im weiten Land der Zeit* von 1997/98 nieder, um später dann in selbständigen Publikationen für Erwachsene niedergelegt zu werden (*Antworten aus der Zukunft. Ein Weg zu neuer Humanität*, 2008; *Besen, Besen, seid's gewesen. Eine Vorgeschichte der Aufklärung*, 2010). Mit seinen historischen Romanen, seinem enzyklopädischen Sachbuchprojekt und seinen philosophischen Publikationen und nicht zuletzt mit der zusammen mit Michael Schmidt-Salomon[15] verfassten letzten *Urmel*-Folge von 2013 darf Max Kruse als der große Antipode des früh verstorbenen Michael Ende gelten, für den seit den 1970er Jahren die Auseinandersetzung mit der deutschen Romantik wegweisend geworden war, ohne freilich einem strikten Antimodernismus zu verfallen. Dem Retter des mythischen Erbes

14 Siehe das entspr. Dossier im Anhang dieses Bandes.

15 Siehe auch dessen Beitrag in diesem Band.

der Menschheit steht der Moralist gegenüber, der unbeirrt der aufgeklärten Ratio und der weltanschaulich-religiösen Toleranz die Treue bewahrt.

Den Weg zum feinsinnigen psychologisch-realistischen Erzählen hat erst der späte Max Kruse gefunden. 2006 erschien bei Ullstein die zarte, atmosphärisch leichte Adoleszenznovelle unter dem Titel *Vorfrühlung*, die von Wedekinds hartem und schroffem *Frühlingserwachen* weit entfernt ist. Die Mitte der dreißiger Jahre spielende Jugendliebesgeschichte weist unverkennbar autobiographische Bezüge auf, was mehr noch auf die in den 1950er Jahren angesiedelte betörende Liebes-, Ehekrise- und Scheidungsgeschichte zutrifft, die 2010 unter dem Titel *Die Tage mit Jantien* erschienen ist. Während der Erzähler von Schwänken und burlesken Scherzgeschichten, aber auch der Satiriker und der strenge Moralist stets im Hintergrund bleiben, hat man beim Lesen dieser beiden Erwachsenenbücher das Gefühl, in innerste Regionen des Menschen Kruse vorzudringen. Dass er dies erst im hohen Alter zugelassen hat, mag für sich sprechen. Die Rolle des Moralisten hat der späte Kruse allerdings nicht aufgegeben. Er spielt sie jetzt in der Rolle des Märchenerzählers, der in *Das silberne Einhorn. Eine Geschichte vom Wünschen*, erschienen 2011, im Piper Taschenbuch 2013, in schlichten und transparenten Bildern seine Weisheiten kundtut. Posthum wiederaufgelegt ist schließlich unter dem Titel *Das Alphabet der kleinen Freuden* eine Sammlung von subtilen moralisch-psychologischen Mini-Essays, die u. a. vom Charme, vom Küssen, vom Pfeifen, vom Schweigen und von der Zärtlichkeit handeln. Zu ihnen passen die in diesem Band abgedruckten Fotografien des späten Max Kruse, dessen Haltung und Gesichtsausdruck man gerne in Erinnerung behält.

Leben und Werk

Max Kruse – Kindheit, Jugend und frühes Berufsleben im Zeichen Käthe Kruses 1921–1960

Kirsten Goebner, Donauwörth

Max Kruse kam 1921 als jüngstes Kind von Käthe Kruse zur Welt. Er widmete sich erst im Alter von nahezu 40 Jahren ganz dem Schreiben. Seine Biografie von der Kindheit bis zu seinen ersten Erfolgen als Kinderbuchautor ist eng mit den Käthe Kruse Puppenwerkstätten verknüpft. Die umfangreichste Auskunft über die frühen Abschnitte seines Lebens gibt der Schriftsteller in seiner Autobiographie *Im Wandel der Zeit – Wie ich wurde, was ich bin.*[1] Bei diesem Werk handelt es sich um eine Zusammenfügung dreier autobiographischer Schriften, die Max Kruse in den Jahren 1983 bis 1996 geschrieben hat und die von seiner Kindheit über die Jugend in der Zeit des Nationalsozialismus und den Nachkriegsjahren handeln, in denen Max Kruse gemeinsam mit seiner Ehefrau Mechthild Kruse ein Zweigwerk der Käthe Kruse Werkstätten in Bad Pyrmont führte.[2] Mit der Zusammenlegung der beiden Zweigwerke der Käthe Kruse Werkstätten Bad Pyrmont und Donauwörth und dem damit verbundenen Umzug nach Donauwörth 1949 endet die Autobiographie *Im Wandel der Zeit.* Die nachfolgenden Ereignisse einschließlich seines Durchbruchs als Kinderbuchautor fasst Max Kruse im dreiseitigen Epilog zusammen.

Quellen in verschiedenen Archiven geben interessante Ergänzungen zu den persönlichen Erinnerungen. Das Deutsche Kunstarchiv Nürnberg beherbergt Teile des Nachlasses von Max Kruse und Geschäftsunterlagen aus den Jahren 1946 bis 1949. Weitere Dokumente finden sich im Stadtarchiv Donauwörth und in den Archiven des Käthe-Kruse-Puppen-Museums und

---

1 Max Kruse: Im Wandel der Zeit – Wie ich wurde, was ich bin. Stuttgart, Wien: Thienemann 2011.

2 Max Kruse: Die versunkene Zeit. Bilder einer Kindheit im Käthe-Kruse-Haus. Stuttgart: Deutsche Verlags-Anstalt 1983; ders.: Die behütete Zeit. Eine Jugend im Käthe-Kruse-Haus. Stuttgart: DVA 1993; ders.: Die verwandelte Zeit. Aufbau der Käthe-Kruse-Werkstätten in Bad Pyrmont. Duisburg: Verlag Puppen und Spielzeug 1996.

Abb. 1: Die Eltern Käthe und Max Kruse, 1903 © Archiv Käthe Kruse Manufaktur GmbH, Donauwörth.

der Käthe Kruse Manufaktur GmbH in Donauwörth. Die Strahlkraft des Kinderbuchautors spiegelt sich wider in zahlreichen Würdigungen und Nachrufen in überregionalen und regionalen Zeitungen und Medien nach seinem Tod am 4. September 2015.

Kindheitsjahre

Max Kruse wurde am 19. November 1921 als achtes Kind der Puppenmacherin Käthe Kruse (1883–1968) und des Bildhauers Max Kruse (1854–1942) in Bad Kösen an der Saale geboren. Seine Mutter leitete dort die Käthe Kruse Werkstätten, sein 67-jähriger Vater, der seit 1907 den Titel *königlicher Professor* trug und Mitglied der Künstlervereinigung Berliner Sezession war, lebte wahlweise in Berlin, Bad Kösen und auf Hiddensee.

Max Kruse hatte sechs ältere Geschwister, ein Bruder, Johannes, war 1908 während der Geburt gestorben. Die älteste Schwester Maria kam 1902 in Berlin zur Welt. Auf ihren Wunsch hin hatte Käthe Kruse Weihnachten 1905 in Ascona die erste, legendäre Puppe aus einem Handtuch, einer Kartoffel, Sand und einem abgebrannten Streichholz angefertigt. Sofie, genannt Fifi, kam 1904 nahe Sankt Gallen auf die Welt und Johanna (Hanne) wurde 1909 in Neukirchen geboren. Auf die Schwestern folgten die Brüder Michael, geboren 1911 in Berlin, Joachim (Jochen), geboren 1912 in Bad Kösen, und Friedebald, 1918 ebenfalls in Bad Kösen geboren. Zwei

Abb. 2: Käthe Kruse mit ihren Kindern, hintere Reihe stehend, v. l.: Friedebald, Hanne, Maria, Michael, vorne v. l.: Jochen, Max, Käthe Kruse, Sofie; Anfang 1930er J. © Archiv Käthe Kruse Manufaktur GmbH, Donauwörth.

seiner Brüder, Joachim und Friedebald, ließen im Zweiten Weltkrieg ihr Leben. Käthe und Max Kruses Kinder besaßen vielfältige künstlerische Talente, die sie auch für die Käthe Kruse Werkstätten einsetzten.

Aus der ersten Ehe seines Vaters mit Anna Pavel stammten drei Stiefgeschwister von Max Kruse. Seine Stiefschwester Annemarie Jakimow-Kruse (1889–1977) und ihr Ehemann Igor von Jakimow (1885–1962) waren beide Künstler und nach dem Ersten Weltkrieg zeitweise für Käthe Kruse in den Puppenwerkstätten tätig. Zwei Puppenmodelle von Käthe Kruse beruhen auf Porträtbüsten des Bildhauers Igor von Jakimow: die Puppe VIII, das so genannte Deutsche Kind, geformt nach Jakimovs Porträt des Kruse-Sohnes Friedebald, und die Puppe XII, die ab 1931 im Katalog angeboten wurde. 1939 modellierte Igor von Jakimow für Käthe Kruse Schaufensterfigurenköpfe einer Exotengruppe für die Weltausstellung in New York. Max Kruse beschreibt in seiner Autobiografie, wie er als 18-jähriger beim Gießen der Köpfe geholfen hat, und erinnert sich an Igor von Jakimow: «Wenn er zu uns kam, dröhnten die Wände vom Treppenhaus bis zum Dachboden. ‹Igorrr ist da!›, brüllte er schon in der Tür.»[3]

Trotz der großen Familie war Max Kruse als Kind auch oft allein, wie seiner Autobiographie zu entnehmen ist: «[Seine Geschwister] waren fast immer in der Odenwaldschule, in Weimar oder in Berlin. Eigentlich wuchs ich doch als Einzelkind auf, so groß unsere Familie auch war.»[4] Sein Zuhause beschreibt er als kreatives, rühriges und gleichzeitig geborgenes Umfeld:

> Das Parterre, die Etage des Vaters, blieb immer unberührt. Auch behielt meine Mutter ihre Zimmer stets so, wie sie einmal waren. Aber aus allen anderen Räumen zogen wir Kinder und die Dienstboten wechselnd um, aus und ein. Das Haus war vollgestopft mit Möbeln, die selten zueinander passten, mit kleinen und größeren Kunstwerken, mit Plastiken und Handarbeiten der Kinder. Es quoll über von Akten, Büchern, Kartons und Bindfäden, denn meine Mutter brachte es nicht übers Herz, irgendetwas wegzuwerfen. (…) Diese drei Stockwerke waren das vollkommene Zuhause, in dem alles zu uns sprach, oder schwieg, wie wir es bedurften und in das wir eintauchten – ja, fast wie in ein Aquarium der Geborgenheit.[5]

Käthe Kruse hatte ihren Puppenwerkstätten in nur wenigen Jahren einen überregionalen Bekanntheitsgrad verschafft. Schon 1911, nur ein Jahr nach der ersten Präsentation ihrer handgefertigten Puppen auf der Ausstellung *Spielzeug aus eigener Hand* im Warenhaus Hermann Tietz in Berlin, wurde sie auf einer internationalen Puppenausstellung in Florenz mit der Großen Goldenen Medaille ausgezeichnet.

Zeitumstände

Als Max Kruse geboren wurde, drei Jahre nach Ende des Ersten Weltkrieges, befand sich Deutschland in einer prekären wirtschaftlichen Lage, die mit der sogenannten Hyperinflation 1923 einen ersten Höhepunkt erreichte und nach einer kurzen Erholungsphase mit dem Zusammenbruch der New

3 Kruse: Im Wandel der Zeit [Anm. 1], S. 341.

4 Ebd., S. 50.

5 Ebd., S. 30.

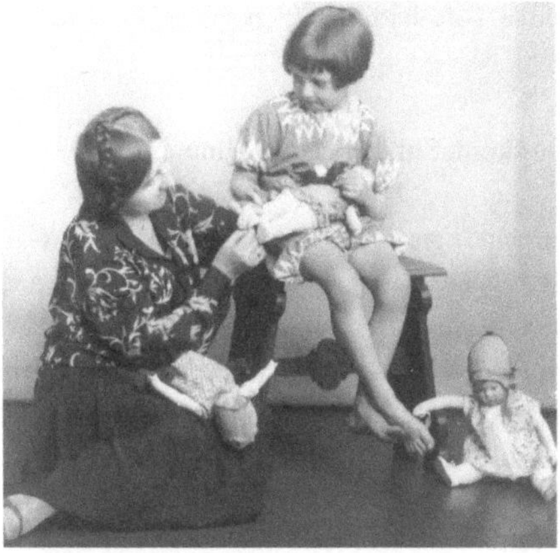

Abb. 3: Käthe Kruse mit ihrem Sohn Max, um 1925/1930 © Archiv Käthe Kruse Manufaktur GmbH, Donauwörth.

Yorker Börse 1929 in eine Weltwirtschaftskrise mündete. Internationale Kontakte und die Nachfrage nach ihren Puppen aus dem Ausland halfen Käthe Kruse, mit ihrem Betrieb zu bestehen. Auch entstanden in dieser Zeit neue Puppenmodelle. Auf Anregung ihres Kinderarztes entwickelte Käthe Kruse nach der Geburt von Max eine Puppe, die Säuglingsschwestern als Übungspuppe dienen sollte. Bisher mussten diese sich mit einfachen Kissen Vorlieb nehmen. Das *Träumerchen* von 1925 hatte in etwa die Größe und das Gewicht eines Neugeborenen, einen locker angenähten Kopf, einen Bauchnabel und sogar ein Poloch, um das Fiebermessen üben zu können.

Die 1920er Jahre bedeuteten aber auch eine Zeit des kulturellen Aufbruchs. Nicht zuletzt durch ihren Ehemann Max Kruse war Käthe Kruse in den Berliner Künstlerkreisen gut vernetzt. Käthe Kruse war wohl das, was man heute als Multitasking-Genie bezeichnen würde. In ihren Kalendereinträgen reihen sich geschäftliche Termine, Reisen zu Kunden im In- und Ausland, Vorträge, dazwischen Familienangelegenheiten nahtlos aneinander.[6] Max Kruse beschreibt seine Mutter in seiner Autobiografie wie folgt:

> Käthchen sauste die Treppe im Haus herauf und herab, suchte Briefe, telefonierte «rasch noch mal» mit der Werkstätte, fand ihren Hut nicht, die Handschuhe, die

6 DKA, Deutsches Kunstarchiv, Nürnberg: Käthe Kruse IA 24.

Akten – die Hunde (oft hatten wir zwei) jaulten, tobten, angesteckt von der Unruhe.

Sie verließ das Haus immer in der letzten Minute.

War sie daheim, arbeitete sie von früh bis in die Nacht. Auch am Samstag, auch am Sonntag. Sie kannte keine Feiertage. Sie nahm auch niemals Urlaub. Arbeit und Leben war für sie das gleiche. (…) Aber wenn sie in Kösen war, konnte ich sie immer ansprechen, oder in der Werkstätte anrufen. Vielleicht sagte sie «Aber Herzblatt, ich diktiere doch gerade.» Doch das war bereits der größte Tadel. Auch während sie arbeitete, war sie mit all ihren Gefühlen immer da, immer in der Familie, bei uns.[7]

Von dem Geschäft und den damit verbundenen Kontakten der Mutter profitierte auch Sohn Max: «Schön und freundlich war diese Welt um mich, die aus Spielwarenhändlern bestand mit Mengen von Spielzeug.»[8] Mit den berühmten Käthe-Kruse-Puppen konnte Max Kruse nach eigenen Aussagen allerdings nicht viel anfangen. «Aus Puppen machte ich mir nichts. Es waren einfach zu viele. Ich besaß wohl auch einmal einen ‹Max› und die Mutter verbreitete die Mär, dass alle ihre Kinder, auch die Jungen, ganz wunderbare Puppenmütter seien. – Auf mich traf das nicht zu.» (S. 88)

Max Kruse, der in einem Interview anlässlich seines 90. Geburtstages sagte, «Schreiben ist vielleicht der einsamste Beruf der Welt»[9], kannte Alleinsein wohl auch deshalb, weil er durch anfällige Gesundheit oft das Bett hüten musste. Dies eröffnete ihm aber, wie er in seinen Lebenserinnerungen schreibt, die Welt der Bücher. «Ich hatte Bilderbücher in Fülle, eine ganze Schublade voll (…) *Humpti-Dumpti* flog mit einem großen Luftballon – und *Dr. Doolittle* mit all seinen Tieren war mir der liebste Freund.»[10] Eine Nähe der Handlung von Max Kruses bekanntestem Kinderbuch *Urmel aus dem Eis* zu *Dr. Dolittle und seine Tiere* von Hugh Lofting ist nur zu offenkundig. Die Verständigung zwischen Mensch und Tier ist in beiden das zentrale Motiv. Doch während Dr. Dolittle die Sprache der Tiere erlernt, ist es bei Max Kruse

7 Kruse: Im Wandel der Zeit [Anm. 1], S. 42.

8 Ebd., S. 84.

9 http://thienemann-esslinger.de (03.11.2020). Interview von Svea Unbehaun mit Max Kruse, 2011.

10 Kruse: Im Wandel der Zeit [Anm.1], S. 132.

Abb. 4: Stand der Käthe Kruse Werkstätten Bad Pyrmont und Donauwörth auf der Messe Hannover 1947 © Archiv Käthe Kruse Manufaktur GmbH, Donauwörth.

umgekehrt: Professor Habakuk Tibatong bringt den Tieren die Sprache der Menschen bei.

Doktor Dolittle und die Folgen

Im Jahr 1920 erschien das Kinderbuch des englischen Schriftstellers unter dem Titel *The Story of Doctor Dolittle* im New Yorker Verlag Frederick A. Stokes. 1923 erhielt Lofting für die Fortsetzung *The Voyages of Doctor Dolittle* den Newbery Medal Preis für Kinderliteratur. In Deutschland wurde die Übersetzerin und Verlegerin Edith Jacobsohn auf das Kinderbuch aufmerksam. 1924 hatte sie in Berlin zusammen mit Edith Weinreich-Williams und Annie Williams den Verlag Williams & Co. gegründet. 1926 übersetzte Edith Jacobsohn *The Story of Doctor Dolittle* ins Deutsche und brachte es in ihrem jungen Berliner Verlag unter dem Titel *Doktor Dolittle und seine Tiere* heraus. Der Verlag entwickelte sich schnell zu einem erfolgreichen Kinder- und Jugendbuchverlag. Jacobsohn erwarb die deutschen Rechte an Alan A.

Abb. 5: Titelblatt der ersten *Dr. Dolittle*-Folge von 1926, illustriert vom Autor.

Milne's *Pu der Bär* und verlegte Erich Kästner.[11] Eben diese drei Kinderbuchautoren nannte Max Kruse in einem Interview des Thienemann-Verlags als Erstes auf die Frage, wer ihn als Schriftsteller am meisten beeinflusst habe.[12]

Vermutlich lernte Max Kruse *Doktor Dolittle und seine Tiere* schon bald nach dem Erscheinen in Deutschland kennen. Seine Mutter Käthe Kruse war durch ihre Puppenwerkstätten am Puls der Zeit. Ihre kindgerechten Puppen aus natürlichen Materialien entsprachen den pädagogischen Reformbestrebungen der Zeit, die durch die 1900 in Schweden und 1902 in Deutschland erschienene Schrift *Das Jahrhundert des Kindes* von Ellen Key weite Verbreitung fanden. Dem Kind sollte die Möglichkeit gegeben werden, sich frei zu entfalten und seine Persönlichkeit zu entwickeln.[13] Käthe Kruse und Ellen

11 Birgit Jochens, Sonja Miltenberger: Zwischen Rebellion und Reform, Frauen im Berliner Westen. Berlin: Jaron 1999, S. 198 f.

12 http://thienemann-esslinger.de: Interview 2011 [Anm. 10] (03.11.2020).

13 Aus heutiger Sicht werden die Schriften Ellen Keys und anderer Reformpädagog*innen wegen ihrer Nähe zu Eugenik kritisch gesehen. Vgl. Ruhnau, Sarah: Eugenik in der Reformpädagogik, Ellen Key und Maria Montessori als Befürworter eugenischen Gedan-

Key kannten sich persönlich. 1908 hatte die schwedische Reformpädagogin die Freidenkerkolonie am Monte Verità bei Ascona besucht und dort Käthe Kruse kennengelernt, die mit ihren Töchtern Maria und Sophie von 1904 bis 1909 am Monte Verità lebte. In ihrer Autobiographie *Das große Puppenspiel* erinnert sich Käthe Kruse an Ellen Key, die «ein ganzes Vierteljahr jeden Abend mit Mimerle und Fifi *Fuchs und Gans* gespielt [hat]».[14]

Es ist denkbar, dass sich auch Käthe Kruse und Edith Jacobsohn, beides erfolgreiche Unternehmerinnen, kannten. Aber auch eine andere Verbindung wäre vorstellbar. Edith Jacobsohn war mit dem Publizisten und Theaterkritiker Siegfried Jacobsohn verheiratet, der im Jahr 1900 seine erste Theaterkritik schrieb.[15] Im selben Jahr ging die junge Schauspielerin Katharina Simon, später Kruse, von Breslau nach Berlin, wo sie am Lessingtheater ihr Debüt in dem Schauspiel *Die Sklavin* von Ludwig Fulda gab. Hellmuth von Gerlach, von 1898–1901 Chefredakteur der Berliner Wochenzeitung *Die Welt am Montag*, bemerkte über Siegfried Jacobsohn «Dieser Jüngling hatte buchstäblich jeden Abend seines Schülerdaseins im Theater verbracht. Er kannte jeden Schauspieler in jeder Rolle (…)».[16]

Während in den Rezensionen Jacobsohns von Aufführungen mit Katharina Simon keine Rede ist, finden sich im Register der *Gesammelten Schriften*[17] zwei Einträge zu ihrem späteren Ehemann, dem Bildhauer Max Kruse, der als Erfinder des so genannten Rundhorizonts, eines neuartigen Theaterbühnenbilds, große Beachtung fand. Mindestens zwei Inszenierungen von Max Reinhardt mit einem Bühnenbild von Max Kruse wurden von Siegfried Jacobsohn rezensiert.[18] Käthe und Max Kruse hatten sich 1901 in dem Berliner Café des Westens kennengelernt, dem Treffpunkt für Künstler, Theaterleute, Journalisten und Literaten. Siegfried Jacobsohn starb 1926,

kenguts, Essay 2013, Ruhr Universität Bochum, Institut für Erziehungswissenschaften, http://grin.com (04.12.2020).

14 Käthe Kruse: Das große Puppenspiel. Heidelberg: Kurt Vowinckel 1951, S. 64.

15 Siegfried Jacobsohn, Gesammelte Schriften 1900–1926, Band 5. Hrsg. Gunther Nickel, Alexander Weigel. Göttingen: Wallstein 2005, S. 12.

16 Ebd., S. 12.

17 Ebd., S. 400.

18 Neuinszenierungen 1903: *Salome* von Oscar Wilde, 1903 und *Elektra* von Hugo von Hofmannsthal, Gesammelte Schriften [Anm. 16], Bd. 4, S. 57, 75.

Edith Jacobsohn, die Jüdin war, emigrierte 1933 über Wien und die Schweiz nach England, wo sie 1935 im Alter von 44 Jahren starb. Ihr Verlag wurde von ihrer Mitarbeiterin Cecilie Dressler weitergeführt, die ihn 1941 in Cecilie Dressler Verlag umbenannte.

Wenig Schule, viel Hiddensee, Abitur und Studium

Die Eltern Max und Käthe Kruse strebten für ihre Kinder eine reformpädagogisch orientierte Erziehung an. Die Geschwister von Max Kruse besuchten die 1910 von Paul und Edith Geheeb gegründete Odenwaldschule in Oberhambach. Max Kruse selbst war mit 15 Jahren nur für kurze Zeit auf der Odenwaldschule, wie er in seinen Erinnerungen schreibt.[19] Seine Schullaufbahn war sehr unregelmäßig: Anfangs von der Schule befreit, lernte er mit einem Hauslehrer Lesen und Schreiben und kam erst mit neun Jahren in die Grundschule.[20] Aufenthalte in Kinderheimen im schweizerischen Arosa (1933 bis 1935) und Vorderhindelang im Allgäu (1935/1936) folgten. Zwischenzeitlich hatte Max Kruse immer wieder auch Unterricht bei Privatlehrern. Glaubt man seinen autobiografischen Aufzeichnungen, so lebte Max Kruse bis zum Ausbruch des Zweiten Weltkrieges weitgehend frei von schulischen Verpflichtungen, verbrachte die Winter in den Bergen beim Skifahren und die Sommer auf Hiddensee. «Ich habe wohl die ungeordnetste Schulbildung, die man sich denken kann. Wenn ich heute davon erzähle, genieße ich Heiterkeitserfolge. Aber könnte ich mein Leben zurückdrehen, möchte ich es anders machen.»[21]

Die Anfänge des Nationalsozialismus erlebte Max Kruse als 12-jähriger von der liberalen Schweiz aus. Im Frühjahr 1936 trat Max Kruse auf Drängen eines Lehrers in Vorderhindelang dem Deutschen Jungvolk bei und kam dann in die Hitlerjugend, konnte sich aber, nach eigenen Angaben, aufgrund seiner anfälligen Gesundheit weitgehend von den Treffen fernhalten, ohne in Schwierigkeiten zu geraten.[22]

19 Kruse: Im Wandel der Zeit [Anm. 1], S. 307.

20 Ebd., S. 136 f.

21 Ebd., S. 12.

22 Ebd., S. 282.

Die Sommer 1936 und 1937 verbrachte Max Kruse auf Hiddensee, einer bei Künstlern und Literaten beliebten Ferieninsel und Refugium. Dort residierten sein Vater und seine Schwester Maria in der Lietzenburg, einer Jugendstilvilla, die Max Kruse sen. von seinem Bruder Oskar Kruse geerbt hatte. Zur Finanzierung des «Groschengrabs», wie es Käthe Kruse in ihren Erinnerungen bezeichnete[23], wurde die Lietzenburg in den Sommermonaten von Maria als Pension geführt. Gerne kamen auch immer wieder Mitglieder der großen Familie Kruse zu Besuch. Das künstlerische, freigeistige Umfeld beeinflusste den Jugendlichen Max Kruse sehr. «Hiddensee – das waren auch die menschlich reichsten Zeiten meiner Jugend, vielleicht sogar meines Lebens». Er erlebte die Lietzenburg als «eine Zuflucht für Künstler, Träumer, Eigenbötler, Theaterleute, für Gelehrte und Musiker. (…) All diese verschiedenen Persönlichkeiten, irgendwie waren sie wohl auch *meine Schule (…).*»[24]

Als der Zweite Weltkrieg ausbrach, war Max Kruse fast 18 Jahre alt und ohne Schulabschluss. Nach Hilfstätigkeiten in einer Schreinerwerkstatt und in den Käthe-Kruse-Werkstätten in Bad Kösen entschloss sich Max Kruse, das Abitur zu machen. Vom Wehrdienst befreit, verbrachte er das Jahr 1940 in Weimar, um mit Privatunterricht den Schulstoff für die Oberprima nachzuholen. In dieser Zeit schrieb er auch erste Gedichte, die er später kommentierte: «Ein wenig schwülstig drückte ich mich aus.»[25] Nach bestandener Aufnahmeprüfung besuchte Max Kruse die Oberprima der Deutschen Aufbauschule in Weimar und absolvierte dort 1942 das Abitur. Da auch eine zweite Musterung Wehruntauglichkeit ergab, wurde er zum *Dienst an der Heimatfront* im *studentischen Ausgleichsdienst* in Berlin eingeteilt. Im selben Jahr starb Max Kruses Vater in Berlin.

Zum Wintersemester 1942 schrieb sich Max Kruse an der Friedrich-Schiller-Universität in Jena ein und besuchte Kunstgeschichts- und Philosophievorlesungen, später studierte er Volkswirtschaft. Auch an der Universität war der Krieg allgegenwärtig, viele Studenten waren an der Front[26] und der

23 Käthe Kruse: Puppenspiel [Anm. 15], S. 85.

24 Kruse: Im Wandel der Zeit [Anm. 1], S. 304 ff.

25 Ebd., S. 346.

26 Ebd., S. 404.

Lehrbetrieb wurde zunehmend schwieriger, bis er in den letzten Kriegsmonaten weitgehend zusammenbrach.[27]

Bad Kösen als Refugium

Max Kruse verließ die Universität bereits im Sommer 1944 und kehrte zurück nach Bad Kösen zur Mutter Käthe Kruse, wo im Laufe des Krieges auch weitere Familienmitglieder und seine Freundin und spätere Ehefrau Mechthild Heilner Zuflucht gefunden hatten. Mechthild, die einen jüdischen Vater hatte, war staatlichen Repressionen ausgesetzt. Ein Studium war ihr verwehrt und es drohte Zwangsarbeit. Käthe Kruse bemühte sich erfolgreich darum, Mechthild Heilner für ein Pflichtjahr nach Bad Kösen zu holen, wo sie als Haushaltshilfe für Sofie, die inzwischen Betriebsleiterin der Käthe Kruse Werkstätten war, und ihre drei Kinder tätig war. Anschließend konnte sie Käthe Kruse mit Hilfe des Leiters des Naumburger Arbeitsamtes als Sekretärin einstellen.[28]

Käthe Kruse musste in den schweren Jahren des Krieges nicht nur ihre große Familie ernähren, sondern hatte auch Verantwortung für ihre Mitarbeiterinnen und Mitarbeiter in den Käthe Kruse Werkstätten. Aus Briefen von Käthe Kruse an die Frau eines Aalfischers am Rhein geht hervor, wie schwierig die Versorgungslage war.[29] Im Tausch gegen Puppen oder auch gegen Bezahlung konnte sie Räucheraal beschaffen. «Das war traumhaft! Das Paket ist am 9.11. tadellos frisch angekommen. Ich habe sofort (...) Abgaben gemacht an die Tochter in Iglau, an den Sohn in Frankfurt/M, an die andere Tochter in Kösen und an ein paar Freundinnen (...).»[30] In einem späteren Brief 1944 schreibt Käthe Kruse: «Wir sind z. Zt., denken Sie nur, 14 Personen zu Tisch, darunter freilich 6 Kinder, aber meine Tochter hat schon manchmal wirklich Ernährungssorgen.»[31]

27 http://uni-jena.de/universität/geschichte (11.11.2020).

28 Kruse: Im Wandel der Zeit [Anm. 1], S. 420.

29 Archiv Käthe-Kruse-Puppen-Museum Donauwörth: Briefe von 1942–1946, Inv. Nr. 2110–2142, Dauerleihgabe.

30 Archiv KKM: Brief vom 11. November 1942, Inv.Nr. 2112.

31 Archiv KKM: Brief vom 10. März 1944, Inv.Nr. 2130.

Auch an Max Kruse, der selber nicht zum Militär musste und der Bad Kösen als Refugium empfand, gingen die Schrecken des Krieges nicht vorbei. 1943 starb sein Bruder Jochen im Lazarett, 1944 kam sein Bruder Friedebald bei einem Autounfall bei Tarnopol an der Ostfront ums Leben.

> In meine Situation kann ich mich heute kaum noch zurückversetzen. Ich war ja jung, ich wollte leben. Aber ringsum ging alles in Trümmer. Wo war noch Hoffnung? Man ersehnte das Ende, ohne zu wissen, was es bringen würde. Wir alle wehrten uns mit aller seelischer Kraft dagegen, von den Schrecken des Krieges erdrückt zu werden (…).[32]

In den letzten Kriegstagen wurde Max Kruse noch zum Volkssturm eingezogen, um die Saalebrücke zu bewachen. Nach der Kapitulation der deutschen Streitkräfte rückten zunächst die Amerikaner in Bad Kösen ein, was sich als Glücksfall erwies. In Amerika waren die Käthe Kruse Puppen bekannt und die Soldaten bewunderten nicht nur Käthe Kruses Puppen, sondern kauften diese auch auf, wie Käthe Kruse in ihren Erinnerungen schreibt.[33] – Max Kruse ließ nach Kriegsende seinen ersten Gedichtband drucken, ein Büchlein mit dem Titel *Der erste Schritt*, heute in Familienbesitz. «Käthchen war glücklich, trotz der vielen Liebesgedichte. Und ich sprang die Treppe der Druckerei hinab, stolz, die Bändchen im Arm. Jetzt begann das Leben.»[34]

Bad Pyrmont

Als Gerüchte aufkamen, dass Bad Kösen unter russische Besatzung kommen würde, verließ Max Kruse Bad Kösen. Seine Freundin Mechthild war inzwischen zu Verwandten bei Hannover gezogen und diesmal fand Max Kruse bei ihr Zuflucht. Nachdem Bad Kösen endgültig Teil der russischen Besatzungszone geworden war, fasste Käthe Kruse den Entschluss, in den westlichen Besatzungszonen Zweigstellen ihres Betriebs zu eröffnen. Max Kruse sollte in der britischen Zone nach Räumen suchen, sein Bruder Michael in der amerikanischen Zone. In Bad Pyrmont, 70 km südlich von Hannover in der englischen Zone gelegen, bot sich die Gelegenheit, Räume

32 Kruse: Im Wandel der Zeit [Anm. 1], S. 434.

33 Käthe Kruse: Puppenspiel [Anm. 15], S. 152.

34 Kruse: Im Wandel der Zeit [Anm. 1], S. 442.

in einer leerstehenden Berufsschule anzumieten. So wurde Max Kruse zunächst Geschäftsmann. Gemeinsam mit seiner Frau Mechthild, die er im Jahr 1945 heiratete, baute er unter schwierigsten Bedingungen ein Zweigwerk der Kösener Käthe Kruse Werkstätten auf. Herstellungsmaterialien und Puppenschnitte wurden über die grüne Grenze gebracht. Auch Mechthild schlug sich über die grüne Grenze nach Bad Kösen durch, um sich in den Werkstätten einlernen zu lassen. Die schwierigen, turbulenten Anfänge und die vielfältigen Bereiche, die bei der Herstellung einer Puppe zu beachten waren, beschreibt Max Kruse ausführlich in seinen Erinnerungen:

> Nun erwies es sich als Nachteil, dass ich nicht die geringste Ahnung von der Arbeit in der Firma hatte. Natürlich hatte ich das Werkstättengebäude immer und immer wieder betreten, ich kannte jeden Raum, sei es für das Stopfen der Körper, Ärmchen und Beine; sei es für das Bemalen der Köpfe, mit Staffeleien der Augenmaler im besten Licht. Ich wusste, wie die Presse für das Prägen der Köpfe aus Pappe, Jute und Stoff bewegt wurde; ich kannte das Stofflager und die Näherei, hatte oft und oft das Entwerfen neuer Kleidchen miterlebt, das Fotografieren der Prospekte, die Endkontrolle, den Versand. Das alles war mir vertraut, aber eben weil es mir so vertraut gewesen war, hatte ich es auch als selbstverständlich hingenommen, ich hatte mir keinerlei Gedanken darüber gemacht, hatte meine Gedichte, Geschichten und Schauspiele geschrieben, meine Marionettenspiele inszeniert und alles der Mutter überlassen. Niemals hatte ich mitgeholfen, niemals Hand mit angelegt, nicht einmal im Büro. Und jetzt?[35]

Vor allem die Materialbeschaffung war ein Problem. Aus erhaltenen Geschäftsunterlagen aus den Jahren 1947 bis 1949 geht hervor, dass sich die Betriebe in Bad Kösen, Bad Pyrmont und Donauwörth, wo der Bruder Michael seit 1947 das Zweigwerk in der amerikanischen Zone leitete, gegenseitig mit dringend benötigten Herstellungsmaterialien aushalfen.[36] Vor allem wurden Materialien nach Bad Kösen geschickt, da in der sowjetischen Zone die Beschaffung besonders schwierig war. Im Gegenzug kamen fertige Puppen zum Weiterverkauf in den westlichen Zonen, aber auch vorgefertigte Puppenteile und Puppenkleidung. Eine Anleitung zum Versand von Paketen über die Zonengrenze offenbart, wie kompliziert die Verschickung über die Zonengrenzen hinaus war:

---

35 Ebd., S. 473 ff.

36 DKA: Nachlass Kruse, Max und Käthe, IB.

> Die Sendung ist zweimal zu verpacken. Die äußere Verpackung soll unter vereinbarten Absender an Herrn Heinrich Kraume bei Frau Klie Göddeckenrode über Heuleber-Danstedt adressiert werden. Im inneren des Paketes ist als Empfänger entweder Herr Max Kruse, Bad Pyrmont oder eben die zutreffende Anschrift und als Absender Heinrich Kraume, Braunschweig, Blücherstr. 4 zu nennen.[37]

Die drei Betriebe waren wirtschaftlich voneinander unabhängig. Lieferungen erfolgten gegen Rechnung oder im Tausch. Ein Telegramm vom 11.3. (o. J.) aus Pyrmont lautet: «Bitte sendet umgehend auf schnellstem Wege das Modell für Form XII»[38]

In Bad Pyrmont wurde nur ein Puppentyp von Käthe Kruse hergestellt, das sogenannte *Glückskind.* Im Jahr 1931 hatte Käthe Kruse dieses Puppenmodell Nr. XII unter dem Namen *Das Notstandskind* erstmals angeboten und bereits 1935 in *Glückskind* umbenannt. In der Zeit der Weltwirtschaftskrise wurde die Puppe als kostengünstigeres Modell beworben, mit vereinfachtem Körperschnitt und einfach geknüpfter Perücke. Nach Kriegsende wurde das Glückskind in Bad Pyrmont mit gemalten Haaren oder Echthaarperücke angeboten. Die Pyrmonter Puppen sind heute aufgrund der nur kurzen Herstellungsperiode von Ende 1945 bis Anfang 1949 ausgesprochen selten. Das Käthe-Kruse-Puppen-Museum in Donauwörth besitzt ein sehr frühes Modell, mit Datumsstempel *3.11.45* auf der Fußsohle und Originalkleidung.

Käthe Kruse war, was die Ausführung ihrer Puppen betraf, Perfektionistin. Mit den Puppen aus Bad Pyrmont war sie nicht immer zufrieden, erinnert sich Max Kruse in seiner Autobiografie:

> Es kommt auf das Allerkleinste an. Es müssen absolut unverwechselbare Käthe-Kruse-Puppen sein. Ihr dürft nicht fabrizieren und verkaufen, um zu leben und zu verdienen; das tut der Kaufmann. Wir aber behalten unseren Namen nur, wenn wir so gut arbeiten wie niemand sonst auf der Welt.[39]

Die Anfrage eines Spielwarenhändlers aus Hameln musste Anfang 1947 abgelehnt werden, da Bad Pyrmont nur eine Lizenz für den Export hatte.[40]

---

37 Ebd.

38 Ebd.

39 Kruse: Im Wandel der Zeit [Anm. 1], S. 521.

40 Ebd.

Im selben Jahr fand in Hannover die erste Export-Messe nach dem Krieg statt, auf der auch die Käthe Kruse Werkstätten Bad Pyrmont und Donauwörth vertreten waren. Offensichtlich erst nach der Währungsreform im Juni 1948 belieferten die Käthe Kruse Werkstätten auch wieder regulär deutsche Spielwarengeschäfte.[41]

Donauwörth

Im Jahr 1948 fiel der Entschluss, die Werkstätten in Bad Pyrmont mit dem Zweigwerk in Donauwörth zusammenzulegen, zumal die Stadt Bad Pyrmont den Mietvertrag wegen Eigenbedarf gekündigt hatte. Käthe Kruse selbst konnte sich noch nicht dazu durchringen, Bad Kösen aufzugeben, obwohl die Verhältnisse in der russischen Besatzungszone immer schwieriger wurden. In einem Brief vom 14.4.1948 an die Brüder Max und Michael Kruse schrieb sie: «Die Planwirtschaft macht sich sehr einschneidend überall bemerkbar.»[42] Im April 1950 wurden die Käthe Kruse Werkstätten in Bad Kösen enteignet, zunächst unter Treuhandverwaltung gestellt und seit 1954 als VEB Puppenwerkstätten Bad Kösen weitergeführt. Käthe Kruse, die spätestens seit 1948 schon teilweise in Berlin lebte, musste Bad Kösen endgültig und fluchtartig verlassen. Offenbar war sie zunächst zur Untermiete bei Max Kruse in Bad Pyrmont gemeldet, am 1. Oktober 1949 ist sie nach Donauwörth gezogen.[43]

Anfang 1949 zogen Max und Mechthild Kruse mit ihrem Betrieb nach Donauwörth. In einem Brief an seinen Bruder Michael schreibt Max Kruse am 21.12.1948 «Du mußt also damit rechnen, daß ich bis zum 1.2. spätestens mit dem gesamten Umzugsgut nach Donauwörth komme. (...) Wir werden mit ca. 3 Waggons und einem 10 t Möbellastzug erscheinen.»[44] Angesichts der durch massive Kriegszerstörungen immer noch herrschenden Raumnot in Donauwörth war die Zusammenlegung der Betriebe ein ambitioniertes Unterfangen. Für wenige besonders wichtige Mitarbeiter und Mitarbeiterin-

41 Kruse: Im Wandel der Zeit [Anm. 1], S. 556.

42 DKA: Nachlass Kruse, Max und Käthe, IB.

43 Stadtarchiv Donauwörth, Melderegister.

44 Archiv KKM, Brief vom 21.12.1948 aus Bad Pyrmont, Kopie.

Abb. 6: Max Kruse beim Aufbau einer Präsentation mit Käthe Kruse Schaufensterfiguren auf der Messe Hannover, 1950 (Ausschnitt) © Archiv Käthe Kruse Manufaktur GmbH, Donauwörth.

nen wurden ebenfalls Zuzugsgenehmigungen nach Donauwörth beantragt.[45] Max und Mechthild Kruse waren ab 1.2.1949 in Donauwörth gemeldet.

Die Firma Käthe-Kruse-Werkstätten wurde rückwirkend zum 1. Januar 1949 in eine offene Handelsgesellschaft umgewandelt, Gesellschafter wurden gemeinsam Dr. Michael Kruse und Max Kruse. 1949 beschäftigten die Käthe Kruse Werkstätten in Donauwörth über 40 Mitarbeiter*innen, im selben Jahr erschien auch der erste Katalog seit Kriegsende. Angeboten wurden wieder alle Puppenmodelle, auch die Puppe XII, die inzwischen nicht mehr Glückskind, sondern Hampelchen hieß. In den 1950er Jahren wurden in Donauwörth auch wieder Schaufensterfiguren hergestellt, ein Geschäftsfeld, das schon vor dem Zweiten Weltkrieg ein zweites wirtschaftliches Standbein der Käthe Kruse Werkstätten geworden war.

45 Stadtarchiv Donauwörth: Magazin II R 9/F2 WA II 297, Brief vom 28.12.1948.

Abb. 7: Käthe Kruse und ihr Sohn Max, um 1955, © Archiv Käthe Kruse Manufaktur GmbH, Donauwörth.

Als der Bruder Michael 1953 Donauwörth verließ und mit seiner Familie nach Südafrika auswanderte, übernahm Max Kruse die alleinige Firmenleitung. 1952 und 1954 wurden seine Kinder Stefan und Sylvia geboren. 1955 trennten sich Max Kruse und seine Frau Mechthild, die daraufhin mit den Kindern nach Stuttgart zog und dort zunächst als Außendienstmitarbeiterin weiterhin für die Käthe Kruse Werkstätten tätig war.[46]

Unterstützung erhielt Max Kruse von seiner Schwester Hanne Adler-Kruse und ihrem Ehemann Heinz Adler. Heinz Adler übernahm 1952 die technische Leitung, Hanne Adler-Kruse war seit 1953 für die künstlerische Leitung der Donauwörther Puppenwerkstätten verantwortlich. In die 1950er Jahre fielen einige einschneidende Veränderungen. So wurden seit 1955 die Köpfe der Puppen nicht mehr aus Stoff, sondern aus Kunststoff gefertigt. Im selben Jahr erfolgte eine Kooperation mit dem Puppenhersteller Schildkröt

46 Archiv KKM: Geschäftsbrief 1948, Inv.Nr. 2149.

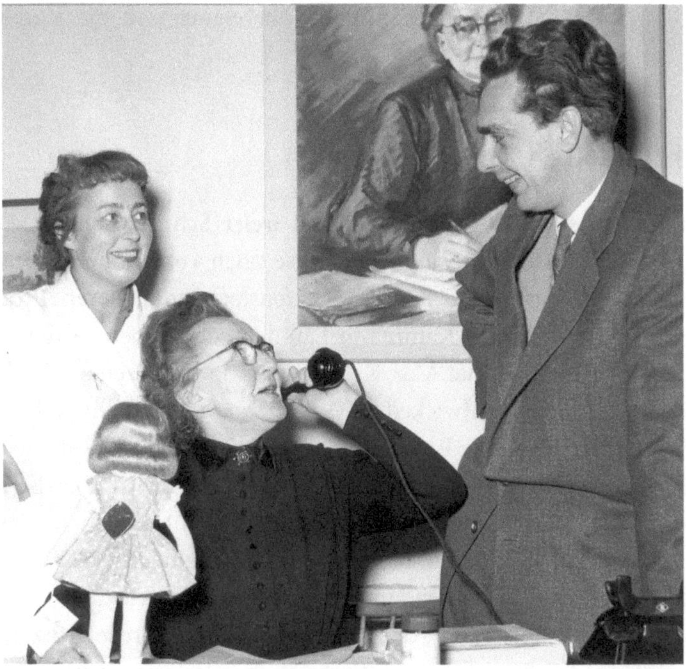

Abb. 8: Hanne Adler-Kruse, Käthe Kruse und Max Kruse in den Donauwörther Werkstätten, 1955, © Archiv Käthe Kruse Manufaktur GmbH, Donauwörth.

(Rheinische Gummi- und Celluloidwarenfabrik Mannheim/Neckarau), die in Lizenz Kunststoffpuppen aus Tortulon unter der Bezeichnung *Modell Käthe Kruse* produzierten.[47]

In der zweiten Hälfte der 1950er Jahre waren die Käthe Kruse Werkstätten durch den Kunststoffboom und dem aufkommenden billigen Spielzeug aus Kunststoff in wirtschaftliche Schwierigkeiten geraten. Auch die Einführung von Kunststoffköpfen und die Kooperation mit der Rheinischen Gummi- und Celluloid-Fabrik Mannheim brachten noch nicht den erhofften Erfolg. Parallel zur Übergabe der Geschäftsleitung an Hanne Adler-Kruse und Heinz Adler 1958 wurden wesentliche Firmenanteile an die Rheinische

47 Die Schildkrötpuppen Modell Käthe Kruse waren nicht sehr erfolgreich, deshalb wurde die Produktion 1962/63 eingestellt.

Gummi- und Celluloidfabrik Mannheim übereignet und die Käthe Kruse Puppen GmbH gegründet.

Schriftstellerischen Ambitionen

Max Kruse ließ sich als Werbetexter und freier Schriftsteller in München nieder. Zunächst kümmerte sich Max Kruse noch von München aus weiter um den Vertrieb der Käthe Kruse Schaufensterfiguren, deren Produktion bereits an die Firma Erwin Kalinna in Lauingen abgegeben worden war. In den Jahren 1959 bis 1971 hat Max Kruse zudem Puppenszenen mit dem von seiner Schwester Hanne entwickelten Modell *Däumlinchen* für Kalender und Postkarten der Käthe Kruse Puppen GmbH fotografiert. Seit 1961 lebte Max Kruse in Oberbayern in verschiedenen Orten, zuletzt in Penzberg. 1965 heiratete er die Malerin und Musikpädagogin Shaofang Chen, die einige seiner Bücher illustierte. Sein Sohn Stefan verunglückte 1968 bei einem Fahrradunfall tödlich. Im selben Jahr starb auch Käthe Kruse.

Seine schriftstellerischen Ambitionen hatte Max Kruse trotz der Verpflichtungen in den Käthe Kruse Werkstätten stets weiterverfolgt. Ein für seine Zukunft entscheidender Anstoß kam 1947, noch in Bad Pyrmont, von Käthe Kruse selbst. Für ein Bilderbuch mit Käthe-Kruse-Puppen, fotografiert von Inge Petersen, sollte sich Max Kruse eine Geschichte ausdenken. Seit den 1920er Jahren hatte Käthe Kruse Bilderbücher mit Fotografien ihrer Puppen in unterschiedlichen Szenen mit kleinen Texten auf den Markt gebracht. 1943 entstand das erste Buch in Zusammenarbeit mit der Fotografin Inge Petersen mit dem Titel *Puppenkinder.*[48] Das neue Buch sollte mit Stofftieren von Margarete Steiff und Käthe-Kruse-Puppen bebildert werden. Es sollte «modern und witzig sein,[49] an Stofftieren lagen ein Kamel[50], ein Löwe, ein Rabe und ein Hund bereit. In seinen Lebenserinnerungen beschreibt Max Kruse, wie er an nur einem Tag die Geschichte entwickelte, die Jahre später

48 Inge Petersen: Puppenkinder, Ein Bilderbuch nach farbigen Aufnahmen mit Versen von Inge Petersen. Berlin: Metzner 1943.

49 Kruse: Im Wandel der Zeit [Anm. 1], S. 522.

50 Das Kamel taucht erst in einer späteren Version auf, möglicherweise irrt sich Max Kruse in seinen Erinnerungen und statt des Kamels war eine Stoffkatze vorhanden. Diese ist auf erhaltenen Fotos zu sehen und kommt in der Version von 1952 vor.

seinen Erfolg als Kinderbuchautor begründen sollte.[51] Die Geschichte *Der Löwe ist los* wurde jedoch nicht mit den Fotografien von Inge Petersen veröffentlicht; die erste Ausgabe erschien im Jahr 1952 mit Illustrationen von Franziska Bilek im Verlag Hermann Klemm.[52] Das Archiv der Käthe Kruse Manufaktur GmbH in Donauwörth beherbergt vierzehn Schwarz-Weiß-Abzüge der ursprünglichen Fotografien von Inge Petersen.

Die Folgebände *Kakadu in Nöten* (1958) und *Sultan in der Grube* (1959) erschienen dann im Düsseldorfer Hoch Verlag, versehen mit Illustrationen von Horst Lemke. *Kakadu in Nöten* wurde von der Jury des Deutschen Jugendbuchpreises in die Bestenliste aufgenommen.[53] Ein Jahr später erlebte dann auch der erste Band *Der Löwe ist los* eine Neuauflage im Hoch-Verlag. 1965 wurden alle drei Folgen zu einem 159-Seiten starken Band unter dem Titel *Der Löwe ist los* zusammengefügt. Die ursprüngliche, 44-seitige Geschichte von 1952 endete damit, dass der Löwe, begleitet von den Hoch-Rufen seiner neuen Freunde, zurück in den Urwald kehrte. Daran schlossen sich Abenteuer auf der Leuchtturminsel, auf der Papageienfresserinsel und in Sultanien an. Aus den Geschwistern *Wibitte* und *Kommitte* wurden *Pips* und *Kim* und das «schrullige, immer maulige, dabei herzensgute» Kamel aus *Sultan in der Grube*, so charakterisierte Max Kruse seine Lieblingsfigur[54], tauchte erstmals auf. Bis 1970 erschienen insgesamt fünf Löwe-Bände im Hoch-Verlag. 1968 flog der Löwe über den Atlantik. Im New Yorker Verlag Grosset & Dunlap erschienen *Lion on the loose* (Der Löwe ist los) und *The flying lion* (Kommt ein Löwe geflogen). 1970 folgten niederländische Lizenzausgaben, 1999 wurden alle fünf Bände ins chinesische übersetzt.

Einem großen Publikum wurde Max Kruse durch die Fernsehsendungen der Augsburger Puppenkiste im Hessischen Rundfunk bekannt. Die Zusammenarbeit begann 1965, als *Der Löwe ist los* als Vorweihnachtsserie, nach Drehbüchern von Manfred Jenning, ausgestrahlt wurde. Zwei Fortsetzungen folgten 1966 und 1967, parallel erschienen die gleichnamigen Bücher *Kommt ein Löwe geflogen* und *Gut gebrüllt, Löwe* im Hoch Verlag.

---

51 Kruse: Im Wandel der Zeit [Anm. 1], S. 522 ff.

52 Max Kruse: Der Löwe ist los! Freiburg i. Br.: Klemm 1952.

53 Max Kruse: Der Löwe ist los! Düsseldorf: Hoch 1960, S. 80.

54 http://thienemann-esslinger.de [Anm. 10], (03.11.2020).

Max Kruses literarische Bandbreite war sehr groß. Er hat weit über 100 Kinder- und Jugendbücher geschrieben, die in vielen verschiedenen Verlagen publiziert wurden. Auch in Schulbüchern fanden Erzählungen und Gedichte von Max Kruse Einzug.[55] Seit den 1980er Jahren hat Max Kruse vermehrt auch für Erwachsene geschrieben, unter anderem seine Autobiographien, autobiographisch gefärbte Romane, erzählende Literatur und Reiseberichte. Von seinen schriftstellerischen Anfängen bis ins hohe Alter hat Max Kruse auch immer Gedichte verfasst. Zuletzt, zwei Jahre vor seinem Tod, erschienen Liebesgedichte unter dem Titel *Mein Herz beginnt zu schweben.*[56]

Das Donauwörther Unternehmen und die Gründung des Puppenmuseums

Mit der Entwicklung neuer Puppenmodelle, die unter der Bezeichnung «Modell Hanne Kruse» vermarktet wurden, führte Hanne Adler-Kruse die Firma in eine neue Ära. Die Kombination aus hochwertiger handwerklicher Tätigkeit – so werden bspw. die Gesichter weiterhin in traditioneller Manier von Hand gemalt – und dem Einsatz neuer Materialien und einem zeitgemäßen Design brachte wirtschaftliche Erholung. Eines der erfolgreichsten Modelle wurde das Däumlinchen, das 1957 auf der Spielwarenmesse Nürnberg erstmals dem Publikum präsentiert wurde. Die nur 25 cm große Puppe hatte einen mit Trikotstoff überzogenen Körper aus weichem Schaumstoff und mit einem inneren biegsamen Drahtskelett. Die Kunststoffköpfe waren handgemalt und besaßen handgeknüpfte Perücken. Die neuen Puppenmodelle konnten im Vergleich zu den traditionellen, handgestopften Puppen günstiger angeboten werden, blieben dem Grundsatz von Käthe Kruse aber treu, dem Kind nur hochwertiges Spielzeug an die Hand zu geben. Die Entwicklung einer neuen Produktreihe von Spielzeug aus Frottee und Plüsch für das Kleinkind trug ebenfalls maßgeblich zum Erfolg der Käthe Kruse Puppen GmbH bei. 1976 konnten Hanne Adler-Kruse und Heinz Adler alle

55 Z. B.: Westermanns Lesebuch für die Grundschule, 3. Schuljahr. Braunschweig: Westermann 1968; Texte für die Primarstufe, 4. Schuljahr, Hannover: Schroedel 1973.

56 Max Kruse: Mein Herz beginnt zu schweben, Liebesgedichte. München, Wien: Thiele 2013.

Abb. 9: Max Kruse 2005, Foto Stefan Sisulak © Stadt Donauwörth.

Firmenanteile zurückkaufen und den Betrieb erweitern, den sie bis 1990 führten.

1988 übergaben Hanne Adler-Kruse und Heinz Adler der Stadt Donauwörth große Teile des Firmenarchivs, bestehend aus Puppen, Archivalien und Fotografien, als Stiftung und legten damit den Grundstock für das Käthe-Kruse-Puppen-Museum. 1993 wurde das städtische Käthe-Kruse-Puppen-Museum in Donauwörth eröffnet. Seither wurde die Sammlung beständig erweitert; der bedeutendste Neuzugang war der Ankauf der Sammlung Riemersma im Jahr 2014, der gemeinsam von der Stadt und der Firma Käthe Kruse finanziert wurde. Mit der Übernahme der privaten Käthe Kruse Sammlung der Niederländerin Tiny Riemersma, die bis 2013 in dem privaten Puppen- und Spielzeugmuseum in Den Helder zu sehen war, wurde Donauwörth zum Standort der weltweit umfangreichsten Sammlung an Spiel- und Schaufensterpuppen, Archivalien, Gemälden, Postkarten, Fotografien, Werbematerialien und Katalogen aus der Käthe Kruse Manufaktur seit 1911 bis zur Gegenwart.

Die Käthe Kruse Werkstätten waren bis 1990 in Familienbesitz. Dann verkauften Hanne Adler-Kruse und Heinz Adler die Firma aus Altersgründen an das Ehepaar Andrea Kathrin und Stephen Christenson, da sich in der Familie keine Nachfolger fanden. Die neuen Besitzer führten die Tradition der Puppenherstellung fort und erweiterten gleichzeitig das Sortiment um neue Bereiche wie Kinderkleidung oder Holzspielzeug. Neben Spielpuppen für Kinder wurde ein weiterer wichtiger Bereich die Herstellung klassischer Käthe-Kruse-Puppen und Repliken speziell für Sammlerinnen und Sammler. 2013 wurde die Käthe Kruse GmbH an die Hape Holding AG (Hape) verkauft, die sich auf die Herstellung von Holzspielzeug aus nachhaltigen Materialien spezialisiert hat. Unter dem Dach des international agierenden Konzerns konnte das Fortbestehen der Käthe Kruse Manufaktur GmbH am Standort Donauwörth gesichert werden. Im selben Jahr feierten die Firma und das Käthe-Kruse-Puppen-Museum den 130. Geburtstag der Puppenmacherin Käthe Kruse. Max Kruse kam zuletzt im Jahr 2005 noch einmal nach Donauwörth, als ihm der Kulturpreis der Stadt Donauwörth verliehen wurde (siehe Abb. 9).

Max Kruse über seine schriftstellerischen Anfänge und die Erfindung von Urmel

[…] Solange ich sehen konnte, hatte ich Bücher vor Augen – solange ich denken konnte, war ich ihnen ausgeliefert. Die Mutter hatte ein offenes Bücherregal. Und von früh auf las sie mir Geschichten vor, von Feen und Zwergen, vom kleinen Muck und Zwerg Nase. Man kannte noch kein Fernsehen, und auch das Radio steckte in den Kinderschuhen. In Mutters Bücherregal standen sie einträchtig nebeneinander, Gerhart Hauptmann und Hermann Hesse, Knut Hamsun, Jakob Wassermann und Jakob Schaffner, Thomas Mann und Friedrich Nietzsche – und viele andere.

All diese Namen kannte ich, lange bevor ich selber lesen konnte. Ich spielte unter dem Bücherregal – baute Häuser mit Holzklötzchen und hatte immer die Bücherwand über mit. So wurden mir Goethe und Schiller vertraut. Das Wort ‹Faust› ging mir leicht über die Lippen – ohne Sinn und Verstand freilich. So stand es schon früh für mich fest, daß auch mein Name einmal in Bücherregalen zu finden sein würde, in Goldbuchstaben. Deutlicher wurde mir die Literatur, als ich selbst lesen konnte; da war es Sophie Reinheimer, die den einfachen Ton fand. Eines Tages kam sie selbst nach Bad Kösen, ein altjüngferliches Geschöpf, ich war ein wenig enttäuscht, aber Sophie Reinheimer plauderte mit mir. Später schrieb ich ihr zwei oder drei Briefe, sie wollte ein Buch mit Puppen der Mutter verfassen. Ich durfte ihr einige Anregungen geben. Die diktierte ich der Sekretärin meiner Mutter. Später kamen wildromantische Räubergeschichten dazu, die ich mit bunten Bildern versah.

1935, in Ascona – ich war nun schon 13 Jahre alt –, begann ich weiter zu dichten, ich erinnere mich an die schwülstige Geschichte von einem römischen Legionär, der einen Germanen zum Freund hatte. Als sie, vom grausamen Schicksal dazu gezwungen, sich in greulichen Sümpfen gegenüberstanden, hauchten sie ihr treuer Leben aus: «Vale, amicus!» Ein Erzieher gab mir den Rat, meine Elaborate der Jugendzeitschrift *Der gute Kamerad* anzubieten. Sie kamen bald zurück. Aber das bekümmerte mich noch nicht. [...][1]

****

[...] Ich reifte, Hitler zettelte den schrecklichsten aller Kriege an. Ich mußte nicht Soldat werden – doch das ist eine andere Geschichte. Nach dem Krieg heiratete ich meine Freundin, die die letzten drei Kriegsjahre im Haus meiner Mutter Unterschlupf gefunden hatte. Ihr Vater, zum gelben Judenstern und dem Vornamen Israel gezwungen, überlebte das Konzentrationslager Theresienstadt. Mit Miriam gründete ich 1945, nach der Besetzung meiner Heimatstadt Bad Kösen durch die Russen – für Miriam war es eine Befreiung gewesen – in Bad Pyrmont, in der britischen Zone, eine neue Puppenwerkstatt, nicht ganz freiwillig, sie sollte eine Anlaufstelle für die Mutter und ihre Puppenwerkstatt werden, falls die Verhältnisse in der sowjetischen Zone unerträglich wurden.

[...]

Käthchen betrieb ihren Plan weiter, mit Inge Petersen Puppenbilderbücher zu fotografieren. Einige Themen hatten sie miteinander ausgeheckt: Papa und Mama, Schöne alte Kinderreime, Kalenderverse, Tante Annas Kinderlieder, Herr und Hund und ein Kochbuch. Nun bat Käthchen mich, für ein weiteres Buch eine ganz neue Geschichte zu schreiben, modern und witzig sollte es sein, aber zu ihren Puppen passend.

Ich las Mausi daheim aus *Pu der Bär vor* und Mausi war entzückt. [...]

[...]

»Und das gehört dazu«, erklärte Inge Petersen und führte mich zu einem anderen Stapel, einem Haufen auf dem Fußboden, Plüschtiere von Margarete Steiff, in der Größe zu den Puppen, passend, ein Kamel, ein Löwe, ein Rabe, ein Hund. Immer noch überlegend, wähle ich ein paar Puppen aus,

1 Aus Max Kruse: Der Löwe ist los. Oder: Wie ich zur Kinderliteratur kam. In: Kurt Franz u. a. (Hgg.): *Mein erstes Manuskript. 60 Kinder- und Jugendbuchautoren erzählen von ihren ersten Schreiberfahrungen.* Baltmannsweiler: Schneider Verlag Hohengehren 2001, S, 71–72.

Abb. 1: Die Vorbilderpuppen zu *Der Löwe ist los*, 1948, Foto: Inge Petersen © Archiv Käthe Kruse Manufaktur GmbH, Donauwörth.

zog ein paar Tiere aus dem Haufen, mehr oder weniger wahllos. Man wies mir eine kleine Stube unter dem Dach an, hier sollte ich arbeiten. Eigentlich doch eine recht absurde Idee; Nun schreib mal ein schönes Märchen auf Kommando. Du hast zwei Stunden Zeit und gut fotografieren lassen muss sich die Geschichte auch noch!

Es gab einen viereckigen Tisch, ein Sofa. Ich baute Puppen und Tiere vor mir auf, setzte mich und starrte sie an. Ich hoffte auf …ine Eingebung. Es war wie eine Hypnose. Ich hatte Papier, ich hatte einen Füllfederhalter, was ich noch nicht hatte, das war ein Gedanke, geschweige denn eine Geschichte. Ich erfand zunächst Namen. Wiebitte nannte ich das Mädchen, weil es so oft «Wie bitte?» sagen sollte, Kommitte den Bruder, weil er seine Schwester zum Mitkommen auffordern würde. Den Buben mit der Brille machte ich zum Doktor und nannte ihn Dok, den Briefträger nannte ich Marke, für den kleinen Schwarzen fiel mir Totokatapi ein, dann gab es noch die Gärtner, Herr Krume und Frau Blume, den kleinen Landstreicher Trallala – und die Tiere, ganz einfach: Löwe, Rabe und den Hund Wu.

Das alles schrieb ich auf ein Blatt, nicht gerade in schönster Handschrift, dann lehnte ich mich zurück und hoffe auf das Mittagessen.

Nach dem Essen schlief ich. Nach dem Schlafen trank ich Kaffee. Inge Petersens Frage, ob ich schon etwas geschrieben hätte, beantwortete ich mit einem hoffnungsvollen: «Vielleicht!» Mehr ließ ich mir nicht entlocken und sie meinte: «Ich verstehe schon, das Huhn gackert nicht über ungelegte Eier!»

Ich wurde wieder in meine Dichterstube verbannt. Ich ließ Mich nieder, schraubte den Füllfederhalter auf und schob die Hülse zwischen die Lippen. Endlich schrieb ich doch einen Satz. Er lautete: «Wiebiette hatte die ganze Nacht nicht geschlafen.» So ähnlich fühlte ich mich. Was konnte nun passieren? Warum hatte sie nicht geschlafen? «Weil sie sich so auf den Ausflug freute.» Und dann? «Schon früh weckte sie ihren Bruder Kommitte, der natürlich noch schlief.»

Nun ja, das war immerhin der Ausgangspunkt einer Geschichte. Man könnte einen Spaziergang, einen Ausflug machen wollen. Man könnte von der Nachbarin erfahren, dass das gefährlich sei, weil ein Löwe aus dem Zoo ausgebrochen war und die Gegend unsicher machte. Das Mädchen Wiebitte war leichtsinnig, der Hund Wu warnte vergebens. So nach und nach, mit vielen Seufzern, und keineswegs rasch, sondern in drei Tagen Arbeit, bei der ich ständig von Zweifeln zerfressen war, ständig seufzte: «So geht es doch nicht …», entstand die Geschichte. Ich nannte sie *Der Löwe ist los!* Ein guter Doktor spielte darin eine Rolle, der Briefträger Marke kam mit einem Brief vom Leuchtturm, der Rabe Ra erwies sich als hilfreich, Herr Krume und Frau Blume erschraken zu Tode, Trallala prahlte, dass er den Löwen dazu bringen könne, Pfötchen zu geben, Wiebitte fiel zu Löwe in die Grube, Totokatapi kam als Löwenfänger aus Afrika – und alles ging gut aus.

Ich bemühte mich um Humor, um Witz, um Ironie, die Mutter, die über Eschwege angereist kam, fand es gleich: «Wunderbar, mein Herzblatt!» Inge Petersen sah alles sofort fertig vor sich, die beiden Frauen begannen mit ihrer Arbeit, nicht nur an *Der Löwe ist los*, den sie im Freien fotografierten, sondern auch an den fünf anderen Bilderbüchern.

Meine Aufgabe war getan, ich reiste wieder nach Pyrmont und dachte nicht mehr daran. Ich besaß nicht einmal eine Abschrift des Manuskripts.

Wie hätte ich auch ahnen können, welchen Weg dieses kleine Buch nehmen würde, bis auf den heutigen Tag. […][2]

****

[…] Zwei Jahre vergingen. Dann traf ein Brief der Fotografin ein: «Ich habe Ihr Buch verschiedenen Verlegern gezeigt und kann Ihnen nun von einem, Erich Seemann, berichten, der mir dazu schreibt: … Ich freue mich darauf, den jungen Autoren kennen zu lernen.»

Erich Seemann leitete den Klemm Verlag, ich war nicht wenig stolz, daß er der Verleger des berühmten Buches *Peterchens Mondfahrt* war. Er reiste bald selber an, erklärte: «Nur eine Schwierigkeiten habe ich – die Farbfotos! Der Druck wird zu teuer. Wir müssen die Währungsreform abwarten.»

«Aber die Fotos waren doch nun einmal der Anlaß zu meinem Buch! Ohne sie wäre es gar nicht entstanden!»

«Trotzdem, Illustrationen, einige davon vielleicht nur schwarz-weiß, sind ein viel geringeres Problem und billiger!»

Wie erwartet reagierte die Fotografin sauer. Da sie aber auch für die anderen Bücher mit Farbfotos keinen Verleger fand, gab sie doch nach. So erschien *Der Löwe ist los* 1952, vor fast fünfzig Jahren. An diesem langen Leben hatte natürlich die Augsburger Puppenkiste den größten Anteil, ich hatte Glück, daß meine Bücher für die Marionettenbühne und deren Fernsehfilme geeignet waren.

Doch das sind andere Geschichten. *Der Löwe ist los* war mein erstes komplettes Buchmanuskript. Er – oder es – schob mich auf die Geleise der Kinderliteratur.[3]

****

[…] Schon vor der Währungsreform 1948 hatte ich *Der Löwe ist los* in Eschwege geschrieben, ich erzählte bereits davon. 1952 erschien das Buch

---

2 Aus Max Kruse: *Im Wandel der Zeit. Wie ich wurde, was ich bin.* Stuttgart: Thienemann 2011, S. 522–525.

3 Aus Max Kruse: Der Löwe ist los. Oder: Wie ich zur Kinderliteratur kam (Anm. 1), S. 73.

mit Illustrationen der genialen Gulbransson-Schülerin Franziska Bilek im Freiburger Klemm Verlag. Nachdem dessen Verleger, Kurz Seemann, gestorben war, übernahm der Hoch Verlag das Buch. 1964 wurde es mit der Augsburger Puppenkiste als erste farbige Sendung des Hessischen Rundfunks verfilmt. Damit begann meine mehrjährige Zusammenarbeit mit Walter Oehmichen und seinem großartigen Regisseur Manfred Jenning. Drei *Löwe*-Bücher, einen *Don Blech* und einen *Lord Schmetterhemd* hatte die Puppenkiste bereits umgesetzt, als ich im Herbst 1967 mit Manfred Jenning auf der Terrasse seines Augsburger Hauses zusammensaß und wir über weitere Pläne nachdachten. Die Hauptfigur sollte ein Tier oder eine Fantasiefigur sein, weil diese sich als Marionetten reizvoller darstellen lassen als Menschen. Nun hatten wir aber bereits einen ganzen Zoo von Tieren «verbraten», wie man in der Fachsprache sagt, Löwe, Kamel, Hund, Rabe, Kakadu, Gibbon und so weiter und so fort. Ich war also zunächst ratlos. Es war ein schöner Herbstabend, die Sonne lag schon schräg auf den westlichen Höhenzügen, als ich im Auto heimfuhr und mir überlegte, was ich für Stefan und mich zum Abendessen kochen sollte. Kürzlich war ich Besitzer einer der ersten Tiefkühltruhen geworden. Das war damals noch eine Seltenheit. Stefan liebte Forellen – also Forellen aus der Truhe. Da dachte ich, wie wäre es denn, wenn ein Tier aus der Urzeit im Ei eingefroren die Jahrtausende überstanden hätte und heute ausgebrütet werden würde … Ein Tier aus der Urzeit, das konnte nur ein kleiner Dinosaurier sein. Und wie konnte dieser heißen? Ur wie Urzeit und -mel als Koseform. Das Urmel war geboren. Danach erfand ich die Geschichte mit all den anderen Figuren, Professor Habakuk Tibatong, Wutz, Tim Tintenklecks, Wawa, Ping Pinguin, Seele-Fant …

Alles Weitere ist Fernseh- und Buchgeschichte.

[…]

Bisher hatte noch keine Generation so viele Entwicklungen miterlebt wie die meine. Ich nenne nur:

Vom Pferdewagen zum Düsenjet
Von der Petroleumlampe zur Leuchtdiode
Von der Dampfmaschine zur Kernenergie
Vom Kurbeltelefon zum Handy
Vom Theater zum Fernsehen
Vom Brief zur E-Mail
Vom Zeichenstift zur Digitalfotografie

Vom Treff zu Facebook
Vom Druck zum Internet
Von der Schiefertafel zum Laptop
Vom Grammofon zur CD
Vom Ofen zur Solarzelle
Von der Landkarte zum Navi
Vom Fesselballon zur Mondlandung
Vom Hörrohr zum Kernspin
Von der Amputation bei Bewusstsein mit der Säge bis zur Narkose und der Herztransplantation

Und vieles andere mehr. Von dem durch blutige Kriege immer wieder zerrissenen Europa zur Europäischen Union und den vielen anderen politischen und gesellschaftlichen Umwälzungen sowie der – allerdings beängstigenden – Umweltzerstörung ganz zu schweigen. Wie schön wäre es, ich könnte noch hinzufügen: vom Weltkrieg zum Weltfrieden? Aber vielleicht sind wir ja mindestens auf dem Weg dorthin, auch wenn ich das nicht mehr erleben werden.[4]

4 Aus Max Kruse: *Im Wandel der Zeit* (Anm. 2), S. 586–590.

Schuhverwirrung. Max Kruse, die Augsburger Puppenkiste und das Fernsehen

Fred Steinbach, Augsburg

Dein Schuh
und mein Schuh
sind zwei Schuh',
Aber
deine Schuhe
und meine Schuhe
sind vier Schuhe
und zwei Paare

Zähl mal:
Alle deine Schuhe
und alle meine Schuhe
sind zusammen
zwölf … vierzehn …
oder sogar
noch mehr Schuhe.
Aber immer nur halb so viel
Paare.

Also:
Dein Paar Schuhe
und mein Paar Schuhe
sind mindestens
vier Schuhe
oder zwei Paar.

Aber:
Dein Schuh
und mein Schuh
sind vielleicht
doch nur zwei Schuhe.
Aber kein Paar!

Schuhverwirrung, Max Kruse, 2011[1]

---

1 Erstmals abgedruckt in *Ich und Du und Müllers Kuh und 1000 Kaffee Bohnen*, Boje Verlag, 2011.

Meine bedauerlicherweise einzige persönliche Begegnung mit Max Kruse fand ungefähr zu der Zeit statt, in der er dieses Gedicht verfasst hat – im Jahr 2011. Schon die Anbahnung des Treffens war ungewöhnlich. Wie tritt man in Kontakt mit einem fast 90jährigem? Kann man ihn anrufen? Vielleicht hört er nicht mehr so gut? Soll man einen Brief schreiben? Immerhin ist er ein Mann des Worts, kleiner Worte mit großer Bedeutung. Meine Kontaktpersonen rieten mir: «Schreib' ihm einfach eine E-Mail». Dies war vor 10 Jahren. Zu dieser Zeit war es noch nicht üblich, dass jede Oma, jeder Opa mit den Enkeln via skype, zoom, facetime oder ähnlichen digitalen Kommunikationstools vertraut waren. Ich schrieb Herrn Kruse also eine E-Mail und bat um ein Interview in Vorbereitung meines *Großen Buchs der Augsburger Puppenkiste.*[2] Das Interview sollte mit Ton und Bild aufgezeichnet werden. Zisch. Die E-Mail war in den unendlichen Weiten der digitalen Welt verschwunden. Ping. Keine drei Minuten später kam aus denselben unendlichen Weiten die Antwort. Gerne könne man das machen und wir vereinbarten einen Termin. Ich suchte im Internet nach Angaben über meinen Gesprächspartner und entdeckte Erstaunliches. Er war sehr rege und aktiv im neuen Medium, das die 23 Jahre jüngere Angela Merkel zwei Jahre später noch als Neuland bezeichnete. Unter anderem führte er einen täglichen Blog zur Eurokrise und schrieb schlaue, nachdenkliche und gut recherchierte Texte zur aktuellen Situation nach der globalen Finanzkrise für seine «Follower» (die damals noch nicht so hießen).

Am vereinbarten Tag fuhr ich also nach Penzberg, seine Frau öffnete mir und führte mich in das Wohnzimmer. Max Kruse kam mir, auf eine Gehhilfe gestützt, entgegen und bat mich Platz zu nehmen. Vor mir saß ein äußerst wacher Geist, der mir sofort erklärte, dass die Kamera ausbleiben müsse, da er ein Gerstenkorn hätte und nicht möchte, dass dies im Bild festgehalten wird.

Eine Schuhverwirrung – sein Geist und sein Körper saßen fast getrennt vor mir. Der linke Schuh, der Geist, wach, besser gepflegt als jeder Budapester von Gerhard Schröder, und in allerbester Verfassung. Sein rechter Schuh, der Körper, hatte kleine Risse, glänzte nicht mehr ganz so strahlend. Aber sie waren weiterhin ein Paar.

2 Das große Buch der Augsburger Puppenkiste, Boje Verlag, 2013.

Abb. 1: Die Löwe-Marionette. Foto und © Fred Steinbach, Augsburg.

Max Kruse und die Augsburger Puppenkiste – das ist eine lange, sehr lange Erfolgsgeschichte. Von keinem Schriftsteller so viele literarische Vorlagen vom Augsburger Marionettentheater in Zusammenarbeit mit dem Hessischen Rundfunk verfilmt worden. Es sind dies im Einzelnen: *Der Löwe ist los* (5 Teile, 1965), *Kommt ein Löwe geflogen* (4 Teile, 1966), *Gut gebrüllt, Löwe* (4 Teile, 1967), *Urmel aus dem Eis* (4 Teile, 1969), *Don Blech und der goldene Junker* (4 Teile, 1973), *Urmel spielt im Schloss* (4 Teile, 1974), *Lord Schmetterhemd* (4 Teile, 1978).[3] Die einzelnen Episoden waren rund 30 Minuten lang, alles in allem also 870 Minuten Fernsehunterhaltung – in einer heutigen Mengeneinheit ausgedrückt: zehn Tatorte.

Das Marionettentheater der Augsburger Puppenkiste wurde im Jahr 1948 gegründet und brachte im Rahmen seiner Eröffnungsvorstellung im Februar das Stück *Der gestiefelte Kater* heraus. Bis heute hat es seinen Sitz in der Augsburger Spitalgasse. Sehr früh schon kam es zur Kontaktaufnahme mit dem neuen, gerade erst sich etablierenden Medium Fernsehen. Am 25. Dezember 1952 nahm das deutsche Fernsehen mit der Tagesschau seinen

3 Vgl. auch die Dossiers zu den Kinderserien im Anhang dieses Bandes.

Betrieb auf. Und schon am 21. Januar 1953, also nur vier Wochen nach der ersten Ausstrahlung der Tagesschau, war man mit den Marionettenstücken aus Augsburg auf Sendung. *Peter und der Wolf* wurde live aus dem Bunker auf dem Heiligengeistfeld in Hamburg-St. Pauli ausgestrahlt. Es sollten noch mehrere Live-Sendungen folgen, die alle nicht archiviert sind; es war technisch noch nicht möglich, diese aufzuzeichnen.

In den Jahren 1954 und 1955 wurden diese Live-Sendungen dann in Zusammenarbeit mit dem Hessischen Rundfunk hergestellt. Als dieser dann sein Familienprogramm wieder einstellte, wechselte die Augsburger Puppenkiste zum Bayerischer Rundfunk als neuem Partner. Diese Partnerschaft dauerte jedoch nur drei Jahre bis 1958. Ab 1959 ging man zurück zum Hessischen Rundfunk nach Frankfurt. Gerüchten nach war hierfür ausschlaggebend, dass die Augsburger unbedingt *Die Muminfamilie* der Finnisch-Schwedischen Autorin Tove Jansson inszenieren wollten. Im Hause des Bayrischen Rundfunks erschien das als zu gewagt, weil zu anarchistisch. Leider kann man diese Gerüchte nicht verifizieren, doch tauchen sie in persönlichen Gesprächen mit den noch lebenden Beteiligten hartnäckig immer wieder auf. Die erneute Zusammenarbeit mit dem Hessischen Rundfunk erwies sich als gute Entscheidung; sie währte bis ins Jahr 1995, dauerte also 36 Jahre. Schon früh überlegte man in Augsburg, angetrieben vor allem vom Gründer und Leiter des Theaters Walter Oehmichen, wie man das rasant wachsende Medium Fernsehen besser nutzen konnte. Man wollte mehr als nur abgefilmte Theateraufführungen. Schon die Mumins waren eine fünfteilige Serie, ein Novum zu dieser Zeit. Aber es gab noch technische Hindernisse, sodass weiterhin nur live ausgestrahlt werden konnte.

Die Allianz zwischen Max Kruse und der Augsburger Puppenkiste ist auch und vor allem das Werk dreier Herren: Max Kruse, selbstredend, Manfred Jenning und Josef Göhlen. Kruse geboren 1921, Jenning 1929 und Göhlen 1931. Vor Josef Göhlen hatte eine Frau diese Position inne; es war Helga Mauerberger, die unter anderem die Verfilmung von Michael Endes *Jim Knopf* mit aus der Taufe gehoben hat, bei der es sich um die erste Fernsehserie überhaupt im Deutschen Fernsehen handelte.

Doch zurück zu den drei Herren. Dies klingt schon wieder nach einer Schuhverwirrung. Aus drei verschiedenen Schuhen ein Paar? Scheint unmöglich. Hat sich aber zu einer sehr effektiven Arbeitsteilung entwickelt. Der Schriftsteller Max Kruse lieferte die Vorlage, den Ausgangspunkt, die Grund-

Abb. 2: Anzeige aus *Urmel spielt im Schloß*, 1972, S. 188.

lage von allem. Oder wie Billy Wilder auf die Frage nach den drei wichtigsten Dingen für einen erfolgreichen Film antwortete: Ein Buch, ein Buch und – ein gutes Buch.

Josef Göhlen übernahm im Hessischen Rundfunk 1963 das Familienprogramm. Die beiden *Jim Knopf* -Serien nach Michael Ende waren ein großer Erfolg. Um diesen Erfolg fortzusetzen, suchte Josef Göhlen nach weiteren familientauglichen Stoffen. Die Familientauglichkeit war ihm sehr wichtig; es sollten die Kinder, die Eltern und auch die Großeltern zusammen ein gemeinsames Erlebnis haben. Und es war sein Ziel, einen festen Sendeplatz in der ARD zu installieren, damit die Familien wussten, wann das «Highlight» mit der Augsburger Puppenkiste wieder zu sehen war. Der Kontakt zu Max Kruse kam über den Verleger Hans Kuhlmann zustande. Und so kam *Der Löwe ist los* auf Göhlens Schreibtisch. Zunächst erschien Josef Göhlen die Geschichte als etwas zu kindlich für ein Familienprogramm. Da kam Manfred Jenning ins Spiel.

Manfred Jenning war bei der Augsburger Puppenkiste inzwischen der Fachmann für Verfilmungen; er schrieb bereits die Drehbücher zu den beiden *Jim Knopf*-Serien, zu *Kater Mikesch*, den *Mumins* und *Der kleine, dicke Ritter*. Was aber macht ein Drehbuchautor eigentlich? Der Stoff liegt vor und damit wäre doch eigentlich das meiste schon getan. Weit gefehlt. Zunächst einmal muss er den Lauf, den Kern, die Seele des Stoffs erkennen. Er muss den vom Autor vorgegebenen Charakter, das Wesen und den Humor den handelnden Personen respektieren. Dass dies nicht so einfach ist, haben wir schon bei vielen missglückten Literaturverfilmungen erleben müssen. Während der Autor völlige Freiheit hat, was Länge, Schauplätze, Beschreibungen angeht, ist der Drehbuchautor gebunden an das Format, für das der Stoff adaptiert werden soll. Der ausgedehnte Verlauf der Geschichte in der Vorlage muss nun in mehrere Folgen unterteilt werden. Und jeder dieser einzelnen Teile muss seine eigene Dramaturgie haben, die aber gleichzeitig den großen Bogen der ursprünglichen Geschichte nicht verleugnen darf, der die Teile zu einem Ganzen zusammenbindet. Was die Schauplätze und deren Wechsel angeht, so muss erst einmal gebaut, während der Dreharbeiten umgebaut und neu eingeleuchtet werden. Das alles kostet Zeit und natürlich auch Geld, das bei den Produktionen nicht unbegrenzt verfügbar war. Dies alles war von Manfred Jenning zu bedenken. Und es sollte ein Familienprogramm sein, das von Kindern und Erwachsenen gemocht wird.

Und die drei Herren fanden einen Weg. Der vielen nicht wirklich bewusst war, vielleicht in der Erinnerung verblasst ist. Ich hatte die Geburtsjahre der Drei extra erwähnt, da ich sicher bin, dass ihr Ansatz, etwas zu erzählen, auch damit zusammenhängt. Max Kruse, der Älteste der drei, damals Anfang 40, wurde aus gesundheitlichen Gründen zwar nicht zum Kriegsdienst eingezogen, hatte nichtsdestotrotz den Krieg hautnah erleben müssen. Jenning, damals Mitte 30, und Göhlen, Anfang 30, gehörten zu der Generation, die ihre Jugend im Nationalsozialismus verbracht hatte. Diese Zeit muss für sie fast «normal» gewesen sein, kannte man ja nichts anderes. Nach Kriegsende in ein völlig zerstörtes Land mit völlig verstörten Menschen versetzt, mussten sie feststellen, dass man ihnen die Jugend gestohlen hatte. Regina Schilling hat in ihrem fulminanten und mehrfach preisgekröntem Dokumentarfilm *Kulenkampffs Schuhe* von 2018 eine Rede Adolf Hitlers zum Ausgangspunkt ihrer Beobachtung der deutschen Nachkriegszeit und Fernsehgeschichte gemacht.

Diese Rede hielt Hitler im Dezember 1938 in Reichenberg (heute Liberec, Tschechien) vor Kreisleitern. Hier ein Auszug:

> Diese Jugend, die lernt ja nichts anderes als deutsch denken, deutsch handeln, und wenn diese Knaben mit zehn Jahren in unsere Organisation hineinkommen und dort oft zum erstenmal überhaupt eine frische Luft bekommen und fühlen, dann kommen sie vier Jahre später vom Jungvolk in die Hitlerjugend, und dort behalten wir Sie wieder vier Jahre. Und dann geben wir Sie erst recht nicht zurück in die Hände unsrer alten Klassen- und Standeserzeuger, sondern dann nehmen wir Sie sofort in die Partei, in die Arbeitsfront, in die SA oder in die SS, in das NSKK und so weiter. Und wenn sie dort zwei Jahre oder anderthalb Jahre sind und noch nicht ganze Nationalsozialisten geworden sein sollten, dann kommen sie in den Arbeitsdienst und werden dort wieder sechs und sieben Monate geschliffen, alles mit einem Symbol, dem deutschen Spaten. Und was dann nach sechs oder sieben Monaten noch an Klassen- und Standesdünkel da oder da noch vorhanden sein sollte, das übernimmt die Wehrmacht zur weiteren Behandlung auf zwei Jahre, und wenn sie nach zwei, drei oder vier Jahren zurückkehren, dann nehmen wir sie, damit sie auf keinen Fall rückfällig werden, sofort wieder in die SA, SS und so weiter, und sie werden nicht mehr frei ihr ganzes Leben …[4]

Max Kruse, Josef Göhlen und Manfred Jenning wollten aber wieder frei sein. Und sie wollten dass es besser, anders und nie mehr so wie in dieser Zeit werden würde. Sie wollten helfen zu heilen. Nur wie verbindet man diesen Anspruch mit einem Mehrteiler für die ganze Familie? Indem man nichts verschweigt. Als Beispiel hierfür eine Szene aus *Kommt ein Löwe geflogen* von 1966.

Eine einzelne Blechbüchse rollt eine schmale, steinerne Wendeltreppe hinab.
(Scheppernde Geräusche)
Außen vor der Burg nehmen mehrere Blechbüchsensoldaten Haltung an.
Die einzelne Blechbüchse rollt an den salutierenden Blechsoldaten vorbei.
Ein Soldat ruft sehr laut aus:
UNSER FÜHRER.
IHM NACH.
IN DIE RÜSTUNG!
ROLL. ROLL.

4 Zitiert nach einer Tonaufnahme.

Die ganze Blechbüchsenarmee rollt aus dem Burghof, über eine Wiese.
Dann kommen sie an eine Klippe und stürzen alle, einer nach dem Anderen, in die Tiefe.[5]

Man sieht es fast vor Augen, die Situation in einem deutschen Wohnzimmer im Jahr 1966. Nach dem Mittagessen wurde gespült, abgetrocknet und weggeräumt. Die Kinder mussten natürlich helfen. Danach begab man sich ins Wohnzimmer. Rund um den Nierentisch versammelten sich Mutter, Vater und die Kinder. Der in einem Teakholz-Sideboard versteckte Fernsehapparat wurde durch das Aufschieben von kleinen Rolltüren freigegeben und die Familie wartete auf die Augsburger Puppenkiste. Die Ansagerin kündigte es launig an und es konnte losgehen. Und bei oben beschriebener Szene musste dann doch der eine oder andere Vater schlucken, auch die Mutter wusste natürlich was gemeint war. Nur die Kinder amüsierten sich köstlich als die ganzen Mitglieder der Blechbüchsenarmee über die Klippe in die Tiefe stürzten. Lustig, auch weil es so wunderbar schepperte. Das war das Prinzip von Kruse und Jenning: Situationen erfinden und erzählen, die jeder Erwachsene als Anspielung auf die Vergangenheit oder die Gegenwart begreifen konnte, die die Kinder einfach nur lustig und spannend fanden.

Und sie waren ihrer Zeit damals um Jahre voraus. Das Thema Holocaust, überhaupt drittes Reich war im deutschen Fernsehen zu dieser Zeit nicht präsent. Erst im Jahr 1981 wurde erstmals eine Dokumentation mit Aussagen von Überlebenden der Shoah, Karl Fruchtmanns *Zeugen – Aussagen zum Mord an einem Volk*, im deutschen Fernsehen ausgestrahlt.

Kruse und Jenning auch im Erfinden neuer Filmformen ihrer Zeit voraus. So war *Don Blech und der goldene Junker* eine der ersten Spin off's im deutschen Fernsehen. Als spin off bezeichnet man einen Film, eine Serie die, basierend auf einer früheren erfolgreichen Serie oder Film, eine Figur herausgreift und diese zum Protagonisten einer neuen Geschichte macht. Heutzutage sind uns alle Prequels, Sequels zu den *Star Wars*-Filmen, fast alle *Marvel*-Produktionen des Disney Konzerns u. v. m. nur zu bekannt. Auch *Shaun, das Schaf* ist ein Spin off von *Wallace and Gromit.*

5 Szenen aus der Fernsehserie «Kommt ein Löwe geflogen», Hessischer Rundfunk/ Augsburger Puppenkiste, 1966.

Abb. 3: Marionetten der Blechbüchsensoldaten, Foto und © Fred Steinbach, Augsburg.

Aber hier ein weiteres Beispiel für den Anspielungsreichtum der (Dreh-) Bücher von Kruse und Jenning; es stammt aus *Don Blech und der goldene Junker* (1973):

Die Gestalten des Ritters aus Blechdosen auf seinem ebenfalls blechernen Pferd im Mondschein – regungslos als Standbild.

DON BLECH und sein Sohn DONITO erscheinen.

Don Blech betrachtet die Rittergestalt genauer.

DON BLECH

Och, er ist eine Hülle ohne Herz, ein geistloser Hohlkopf.

DON BLECH

Das ist der richtige Augenblick für eine Gespenstertaufe. Wenn ich bedenke, dass ich in meiner Rüstung auch so ausgesehen habe, dann graust es mich noch nachträglich. (Auf die blecherne Rittergestalt deutend.) Vielleicht beherbergt dieser Namenlose mein früheres Ich – die Seele des Generals mit aller blöden Rechthaberei, mit der Lust am Dreinschlagen, am Befehlen, mit dem falsch verstandenen Mut, mit dem Wahn, es liesse sich die Welt mit Gewalt unterdrücken.

Kirchenglocken erklingen – es ist Mitternacht.

DON BLECH

Und so werde ich ihn nennen: JUNKER HOHLKOPF. Nicht Ritter. Das klänge zu edel. – Junker! Dabei denkt man an Einbildung, an etwas Aufgeblasenes. Und sein Pferd, dieser Klepper aus Blech – wie könnte er heissen?

DONITO

Scheppertonne!

DON BLECH

Ja! Hahaha! Scheppertonne! Hahaha! – Ich taufe dich Junker Hohlkopf. Und dich Scheppertonne.

Blitz und Donner. Blitzlicht fällt auf die metallenen Gestalten des Junkers und seines Pferdes. Sie beginnen sich zu bewegen. Don Blech und Donito erschrecken.

JUNKER HOHLKOPF (drohend)

Aus dem Weg, Don Blech! – Du hast uns erschaffen und getauft! Dafür danken wir dir. Aber das ist der einzige Dank, den du von uns hören wirst. Denn du hast uns beleidigt, hast mich gemein und grausam genannt. So kann ich auch nichts anderes sein. – Ich reite nun in die Welt! Furcht und Schrecken werde ich verbreiten! In deiner Rüstung! Und du trägst ALLE VERANTWORTUNG!

Scheppertonne wiehert – und reitet mit Junker Hohlkopf davon.

DON BLECH

Das gibt… das gibt… das gibt es doch gar nicht!

JUNKER HOHLKOPF (durch die Nacht reitend und singend)

Vorwärts! Die Strasse frei!

Mit Blechgeschepper
Und Kriegsgeschei!

Wir reiten nun über's Land!
Und setzen die Welt in Brand![6]

Erstaunlich, was man sich damals noch leisten konnte anzusprechen – und das in einer Familiensendung, die viele als harmlose Kindersendung wahrnahmen. Es war ein Aufbegehren gegen jede Obrigkeit, gegen jeden Militarismus, gegen jede Art von Dogmatismus. In diesem Zusammenhang wäre auch die *Bill Bo*-Produktion von Josef Göhlen zu nennen. Weil das *Urmel* nicht rechtzeitig fertig wurde, wurde diese zwischen dem *Löwen* und dem *Urmel* gesendet. Göhlen sagt selbst, dass er eine Art Simplizissimus für Kinder und Familien schreiben wollte. Oder einfach eine Geschichte gegen den Krieg. Es erstaunt einen immer wieder, wie frühzeitig Max Kruse in seiner Zusammenarbeit mit der Augsburger Puppenkiste solche Themen, wenn auch versteckt, in seinen Stücken unterbringen konnte. Es ist sicher auch kein Zufall, dass viele der Protagonisten seiner Stücke «verlorene» Kinder ohne Familie waren. Sie suchten sich ihre Familie dann einfach selbst, bei denen es sich oft, wie man heute sagen würde, um Patchworkfamilien handelte. Und auch Fremde, die anfänglich als bedrohlich und Angsterregend erschienen, entpuppten sich, wie der Löwe, als die nettesten und hilfsbereitesten Kameraden.

Auch in pädagogischer Hinsicht waren Kruse, Jenning und auch Göhlen ihrer Zeit weit voraus.

Als Beleg hier der Text des Urmelliedes:

Alle Mamis sagen immer: «Tindlein gib sön acht!
Bleib sön brav in deinem Zimmer und slaf! Gute Nacht!»

Aber wenn das Tindlein größer, darf's spazieren gehn,
Weil sonst tönnt' das tleine Tindlein gar nie söne Sachen sehn.
Weil sonst tönnt' das tleine Tindlein gar nie söne Sachen sehn.

6 Szene aus «Don Blech und der goldene Junker», Hessischer Rundfunk/Augsburger Puppenkiste, 1973.

Alle Tindlein sagen immer: «Mami lass mich raus!»
«Bleib ganz lieb in deinem Zimmer! Ich komm bald nach Haus.»
Aber wenn das Tindlein fort ist, denkt es nicht mehr dran,
Weil es doch so viele Hundert söne Sachen sehen kann.
Weil es doch so viele Hundert söne Sachen sehen kann.

Wenn das tleine Tindlein dann nach Hause fröhlich geht.
Schimpft die Mami gleich das Tindlein: «Du kommst viel zu spät»!

Liebe Mami sei nicht böse und merk dir zum Schluss,
Dass das tleine Tindlein doch die sönen Sachen sehen muss.
Dass das tleine Tindlein doch die sönen Sachen sehen muss.[7]

Da ist er wieder, der Drang nach etwas Neuem, nach Aufbruch, nach Selbstbestimmung. Verpackt in ein scheinbar harmlose, Kinderlied. Zudem erweis sich dieses Lied geradezu als prophetisch: Man meint, es mit einem Ratschlag für die erst 30 Jahre später aufkommende Generation der Helikopter Eltern zu tu zu haben.

Die Sprachfehler der Protagonisten in den *Urmel*-Büchern und -Filmen waren ein Reizthema. Max Kruse war sich nicht sicher, ob er sich dieses Sprachspiel leisten dürfte. Er bot sogar seinem Verleger an, die Sprachfehler wieder rückgängig zu machen. Dieser schlug nur die Hände über dem Kopf zusammen und sagte: Die bleiben drin! Aber auch Josef Göhlen hatte mit diesen Sprachfehlern zu kämpfen:

> Ich habe von den Pädagogen und besonders von den sogenannten Medienwissenschaftlern, mit denen ich sowieso fast dauernd im Clinch lag, Ärger erhalten, nicht wegen der Rolle der Frau – soweit war man damals noch nicht – sondern wegen Verhunzung der Sprache und der Verführung der Kinder, bewusst falsch zu sprechen, also dafür und damit alles das, was der Teil des emotionalen Zaubers war.[8]

Was war also aus der Schuhverwirrung der drei Herren geworden? Josef Göhlen verließ den hr. Manfred Jenning starb 1979. Aber aus den drei Schuhen waren, zumindest über einen kleinen Zeitraum, 3 Paar Schuhe geworden. Ein Schuh von Kruse und ein Schuh von Göhlen, das erste Paar.

7 Text Urmelllied aus «Urmel aus dem Eis», Hessischer Rundfunk/Augsburger Puppenkiste, 1969.

8 Aus einem Interview mit Josef Göhlen (per email), 2020.

Ein Schuh von Göhlen und ein Schuh von Jenning, das zweite Paar (Josef Göhlen dazu: «*Zentrales Vertrauen meinerseits. Er wusste was ich wollte, ich wusste was er kann*»). Und ein Schuh von Jenning und ein Schuh von Kruse bildeten das dritte Paar (Max Kruse über Manfred Jenning: «*Er war sehr begabt und sehr liebenswürdig. Er mochte mich und ich mochte ihn*). Und diese drei Paar Schuhe gingen einen befristeten gemeinsamen Weg.

Doch wie ging es mit dem Familienprogramm im Fernsehen weiter? Es starb aus bzw. es wurde ausgedünnt. Vielleicht war es einfach der Zeitgeist der 80er Jahre, die den Beginn der Individualisierung darstellten. Es gab, scheinbar, kein gemeinsames Interesse der Generationen mehr. Es begann eine Fragmentierung, die Aufspaltung in die einzelnen Interessen. Die Zielgruppe war erfunden worden. Man machte Programm für Jugendliche, für ältere Kinder, für jüngere Kinder, für ältere Erwachsene, für jüngere Erwachsene, für Frauen, für Männer, für Sportfans, für Sporthasser, für Modebewusste, für Modehasser usw. usw. Vermeintlicher Individualismus führte immer weiter zu einem Auseinanderleben der einzelnen Gruppen. Und wenn alles getrennt wird, so kann dann, nach und nach, keiner mehr den Anderen verstehen. Dieses Auseinanderdividieren erscheint mir ein Ausgangspunkt der beginnenden Spaltung der Gesellschaft zu sein. Niemand hat mehr mit niemandem zu tun. So sehr ich Udo Lindenberg verehre, sein Lied «Ich mach' mein Ding» war sicher nicht so gemeint, wie es vielerorts ankam. Mir doch egal was der andere denkt, was er macht. Ich mach' mein Ding und wenn mein Ding ist, andere Menschen zu beschimpfen. Oder mehr.

Natürlich kann man nicht so weit gehen, dem Fernsehen die alleinige Schuld an diesen Entwicklungen zu geben. Aber die Macher sind eben mitgelaufen, sind den Trends, dem angeblichen Zeitgeist und der noch angeblicheren Notwendigkeit gefolgt, einzelne Zielgruppen zu bedienen. Und diese Zielgruppen wurden immer kleiner, immer enger gesetzt. Absurdestes Beispiel ist die, von der BBC angekaufte, «Kinder» Serie *Teletubbies.* Sie erinnern sich? Twinky, twinky usw. Branchenintern sprach man nur vom pränatalen Fernsehen. Wer immer zielgenauer nur einzelne Gruppen (Zielgruppen) anvisiert und bedient, verliert automatisch alle anderen. Es ist wie in der Wirtschaft, was sich nicht lohnt, wird nicht mehr gemacht. Sie wissen schon, wie das im Fernsehen heißt: Quote. Verschwunden die Idee vom

Fernsehen, wie sie die Kruses, Jennings, Göhlens hatten. Oder wie Josef Göhlen es noch heute formuliert:

> Politisch ist jedes Programm! Einfluss hat jedes, mehr als man denkt. Die Programme von damals haben heute noch ihre Geltung. Gesellschaftliche Werte, auch im Gegensatz zu heute, zu denen auch Solidarität, Familie und freiheitliche Freude (also Humor) und sonstige konventionellen gesellschaftlichen Tugenden gehören, wurden immer vermittelt.[9]

Noch nie wurde so viel geschrieben wie heute. 2020 wurden alleine über den Messenger Dienst WhatsApp tagtäglich 100 Milliarden Nachrichten verschickt. Selbst wenn es nur kurze Nachrichten sein sollten, sagen wir 15 Worte, dann sind es schon 1.5 Billionen Wörter, die ausgetauscht werden. Täglich. Und die anderen Kanäle noch gar nicht mitgezählt. Aber was sind dies für Worte? Hat noch irgendwer ein Gefühl für den Sinn und die Bedeutung eines Wortes? Wir belassen es bei 127 Worten von Max Kruse.[10]

Worte
Worte purzeln aus dem Mund,
kantig, glatt und kugelrund,
saftig, lustig, frech und klug,
segelnd auf dem Atemzug.
Mal als Splitter, mal als Fetzen
oder auch in langen Sätzen,
können stolpern oder springen,
hauchen, röcheln oder singen,
können drohen, trösten, schmeicheln,
schlagen, kränken oder streicheln.
Können Dir die Welt erklären,
dich erleichtern und beschweren,

9 Aus einem Interview mit Josef Göhlen (per email), 2020.

10 Grundlage dieses Artikels waren ein Interview mit Max Kruse 2011 sowie einem Interview mit Josef Göhlen ebenfalls im Jahre 2011 sowie einem weiteren Interview (per email) mit Josef Göhlen im Dezember 2020. Weitere Grundlagen waren eigene Recherchen unter anderem zu dem von mir herausgegebenen «Großen Buch der Augsburger Puppenkiste» sowie konzeptionelle Arbeiten an dem geplanten Dokumentarfilm «Ein Land in der Kiste» von Pawel Sicek und meiner Wenigkeit.

können zu den Sternen reisen
und den größten Quatsch beweisen.

Worte sprechen alles aus,
stockend, zögernd, frei heraus,
säuselnd, zwitschernd, drohend, lockend,
springend, tanzend, hüpfend, rockend,
kreuz und quer und hoch und tief,
manchmal grade, manchmal schief.
Können singen, tanzen, springen
und durch dicke Mauern dringen.

Worte können dich betören,
lügen, prahlen oder schwören,
dich in tiefstem Schmerz ertränken
und die höchsten Freuden schenken.

Anfang, Ende, Tod und Leben,
alles können Worte geben.[11]

11 Erstmals abgedruckt in «Ich und Du und Müllers Kuh und 1000 Kaffee Bohnen», Boje Verlag, 2011.

Späte Liebe. Max Kruse in Penzberg/Oberbayern

Katrin Fügener, Penzberg

Es war im Spätsommer 1986, als Max Kruse und seine Frau Shaofang ins beschauliche Penzberg zogen. Genauer gesagt: in das noch beschaulichere Untermaxkron. In diesem, einem Straßendorf ähnlichen Vorort der ehemaligen Bergwerksstadt, der sich zwischen der Loisach und einer breiten moorigen Fläche erstreckt, fand er Nähe und Distanz gleichermaßen. Beim Spazierengehen grüßt man sich hier im Oberland, unabhängig davon, ob man sich kennt. Ansonsten lässt man sich in Ruhe. Es spielt keine Rolle, wer man ist, ob man vielleicht in der Welt ‹da draußen› einen Namen hat. Das schätzte Max Kruse.

Ich wohnte damals ebenfalls in Untermaxkron und so begegneten wir uns zwangsläufig bei unseren Runden. Ein freundliches «Grüß Gott», ein Nicken mit dem Kopf, und dann ging jeder weiter seiner Wege. Es dauerte einige Zeit, bis ich erfuhr, wer dieser höfliche ältere Herr war. «Er war auf eine sehr feine Art diskret», sagt Agnes Eberl, eine direkte Nachbarin. Man habe in herzlich verbundener Nachbarschaft zusammengelebt. Die beiden Familien teilten mehr als den Gartenzaun: Max Kruse und der Nachbar hatten am gleichen Tag Geburtstag, wenn auch rund 40 Jahre dazwischen lagen. Und der Vater des Urmel war immer der schnellere Gratulant. Im Gegenzug freute er sich, wenn ihm Eberls vom Italienurlaub getrocknete Steinpilze und Risottoreis für sein «Himmelsgericht» mitbrachten.

Auch wenn Kruses Grundstück mit den Jahren seine himmlische Ruhe etwas einbüßte – es bauten mehrere Familien mit Kleinkindern rund um das Ende der kleinen Sackgasse – blieb doch das harmonische Miteinander. Er beschwerte sich nie, erzählt Nachbar Wolfgang Heinisch, selbst wenn die Bobbycar-Bande mal mit Karacho in die sorgsam gepflegte Hecke donnerte. Im Gegenteil. Wenn die Nachbarskinder Ende November oder an Weihnachten als Überbringer guter Wünsche klingelten, verließen sie das Haus beglückt mit einem persönlich signierten Buch, einer Kassette oder CD in den Händen. Ihre Eltern schätzten den klugen Gesprächspartner, der immer informiert und Neuem gegenüber aufgeschlossen war.

«Es war sehr einfach, mit ihm ins Gespräch zu kommen, in einer sehr angenehmen Atmosphäre», erinnert sich eine ehemalige Untermaxkronerin. Sie hatte als Schülerin Anfang des Jahrtausends um einen Termin für ein Interview gebeten, mit dem üblichen Herzklopfen. Das Gespräch mit dem Autor ist ihr bis heute gut in Erinnerung. Die Scheu schwand schnell, man begegnete sich auf Augenhöhe. «Er war ein sehr empathischer Mann, der freundlich war, offen und zugänglich.»

Kinder lagen Max Kruse nicht nur in und mit seinen Büchern am Herzen, sondern auch ganz konkret in seiner neuen Wahlheimat. Kurz vor der Jahrtausendwende hatte ich beruflich erstmals mit ihm zu tun, als nach dreißig Jahren wieder ein Urmel-Band erschien, *Urmels Lichterbaum im Eismeer*. Er stehe ständig in Kontakt mit seinen Lesern, manche begleite er durch die ganze Kindheit bei all ihren Sorgen und Freuden, erzählte mir der Autor damals. «Die vielen Briefe sind fürs Herz schöner als Verkaufszahlen». Auch die Penzberger Kinder hätten ihn immer wieder nach einem neuen Urmel-Band gefragt. Spätestens seit er das örtliche «Oberlandler Volkstheater» bei der Inszenierung des *Urmel* als Bühnenstück unterstützte, kannte man ihn in der Stadt. Obwohl er, wie es so seine Art war, bei der Premiere im Juli 1998 mit seiner Frau unauffällig ganz hinten im Publikum des kleinen Zimmertheaters saß.

Immer wieder musste *Urmel* aufgeführt werden, so groß war die Nachfrage. Der Erfolg wurde 1999 durch die Verleihung des ersten Penzberger Kulturpreises gekrönt, mit dem Max Kruse und das Oberlandler Volkstheater gemeinsam ausgezeichnet wurden. Die Ehrung verwurzelte den Preisträger in der kleinen oberbayerischen Stadt. Er brachte sich ein. Sei es in der Literaturwerkstatt im heimischen Gymnasium, bei dem er nicht nur Tipps zum Handwerkszeug eines Schriftstellers gab. Mit leisem Neid lauschten die Jugendlichen Kruses autobiographischen Erzählungen von Skiausflügen mit den Privatlehrern. Zur Erholung von der erfolgreich bestandenen Aufnahmeprüfung in die Oberprima gab es für den jungen Kruse gar eine dreimonatige Schulbefreiung. Vom Gespräch nahmen die Penzberger Schüler außerdem viele wertvolle Tipps mit und eine Zusicherung: Bei Schreibproblemen dürften sie sich jederzeit direkt an Max Kruse wenden.

Da verwundert es nicht, dass nur wenig später Max Kruse die Schirmherrschaft für den Jugendförderpreis des Penzberger Rotary Clubs übernahm. «Ich tue alles, um Kinder, die ins neue Jahrtausend hineinwachsen, zu fördern.» Er erlebe schließlich immer wieder junge Menschen mit schöpferischen Ideen. Diese zu unterstützen sowie Freude an der Literatur zu wecken waren auch die Hintergedanken der Max-Kruse-Tage in Penzberg, die die damalige Vorsitzende des Vereins «Kunstzeche» und spätere Leiterin des Stadtmuseums Gisela Geiger im Mai 2001 erstmals organisierte. Von Freitag bis Sonntag standen die Werke und der Autor selbst – der natürlich aus seinen Büchern las – im Mittelpunkt des Festivals. Dazu gab es eine lange Lesenacht für Erwachsene, Schlager der 1920er Jahre, Live-Theater, Kurzkonzerte der städtischen Musikschule und Kunstwerkstätten zum Kulissenbau für den Schlusspunkt: *Lord Schmetterhemd* als Improvisationstheater.

In einer kleinen Stadt entstehen durch solche Aktivitäten schnell neue Netzwerke, arbeiten Volkstheater und Musikschule ohnehin zusammen. Das kam auch Max Kruse, dem Komponisten Hans Possegga und ihrem seit langen Jahren in der Schublade schlummernden Kindermusical *Ich will keine Lady sein* zugute. Neu arrangiert vom Penzberger Komponisten Holger Aurel Jung wurde die *Lady* im April 2002 fünfmal in der komplett ausverkauften Stadthalle mit mehr als 50 Kindern auf der Bühne und im Orchester aufgeführt. Bei dieser deutschen Uraufführung saßen die beiden Urheber des Werkes hocherfreut im jubelnden Publikum. Max Kruse blieb dem Oberlandler Volkstheater verbunden und so war etwa *Urmel taucht ins Meer* im Juli 2011 ebenfalls mehrfach ausverkauft. Durch diese Zusammenarbeit haben sich zahlreiche Penzberger Kinder im Lauf der Jahre spielerisch mit dem Werk beschäftigt.

Auf eine Anregung des Autors hin entstand im Jahr 2005 der Kinder- und Jugendliteraturpreis «Penzberger Urmel». Hier kam die Zusammenarbeit mit Gisela Geiger zum Tragen. Die Leiterin des Stadtmuseums hat das Prozedere konzipiert und mit Engagement und Leidenschaft unzählige Kinder, Lehrer und Eltern für den Preis begeistert. Alle zwei Jahre arbeitet sich eine Kinderjury durch zehn, vorab von einer Erwachsenenjury ausgewählte Bücher und kürt daraus ihren Sieger. Das Besondere ist, dass die 8- bis 13jährigen Kinder Illustration und Text gleichermaßen beurteilen. Außerdem wird für jedes der zehn Bücher eine Patenklasse gesucht, die «ihr» Buch fantasievoll interpretiert. Die Aufführungen der Patenklassen sowie die

Abb. 1: Max Kruse 2005, Foto und © Katrin Fügener, Penzberg.

Preisverleihung sind feste Termine in der Stadt, bei denen sich Jung und Alt von Kinderliteratur verzaubern lassen. Im Jahr 2011 begann die Zusammenarbeit des Museums mit der Stadtbücherei, die fünf Jahre später den Preis komplett übernahm. Im Frühjahr 2021 tagen trotz erschwerter Pandemiebedingen wieder 15 Kinder, zum Teil per Videochat, um gemeinsam ihren Favoriten zu küren. Auch Schulklassen für die Übernahme einer Buchpatenschaft sind bereits gefunden.

Bis an sein Lebensende hat Max Kruse diese Aktivität interessiert begleitet und die Schirmherrschaft dafür übernommen. Es war und blieb ihm wichtig, Kinder zum Lesen zu animieren und ebenso, dass diese die Arbeit guter Illustratoren erkennen und schätzen lernen. Auch die Zusammenarbeit mit Holger Aurel Jung blieb lebendig und führte zu einer weiteren Penzberger Uraufführung im Dezember 2006: die *Chants d'Avignon* wurden mit Kruses Libretto und Jungs Musik nahezu zum Oratorium.

Es verwundert einen, dass angesichts eines solchen Engagements noch Zeit war für weitere literarische Werke. Doch blieb Max Kruses Energie bis ins hohe Alter schier unerschöpflich, ebenso wie seine Neugier auf das Leben. «Ich rufe Sie gleich zurück, ich bin gerade im Internet», war eine häufige Antwort zu einer Zeit, da so manche Jüngeren mit diesem neuen Medium fremdelten. Ein wenig Bedenken hatte ich allerdings, als es bei einer Terminanfrage im März 2003 hieß, der Autor sei im Krankenhaus. Ich dürfe aber dennoch kommen. Also fuhr ich besorgt ins Penzberger Klinikum und traf einen äußerst lebhaften 81-Jährigen, dessen Nachttisch komplett unter Druckfahnen verschwand. Er hatte sich dermaßen auf die erweiterte neue Auflage seines Gedichtbandes «Ein Klecks ging mal spazieren» gefreut, dass er wegen «einer solchen Kleinigkeit» nicht die termingerechte Abgabe des Bandes versäumen wollte.

Voller Mut und Tatendrang, so erlebte ich ihn nahezu bis zum Schluss. In einem Interview erzählte er mir, dass er eigentlich stets an mehreren Büchern gleichzeitig arbeiten würde. Wichtig waren ihm im Spätwerk seine Romane – und ein philosophisches Fachbuch. Außerdem verriet er einen geheimen Traumwunsch: einmal, wenn auch als alter Mann, ganz regulär in die Schule gehen und das Abitur nachmachen, einmal einen regulären Schulalltag erleben dürfen. Fragen, ob der zu diesem Zeitpunkt 85-Jährige an einen Ruhestand denke, erübrigten sich.

Nachdem ich 2010 die Leitung der Penzberger Stadtbücherei übernommen hatte, blieben wir in regelmäßigem Kontakt. Kruse interessierte sich für unsere Bemühungen bei der Leseförderung, gab Anregungen. Nie verließ ich sein Haus ohne Bücher oder CDs für die Bücherei. Im Gegenzug versorgte ich ihn mit Lesestoff. Noch im Sommer 2015 besuchte ich ihn mit einer Tasche voll Bücher, da war er bereits sehr schwach. Aber sein Geist war wach und er blieb bis zum Ende der distinguierte, bescheidene Mann, wie ich ihn über Jahre erlebt hatte.

Zum Abschluss ein Zitat aus einem intensiven und beeindruckenden Interview, das ich im Herbst 2006 mit ihm führte: «Was würden Sie einem jungen Kollegen raten?» Max Kruse: «Die Augen offen halten. Die Themen liegen auf der Straße. Vor allen Dingen, etwas tun. Kreativ sein. Nicht bloß auf andere warten, sondern es selbst in die Hand nehmen.»

Max saust durch die Zeit. Erinnerungen an die Zusammenarbeit beim letzten Urmel-Buch

Michael Schmidt-Salomon, Oberwesel

Max Kruse war ein Mann der leisen, der sanften Töne – als Schriftsteller und als Mensch. Ein Hauch von Melancholie war stets zu spüren, wenn man mit ihm sprach oder seine Texte las. Ein wenig erinnerte er mich an den gutmütigen Seele-Fant, der vor Titiwu seine traurigen Weisen vorträgt und sich dabei durch nichts und niemanden aus der Ruhe bringen lässt: «Öch weuß nöcht, was soll ös bödeutön, dass öch so trauhaurög bön …» Anders als bei Seele-Fant führte die Wehmut bei Max jedoch nicht zur Lethargie. Im Gegenteil: Wann immer ich eine Mail an die Beiräte der Giordano-Bruno-Stiftung verschickte,[1] konnte ich sicher sein, dass seine Antwort als erste bei mir eintreffen würde. Max war sich bewusst, dass er keine Zeit zu verschenken hatte. Und so legte er noch im Alter von 91 Jahren, als wir an *Urmel saust durch die Zeit* arbeiteten, eine Schaffenskraft an den Tag, die ich bei weit jüngeren Autoren nur in Ausnahmefällen angetroffen habe.

Für mich war die Freundschaft mit Max ein großes Geschenk, ein Kindheitstraum, der in Erfüllung ging. Die Max-Kruse-Stücke der Augsburger Puppenkiste hatte ich als kleiner Junge heiß und innig geliebt, u. a. *Der Löwe ist los*, *Gut gebrüllt, Löwe*, *Don Blech*, *Lord Schmetterhemd* und natürlich *Urmel aus dem Eis*. Was habe ich über das freche «Urmeli» gelacht, das sich von Wutz so gar nicht erziehen ließ! Oder über Ping und Wawa, die sich so herrlich über die «Mupfel» streiten konnten! Als ich selbst zu schreiben anfing, war Max Kruse als Kinderbuchautor eine legendäre Gestalt, in meinen Augen durchaus vergleichbar mit Michael Ende oder Astrid Lindgren. Und so dachte ich, als ich im Jahr 2004 eine E-Mail von einem Absender namens Max Kruse erhielt, beim besten Willen nicht daran, dass es

1 Die 2004 gegründete Giordano-Bruno-Stiftung (gbs) ist eine Denkfabrik für Humanismus und Aufklärung, die von zahlreichen renommierten Wissenschaftler*innen, Philosoph*innen und Künstler*innen unterstützt wird. Max Kruse war von 2004 bis zu seinem Tod 2015 gbs-Beirat.

sich um ‹den› Max Kruse handeln könnte. In aller Bescheidenheit hatte Max damals angefragt, ob man die Giordano-Bruno-Stiftung auch als Nichtwissenschaftler unterstützen könne – ohne dabei ein einziges Wort über sich selbst zu verlieren. Zufälligerweise fiel mein Blick auf die Endung seiner E-Mail-Adresse: *max-kruse-urmel.de.* «Das kann doch nicht sein!», dachte ich mir. Vorsichtig fragte ich nach – und tatsächlich: Niemand anderes als der ‹Vater des Urmels› wollte den Aufbau der damals noch weithin unbekannten Giordano-Bruno-Stiftung unterstützen!

Selbstverständlich sagten wir sofort zu und beriefen Max in unseren Beirat. Dabei veränderte schon die erste Mail, die Max an uns schrieb, die Stiftung in nachhaltiger Weise. Denn auf seine Anregung hin beschlossen wir, einen Förderkreis für die Stiftung ins Leben zu rufen, dem inzwischen mehr als 10.000 Personen beigetreten sind, und unseren Beirat, der ursprünglich nur aus Wissenschaftlern und Philosophen bestanden hatte, für Künstlerinnen und Künstler zu öffnen. Beides brachte die Stiftung mit Riesenschritten voran. Dass Max unser erster künstlerischer Beirat wurde, freute mich ungemein – nicht nur wegen des Urmels, sondern auch weil ich in der Zwischenzeit seine umfangreiche Kulturgeschichte der Menschheit *Im weiten Land der Zeit* gelesen hatte. Dieses Werk, das wenig später vom Hessischen Rundfunk mit Peter Fricke als Hauptsprecher in wunderbarer Weise vertont wurde, zeigte eine seiner großen Stärken als Sachbuchautor: Max war nämlich ein Meister des Zusammenhangs, wie es nur wenige gegeben hat, ein Autor, der dort, wo andere ‹den Wald vor lauter Bäumen nicht mehr sehen›, mit Leichtigkeit die wesentlichen Entwicklungslinien herausarbeiten und dem Leser verständlich machen kann. Von dieser Fähigkeit, den großen Bogen zu spannen, ohne die Leserinnen und Leser über Gebühr zu strapazieren, zeugen auch seine späteren Bücher *Antworten aus der Zukunft, Gott oder Nichtgott* und *Besen, Besen, seid's gewesen* – kleine Meisterwerke der Aufklärung, die im Schatten des Erfolgs seiner Kinderbücher meist übersehen werden.[2]

Ab 2004 standen wir in regem Kontakt. Wir lasen gegenseitig unsere Bücher, diskutierten über Wissenschaft und Aufklärung, Religionen und Ideologien. Gerne hätte sich Max mehr in die Stiftungsarbeit eingeschaltet, doch dazu bot sich erst Ende 2010 die passende Gelegenheit: Damals planten

2 Vgl. hierzu den Beitrag von Gerhard Lauer in diesem Band.

wir nämlich gemeinsam mit Evolutionsbiologen und Biologiedidaktikern verschiedener Universitäten ein Projekt, das die Evolutionstheorie in die Grundschulen bringen soll.[3] Für unsere Lehrmaterialien, die wir für den Evolutionsunterricht entwickeln wollten, benötigten wir noch eine sympathische Figur, die den Kindern das evolutionäre Wissen nahebringt – und was lag da näher als das berühmte Urmel aus dem Eis? Als ich Max von dieser Idee erzählte, war er sofort begeistert. Schnell klärte er die Rechtsfragen ab und stellte uns das Urmel für das *Evokids-Projekt* kostenlos zur Verfügung.[4] Doch wenn man den Leuten den kleinen Finger ausstreckt, ergreifen sie gerne mal die ganze Hand: Bei einem späteren Arbeitstreffen der Evokids-Gruppe kam die Idee auf, ob Max zum offiziellen Start des Projekts, der für Frühjahr/Sommer 2013 geplant war, nicht vielleicht ein passendes Buch veröffentlichen könnte. Ursprünglich dachten wir dabei an ein Sachbuch («Das große Urmel-Buch zur Evolution»), aber dies hätte zu viele Überschneidungen mit unseren Lehrmaterialien gegeben, die wir gebührenfrei an die Schulen des Landes weitergeben wollten. Aus diesem Grund fragte ich 2012 bei Max an, ob er sich denn vorstellen könne, eine eigene Urmel-Geschichte zu verfassen, die den Kindern das evolutionäre Geschehen auf amüsante Weise nahebringt.

Am Abend des 31. Mai 2012 formulierte ich dazu eine Mail, in der ich Max den möglichen Plot für einen neuen Urmel-Band beschrieb. In der Kurzfassung las sich das folgendermaßen:

> Das hat es auf Titiwu noch nicht gegeben: Ein Sommerfest, zu dem alle Eltern und Geschwister von Wutz, Wawa, Ping und Schusch anreisen! Urmel hat großen Spaß daran, doch abends ist es sehr traurig. Denn es fühlt sich allein. Wie die anderen will es auch Verwandte haben! Professor Tibatong versucht, das Urmel zu trösten,

3 In der Regel wird dieser zentrale Baustein des modernen Weltbildes viel zu spät, mitunter erst im 10. Schuljahr, im Unterricht behandelt, wenn sich kreationistische Fehlvorstellungen bei vielen Schülerinnen und Schülern bereits fest verankert haben – vgl. hierzu die Resolution *Evolutionsunterricht in der Grundschule*, die am 1.11.2015 in der Hermann-Hoffmann-Akademie Gießen von mehr als 80 Wissenschaftlern und Pädagogen verabschiedet wurde, abgedruckt u. a. in: Evolution in der Grundschule. Materialien für den Unterricht. Hrsg. v. Dittmar Graf und Michael Schmidt-Salomon. Gießen/Oberwesel: Evokids 2016.

4 Siehe *https://evokids.de*.

> indem er erklärt, dass alle Lebewesen auf der Erde miteinander verwandt sind. Zum Glück hat der Professor eine Zeitmaschine erfunden, mit der er das beweisen kann. Und so begeben sich Urmel und seine Freunde auf eine fantastische Reise zurück in die Vergangenheit und entdecken das große Abenteuer der Evolution …[5]

In einer ausführlicheren Beschreibung der Handlung skizzierte ich damals 14 Szenen, von denen es die meisten später auch ins Buch schafften: u. a. wie das neugierige Urmel die Zeitmaschine von Professor Tibatong inspiziert und mit Wawa, Ping und Tim unfreiwillig in die Vergangenheit geschleudert wird; wie die Freunde zunächst im Weltraum und dann auf der urzeitlichen Erde landen; wie das Urmel ein Saurier-Ei entdeckt und beinahe von herabfallenden Meteoriten getroffen wird; wie die Zeitreisenden einem *Homo erectus*-Jungen begegnen und Urmel mit einem nachgeahmten Dinosaurierschrei einen Löwen vertreibt; wie Urmel, Wawa, Ping und Tim die kulturelle Evolution der Menschheit verfolgen und am Ende überglücklich nach Titiwu zurückkehren, wo das Urmel ungeduldig darauf wartet, dass aus dem gestohlenen Dino-Ei ein naher Verwandter schlüpft.[6] Am Morgen des nächsten Tags kam prompt die Antwort von Max:

> Mein lieber Michael, Dein Entwurf ist klasse. Ich würde das Buch sehr gern schreiben, aber beachte bitte den Konjunktiv, ich hoffe, dass ich es schaffe, auch zeitlich, und dass ich es Euch recht mache. Zwei kleine Änderungen möchte ich vorschlagen. 1. auf das Fest verzichten. Dieses Getümmel von Tieren bringt nichts und führt auch nicht weiter. Titiwu sollte eine einsame, im Wesentlichen unentdeckte Insel bleiben. Urmel ist traurig, dass es das einzige Urmel auf der Welt ist und keine Brüder und Schwestern hat. Das klingt in fast allen anderen Urmelbüchern immer wieder mal an. Darauf können wir aufbauen. 2. Der Professor sollte besser mit auf die Zeitreise gehen, einfach, weil er der Einzige ist, der hie und da mal in der Erzählung eine sachlich fundierte Antwort geben könnte.[7]

Mit dem ersten Punkt hatte Max natürlich recht: Auf das Familienfest am Anfang konnten wir getrost verzichten. Beim zweiten Punkt sah Max

5 Aus der Mail des Verfassers an Max Kruse vom 31.5.2012.

6 Das Exposee, das ich Max am 31. Mai per Mail zusandte, umfasste drei Seiten. Damals trug die Geschichte noch den sperrigen Titel *Urmel und das große Abenteuer des Lebens*, der später zunächst in *Urmel rast durch die Zeit* und schließlich in *Urmel saust durch die Zeit* abgeändert wurde.

7 Aus der Mail von Max Kruse an den Verfasser vom 1.6.2012.

allerdings schnell ein, dass Urmels Abenteuer in der Vergangenheit weniger spannend und lustig wären, wenn der Professor an Bord der Zeitmaschine wäre und alle Geschehnisse sofort rational einordnen könnte. Also blieben wir bei meiner ursprünglichen Idee, dass Tibatong mit Urmel und seinen Freunden aus der Ferne mithilfe eines ‹Zeit-Funkgeräts› kommuniziert. (Wer eine Zeitmaschine konstruieren kann, dem gelingt sicherlich auch so etwas!)

Nachdem diese grundsätzlichen Fragen geklärt waren, machte sich Max zügig an die Arbeit. Schon nach einer Woche waren die ersten vier Kapitel des Buches fertig! Und so fragte er mich bereits am 9. Juni nach den Rahmenbedingungen des fünften Kapitels, das auf der jungen Erde spielen sollte:

> Lieber Michael, kannst Du mir helfen oder dich für mich bei einem deiner klugen Freunde ganz rasch schlau machen? Welche Temperatur hatten wohl die ersten Meere oder die Ursuppe, in der das erste Leben entstand? War das Wasser so kalt, dass ein Mensch sofort darin erstarrt wäre oder so heiß, dass er sich verbrüht hätte? Wäre die Berührung mit ihm aus irgendeinem anderen Grunde vielleicht für jedes moderne menschliche Wesen schädlich gewesen bis hin zur Todesgefahr – für das Urmel als Urwesen, aber vielleicht nicht?[8]

Ich antwortete, dass das Urmel die junge Erde allenfalls in einem Raumanzug betreten könne, da es damals noch keine Pflanzen gab, die den notwendigen Sauerstoff hätten produzieren können. Max fand es zwar langweilig, dass Urmel & Co. die junge Erde nur aus der Zeitkapsel heraus beobachten konnten, doch er machte aus der Not eine Tugend, indem er die Szene nutzte, um den vom «Forschungsfieber» befallenen Professor Tibatong wesentliche Aspekte der Evolutionstheorie erklären zu lassen.

Zwei Wochen später war Max bereits beim 12. Kapitel angelangt, in dem die Gefährten einem *Homo erectus*-Jungen begegnen. Auch hier hatte er Fragen über Fragen:

> Lieber Michael, konnte sich der Homo erectus (der deines Exposees) bereits mit seinen Artgenossen verständigen, konnte er, wenn auch nur rudimentär, sprechen? Konnte er Steine bearbeiten, lebte er also schon in der Steinzeit? Es wäre schön, wenn Du mir bald antworten könntest, ich stehe unter starkem Zeitdruck, komme

---

8 Aus der Mail von Max Kruse an den Verfasser vom 9.6.2012.

> oft nur mühsam voran. Das Buch ist ein schwerer Brocken, viel zu viel für die Altersgruppe unverdauliches Material, viel zu wenig lustige, spannende Action!!! – Und manche Quellen widersprechen sich auch. Trotzdem, es wird schon…[9]

Ich schlug Max vor, die Szene beim späteren *Homo erectus* anzusiedeln, der nicht nur Steinwerkzeuge, sondern auch Holzspeere anfertigte. Dies erleichterte zudem den Übergang zu den Kapiteln 15 und 16, in denen Urmel & Co. auf die «Waldmenschen» treffen, sowie zu den Kapiteln 17 und 18, in denen sie erstmals modernen Menschen (*Homo sapiens*) begegnen. Max arbeitete mit Vollgas weiter. Schon am Abend des 20. Juli 2012 – also nur eineinhalb Monate nach meiner ursprünglichen Handlungsskizze – schickte er mir den ersten Entwurf des vollständigen Buches zu. In einer Mail, die Max am nächsten Morgen nachschob, heißt es dazu:

> Ich hab fast ein schlechtes Gewissen, dass ich Dir die Zeit stehle, aber es ist erträglich, schließlich war das Buch ja Euer Wunsch und ich wasche meine Hände in Unschuld. Aber ich bin auch froh, dass ich es schreiben durfte und konnte. Ich bin bereits an der Überarbeitung, Kürzung und Erstellung einer alternativen Fassung, wie ich es Dir ja schon andeutete. Kopfzerbrechen bereitet es mir gegenwärtig noch, mehr Action für die letzte Episode in der ersten Stadt (Jericho) zu finden, vielleicht hast Du eine blitzgescheite Idee, was dem Urmel – oder einem anderen unserer Helden – da passieren könnte. Dann schreib sie mir. Davon unabhängig denke ich natürlich weiter nach.[10]

In den darauffolgenden Tagen nahm ich das Manuskript gründlich unter die Lupe. Ich machte Alternativvorschläge für Stellen, bei denen die Geschichte wissenschaftlichen Fakten widersprach oder dramaturgische Schwächen hatte. Max nahm diese Vorschläge dankbar an und schickte postwendend neue Textfassungen. So unkompliziert hatte ich nie zuvor mit einem anderen Autor zusammengearbeitet. Alles verlief völlig reibungslos, allerdings kam es dann wenig später doch noch zu einer handfesten Krise: Mir war nämlich bei der erneuten Lektüre des Manuskripts ein «Raum-Zeit-Problem» aufgefallen, das wir zuvor nicht genügend beachtet hatten. Denn Urmel und seine Freunde reisten während ihres Abenteuers nicht bloß durch die Zeit, sondern

9 Aus der Mail von Max Kruse an den Verfasser vom 26.6.2012.

10 Aus der Mail von Max Kruse an den Verfasser vom 21.7.2012.

auch durch den Raum, weshalb sie im Verlauf der Geschichte an verschiedenen Orten auftauchten.

Ich wies Max in diesem Zusammenhang auf H. G. Wells' berühmten Roman *Die Zeitmaschine* hin – den großen Klassiker der Science-Fiction-Literatur, der mich schon in meiner Jugend begeistert hatte.[11] Bei Wells stand das Zeitreisegefährt stets am selben Ort, nur die Umgebung, in der es stand, änderte sich im Verlauf der Zeit. Wie sollten wir erklären, dass dies bei dem Apparat von Professor Tibatong so völlig anders war, er sich also nicht nur in der Zeit, sondern auch im Raum bewegte? Mein Hinweis beunruhigte Max sehr. In der Nacht vom 26. auf den 27. Juli schrieb er mir:

> Lieber Michael, danke für Dein ausführliches Eingehen auf mein Buch. Ich nehme das alles sehr ernst. Meine erste Reaktion: Wenn es uns nicht gelingt, das von Dir angesprochene Raum/Zeit-Problem so zu lösen, bzw. so zu erklären, dass die vorliegende Handlung im Wesentlichen erhalten bleibt, wird es dieses Buch nicht geben. In deinem Exposee, an das ich mich ziemlich genau gehalten habe, taucht es so auch nicht auf. Das würde bedeuten, dass wir erklären müssten, dass die Veränderung der Zeit auch eine Veränderung des Ortes bedeutet. Alles andere sind Petitessen. (…) Ich werde heute Nacht sicher nicht schlafen. Alles Liebe Dir natürlich trotzdem.[12]

Da ich keineswegs wollte, dass Max um den Schlaf gebracht wird, antwortete ich postwendend, dass wir das Problem wohl mit einigen kleineren Änderungen beseitigen könnten, ohne die Geschichte komplett umzuwerfen. Die erleichterte Reaktion von Max kam wenige Minuten später, um 0.33 Uhr, was zeigte, dass er bis dahin tatsächlich noch kein Auge zugemacht hatte.

Gleich am nächsten Tag arbeitete ich meinen Vorschlag in das Buchmanuskript ein: Demnach hatte der kluge Professor Tibatong nicht nur eine ‹Zeitmaschine›, sondern einen ‹Raumzeitgleiter› erfunden und schon im

---

11 Vgl. H. G. Wells: Die Zeitmaschine. München: dtv 2017. Mit diesem bereits 1895 erschienenen Roman prägte Wells die Science-Fiction-Literatur des 20. Jahrhunderts wie kaum ein anderer. Auch in wissenschaftlicher und politischer Hinsicht erlangte Wells große Bedeutung. So ist die Verabschiedung der *Allgemeinen Erklärung der Menschenrechte* durch die UN-Vollversammlung 1948 wesentlich auf eine entsprechende Wells-Initiative aus dem Jahr 1939 zurückzuführen, vgl. Michael Schmidt-Salomon: Hoffnung Mensch. Eine bessere Welt ist möglich. München: Piper 2014, S. 315 f.

12 Aus der Mail von Max Kruse an den Verfasser vom 26.7.2012.

Vorfeld eine ‹Raum-Zeit-Reise› programmiert, welche die Reisenden genau zur rechten Zeit an die richtigen Orte führen sollte. Nach dem Neustart des Systems (Kapitel 5), der durch den Meteoritenschauer im All erforderlich war (Kapitel 4), wurde ebendieses automatische Programm gestartet, was Urmel und seine Freunde nicht nur durch die Zeit, sondern auch durch den Raum führte, so dass sie auf ihrer Reise verschiedene Weltregionen besuchen und am Schluss wieder glücklich auf Titiwu landen konnten.

Nachdem die Geschichte nun in trockenen Tüchern war, widmete sich Max dem Anhang des Buches («Habakuk Tibatong Tier-Sprechschule – Heute: Evolutionskunde»), den er mir am 9. August erstmals zusandte. Auch hier waren einige Änderungen nötig, die wir jedoch rasch erledigten, so dass Max das fertige Manuskript schon am 16. August an den Thienemann-Verlag senden konnte.

Ich hatte Max bis dahin – abgesehen von der kleinen «Raum-Zeit-Krise» in der Nacht vom 26. auf den 27. Juli – meist «tiefenentspannt» erlebt. Doch nach dem Kraftakt des Schreibens – immerhin war Max zu diesem Zeitpunkt bereits 91 Jahre alt – wartete er mit großer Ungeduld auf die Reaktion des Verlags. Nachdem gerade einmal fünf Tage seit der Manuskriptabgabe verstrichen waren, schrieb er mir:

> Lieber Michael, sicher wartest Du – wie ich – darauf, wie es mit dem Urmelbuch weitergeht. Ich kann Dir leider noch nichts Endgültiges sagen. Ob der Text gefällt oder nicht, darüber habe ich noch keinen Pieps vom Verlag gehört. Immerhin aber habe ich am Sonntag den Vertrag unterschrieben, soweit ist geklärt, dass das Buch «voraussichtlich» im März 2013 erscheinen soll. Ich nehme mal an, das klappt, jedenfalls werde ich darauf drängen, schon aus eigenem Interesse, denn auch dann würde ich erst im Frühjahr 13 die ersten Eindrücke bekommen, wie das Buch vom Handel aufgenommen wird und die wirklichen Verkaufszahlen mit der ersten Honorarabrechnung im September 13 erfahren. Das ist noch lange hin, und ob ich das noch bei klarem Verstand erlebe???[13]

Am Abend dieses 21. August kam dann aber doch die erlösende Nachricht vom Verlag, wie er mir am nächsten Morgen mitteilte:

> Lieber Michael, gestern Abend bekam ich dann doch die Nachricht: «Ich habe das Urmelbuch mit sehr großer Begeisterung gelesen.» Allerdings gäbe es noch ein paar

13 Aus der Mail von Max Kruse an den Verfasser vom 21. 8. 2012.

> Punkte zu klären. Und der Text wurde bereits an den Illustrator geschickt. Da bin ich erleichtert.[14]

Nach der Verlagszusage war Max kaum mehr aus der Ruhe zu bringen – auch nicht, als sich herausstellte, dass der ursprünglich vorgesehene Veröffentlichungstermin im März 2013 nicht zu halten war. Tatsächlich trafen die schönen Illustrationen von Günther Jakobs erst am 8. März 2013 bei uns ein. Die Zeichnungen machten *Urmel saust durch die Zeit* noch lebendiger, förderten aber auch kleinere Unstimmigkeiten zutage, da man für die Illustrationen genau wissen musste, an welchem Ort und zu welcher Zeit die einzelnen Szenen stattfinden sollten. Nach einigen weiteren Korrekturumläufen konnte das Buch im April 2013 endlich in Druck gehen. Max war überglücklich – auch aufgrund der hohen Medienresonanz, auf die das Buch von Anfang an stoßen sollte:

> Lieber Michael, der Thienemann-Verlag meldet mir heute den Erscheinungstermin unseres Buches, es wird der 15. Juli sein. Es erscheint gleichzeitig ein Hörbuch, gelesen von Rufus Beck, und ein Vorabdruck des ganzen Buches in der «Zeit». Vom Hörbuch erhältst Du automatisch – wie vom Buch – einige Freiexemplare. Das Interesse der Medien soll recht groß sein, ich muss einige Interviews geben.[15]

Max hatte es also geschafft: Sein Urmel-Evolutionsbuch war rechtzeitig fertig geworden! Zudem hatte das Thienemann-Team mit dem (von Rufus Beck wunderbar eingesprochenen) Hörbuch, einer wöchentlichen Urmel-Sendung im NDR-Hörfunk und dem Vorabdruck in der *Zeit* ganze Arbeit geleistet. Dies wiederum setzte die Evokids-Arbeitsgruppe unter Druck. Denn während Max mit seinem Urmel im wahrsten Sinne «durch die Zeit gesaust» war, waren die Biologie-Professoren mit der Erarbeitung der Lehrmaterialien für den Evolutionsunterricht kaum einen Schritt vorangekommen!

Um den Presserummel um das neue Urmel-Buch zu nutzen, mussten wir daher ohne fertige Lehrmaterialien mit dem Evokids-Projekt an die Öffentlichkeit gehen. Zwar konnten wir auf dem ersten *Evokids-Kongress* im Herbst 2013 einige Unterrichtsmaterialien vorstellen, doch die vollständigen Lehrmaterialien wurden erst Anfang 2016 veröffentlicht – zweieinhalb Jahre

14 Aus der Mail von Max Kruse an den Verfasser vom 22.8.2012.

15 Aus der Mail von Max Kruse an den Verfasser vom 11.4.2013.

nach dem Erscheinen von *Urmel saust durch die Zeit!*[16] Da zu diesem Zeitpunkt der Medienhype um das Urmel-Buch stark nachgelassen hatte, stand ich vor der Aufgabe, ein weiteres Evolutionsbuch für Kinder nachzuschieben.[17] Dabei entschlossen wir uns, zu *Big Family: Die phantastische Reise in die Vergangenheit* einen knapp 20-minütigen Animationsfilm zu produzieren, der seither in vielen Schulen gezeigt wurde.[18] Dass am Anfang und am Ende dieses Films das Urmel auftaucht, hatte und hat einen guten Grund, denn ohne die tatkräftige Unterstützung von Max wäre das Evokids-Projekt ohne jeden Zweifel weit weniger erfolgreich verlaufen.

Leider konnte ich bei *Big Family* nicht mehr auf die Hilfe von Max zurückgreifen, da es ihm 2015 immer schlechter ging. Schon ein Jahr vor der

16 Dass das Evokids-Lehrbuch 2016 überhaupt erscheinen konnte, ist wesentlich auf das große Engagement von Dittmar Graf und seinen Mitarbeiter*innen am Lehrstuhl für Biologie-Didaktik der Universität Gießen zurückzuführen. Um das Projekt voranzubringen, habe ich 2015 selbst Hand angelegt und mehrere Einheiten für den Unterricht geschrieben. Zwar hat Max einige fertig layoutete Arbeitsblätter noch sehen können, das vollständige Lehrbuch erschien jedoch zu meinem großen Bedauern erst fünf Monate nach seinem Tod, nämlich im Februar 2016.

17 *Big Family: Die phantastische Reise in die Vergangenheit* erschien im November 2015 zum *2. Evokids-Kongress* in Gießen. Nach der Mitarbeit an *Urmel saust durch die Zeit* war es das dritte Kinderbuch, das sich um das Thema Evolution drehte. Zum Darwin-Jahr 2009 hatte ich bereits *Susi Neunmalklug erklärt die Evolution* im Alibri Verlag veröffentlicht, das aufgrund seiner religionskritischen Ausrichtung allerdings nicht zum sachlich auftretenden Evokids-Projekt passte. Dem *Susi*-Buch vorangegangen waren zwei weitere Kinderbücher: *Wo bitte geht's zu Gott? fragte das kleine Ferkel* (Alibri 2007), das als erstes explizit religionskritisches Kinderbuch einen handfesten Skandal auslöste (siehe hierzu u. a. Michael Schmidt-Salomon / Helge Nyncke / Gunnar Schedel: Die Rettung des kleinen Ferkels. Warum auch Kinder über Religion lachen dürfen. Aschaffenburg: Alibri 2018) sowie *Die Geschichte vom frechen Hund: Warum es klug ist, freundlich zu sein* (Alibri 2008) – ein Vorlese-Buch für Kindergartenkinder, zu dem Max eine freundliche Empfehlung beisteuerte: «Eine sehr hübsche Idee hervorragend umgesetzt».

18 Wie in *Urmel saust durch die Zeit* geht es auch in *Big Family* um eine Zeitreise. Allerdings gelangen die Kinder hier nicht mithilfe einer Zeitmaschine in die Vergangenheit, sondern über ihren eigenen Stammbaum, nämlich die weiblichen Vorfahren der eigenen Mutter. Der Film zum Buch, der inzwischen auch in Englisch und Türkisch vorliegt, ist über YouTube bzw. die Evokids-Website frei verfügbar. Weitere Informationen zum Buch findet man unter: *https://evokids.de/content/big-family-buch.*

Arbeit an *Urmel saust durch die Zeit* hatte er unter schweren gesundheitlichen Problemen gelitten, wie er mir im Sommer 2011 berichtete:

> Lieber Michael, nach einigen Tagen Klinik ist nun klar, dass sich an meinem desolaten Zustand nichts mehr wird ändern lassen. Ich bin noch ein wenig wacklig auf den Beinen. Trotzdem will ich Dir wegen des Evolutionsprojektes ein paar Worte sagen. Soweit ich kann, stehe ich nach wie vor dahinter. (…) Seit einem halben Jahr macht mir eine spinale Stenose gewaltige Beschwerden, Operation wegen Alter und auch sonst zu riskant, mir wird von allen Seiten, auch von Ärzten, dringend davon abgeraten. Ich lebe also mit dauernden, oft sehr quälenden Schmerzen und Schmerzmitteln, die mein Allgemeinbefinden stark beeinträchtigen. Natürlich tun wir weiterhin hier alles, was überhaupt noch möglich ist.[19]

Eine weitere gravierende Verschlechterung seines Zustands wollte Max nicht erdulden, weshalb er sich 2015 im Stiftungsumfeld nach Möglichkeiten der humanen Sterbehilfe erkundigte. Dass er sich für «Selbstbestimmung am Lebensende» aussprach, war mir klar, da er im Jahr zuvor unsere Kampagne *Mein Ende gehört mir – Für das Recht auf Letzte Hilfe* unterstützt hatte.[20] Als ich erfuhr, dass Max Kontakt zu dem Sterbehelfer Uwe-Christian Arnold aufgenommen hatte,[21] wurde mir allerdings bewusst, wie ernst die Lage war. Schon zuvor hatte Max in unseren Gesprächen durchblicken lassen, dass er ‹für alle Fälle› vorbereitet sein wollte: Geistig rege bis zum Schluss war es für ihn (wie wohl für die meisten von uns) eine Horrorvorstellung, bei vollem Bewusstsein im eigenen Körper eingesperrt zu sein, ohne lesen, ohne schreiben, ohne arbeiten zu können. Zum Glück blieb ihm das erspart. Max starb am 4. September 2015 so sanft und leise, wie er gelebt hatte: Nach einer

19 Aus der Mail von Max Kruse an den Verfasser vom 3.9.2011.

20 Vgl. die Kampagnenwebsite *https://letzte-hilfe.de.*

21 Uwe-Christian Arnold (1944–2019) war – wie Max Kruse – Beirat der Giordano-Bruno-Stiftung. Er starb nur wenige Tage vor der mündlichen Verhandlung des Bundesverfassungsgerichts zu § 217 StGB, mit dessen wegweisendem Urteil vom Februar 2020 die *Kampagne für das Recht auf Letzte Hilfe* einen großen Erfolg verbuchen konnte. Max war von Uwe-Christian Arnold als Arzt und Sterbehelfer beeindruckt, nachdem er das Buch gelesen hatte, das 2014 als Koproduktion von Uwe-Christian und mir entstanden war, siehe: Uwe-Christian Arnold / Michael Schmidt-Salomon: Letzte Hilfe. Ein Plädoyer für das selbstbestimmte Sterben. Reinbek: Rowohlt 2014.

Hirnblutung schlief er ein und wachte nicht mehr auf. So, und nicht anders, hätte er es sich gewünscht.

Dennoch war die Nachricht von seinem Tod ein Schock. Es war ein außergewöhnliches Geschenk gewesen, Max zum Freund zu haben, und natürlich schmerzte der Abschied. Dass ich von nun an keine aufmunternden Worte mehr von ‹max-kruse-urmel.de› bekommen würde, setzte mir zu. Vor allem aber machte es mich traurig und betroffen, dass Max nun nicht mehr miterleben würde, wie sein wunderbares Urmel Grundschulkindern evolutionäre Zusammenhänge näherbringt. Dass die Lehrbuchsammlung erst Monate nach seinem Tod erschien, war jammerschade, denn Max hätte seine helle Freude an den liebevoll gestalteten, ‹urmeligen› Arbeitsblättern zur Evolution gehabt![22]

Am 1. Oktober 2015 musste ich eine traurige, wenn auch ehrenvolle Aufgabe erfüllen, da Max sich gewünscht hatte, dass ich die Trauerrede bei seiner Abschiedsfeier in Penzberg halte, was mich sehr berührte. In meiner Rede versuchte ich zu skizzieren, wer Max war und was ihn als Mensch und Autor so besonders machte, wobei ich auch auf unsere ungewöhnliche, mehrere Generationen übergreifende Freundschaft einging:

> Angesichts der Tatsache, dass Max fast ein halbes Jahrhundert älter war als ich, mag es seltsam klingen, wenn ich sage, dass wir uns beinahe blind verstanden, dass der eine den begonnenen Satz des anderen problemlos hätte fortführen können. Die Alterskluft, die zwischen uns bestand, spielte überhaupt keine Rolle. Man könnte dies entweder damit erklären, dass ich vorschnell gealtert bin, oder aber damit, dass Max im Kopf bis zum Schluss jung geblieben ist. Ich ziehe die zweite Deutung vor – nicht nur, weil sie für mich schmeichelhafter ist, sondern auch, weil sie den Tatsachen entspricht. Denn Max hatte noch im Alter von über 90 Jahren nichts von seiner intellektuellen Neugier, seiner Schaffenskraft, seinem Engagement verloren. In dieser Hinsicht war er bis kurz vor seinem Tod bedeutend jünger als die allermeisten 20-, 30- oder 40-Jährigen, die ich in meinem Leben getroffen habe.[23]

---

22 Die Lehrmaterialien zum Evolutionsunterricht können kostenfrei von der Evokids-Website heruntergeladen werden, siehe: *https://evokids.de/content/evokids-unterrichtsmaterialien*. Da das Evokids-Projekt inzwischen in das *Scientix*-Programm der EU-Kommission aufgenommen wurde, sind die ‹urmeligen› Unterrichtseinheiten inzwischen auch auf Englisch, Französisch, Holländisch, Portugiesisch und Türkisch verfügbar, siehe: *http://www.scientix.eu/resources/details?resourceId=16634.*

23 Aus meiner Trauerrede vom 1.10.2015 in Penzberg.

In puncto Engagement, Schnelligkeit und Durchhaltevermögen war Max ein echtes Phänomen. Ich habe zwar eingangs geschrieben, dass er mich an den berühmten Seele-Fant erinnerte, der auf dem Felsen vor der Insel Titiwu seine «schröcklöch traurögön Lödör» sang. Tatsächlich aber hatte Max mindestens ebenso viel von Professor Tibatong: Wie der Professor widmete auch Max sein Leben der Untersuchung der großen, der wirklich bedeutenden Fragen. Wie er war auch Max fasziniert von den evolutionären Prozessen in Natur und Kultur. Und wie Professor Tibatong entzog sich auch Max konsequent dem Rummel der Welt, um sein Werk ungestört vorantreiben zu können.

Wer Max näher kannte, weiß, dass sein Weltbild auf zwei fundamentalen Säulen ruhte, zum einen auf den Prinzipien des evolutionären Denkens und zum anderen auf einem tief empfundenen Humanismus, der durch nichts und niemanden zu erschüttern war. Wenn irgendjemand darauf vertraute, dass die Menschheit – trotz allen Widrigkeiten der Geschichte – ihre künstlerischen, technologischen und ethischen Potentiale in der Zukunft entfalten könne, dann er. Max glaubte zwar nicht an ‹Götter›, aber er glaubte umso entschiedener ‹an den Menschen›. Er glaubte an die Evolution des Wissens und des Mitgefühls, der Weisheit und des Humors. Und er vertraute auf den Sieg der Wahrheit über die Lüge, der Erkenntnis über die Unwissenheit, der Phantasie über die Engstirnigkeit und des Mitleids über die Gewalt.[24] Dieser humanistische Grundgedanke zieht sich durch all seine Werke – gleich ob es sich um Kinderbücher, Sachbücher oder Gedichte handelt. In diesem Zusammenhang profitierte Max sehr davon, dass er in seinen Veröffentlichungen – nicht nur im letzten Urmel-Buch – unentwegt ‹durch die Zeit sauste›. Warum? Weil er von seinen ausgedehnten Reisen durch die Geschichte grundlegende Erkenntnisse mitbrachte, die all jenen verborgen bleiben müssen, die nur im Hier und Jetzt denken und empfinden.

---

24 Ich paraphrasiere hier bewusst Passagen aus dem ‹humanistischen Credo›, mit dem mein Buch *Hoffnung Mensch* endet, denn Max war maßgeblich verantwortlich dafür, dass es in dem Text überhaupt auftaucht. Ich selbst war mir nämlich im Verlauf der Arbeit am Manuskript unsicher geworden, ob es für einen religionskritischen Autor wie mich angemessen wäre, ein solches «Glaubensbekenntnis» zu formulieren. Max jedoch war von diesem ‹alternativen Credo› äußerst angetan und meinte mit großem Nachdruck, es sei das perfekte Ende für das Buch. Letztlich bin ich seinem Rat gefolgt, siehe: Michael Schmidt-Salomon: Hoffnung Mensch, S. 330.

Und genau hier liegt, wie ich meine, eine seiner größten Stärken: Gerade weil Max den ‹Wandel der Zeit› stets im Blick hatte, war er fähig, Werke zu erschaffen, die über die Zeit hinaus wirken.

Studien zum Werk

Die Illustrationen von Franziska Bilek und Horst Lemke zu den *Löwe*- und zu anderen Erzählungen von Max Kruse

Andreas Bode, München

Max Kruse wurde bekanntlich in eine Künstlerfamilie hineingeboren. Seine Mutter war die berühmte Erfinderin und Herstellerin lebensnaher Puppen für Kinder, sein Vater, Max Kruse sen., war ein angesehener Bildhauer.[1] Inwieweit der Sohn selbst künstlerische Fähigkeiten hatte, sei dahingestellt. Jedenfalls war er so klug, sich nach längerer Anlaufzeit auf seine schriftstellerische Begabung zu konzentrieren. Was er unmittelbar nach Kriegsende produzierte, waren mehr Gelegenheitsarbeiten oder Versuche für die Schublade. Auf die Frage der Gutsbesitzer bei Hannover, bei denen seine künftige Frau zeitweilig lebte, ob er Schriftsteller werden wolle, antwortete er: «Ach, ich schreibe doch erst Gedichte und kleine Geschichten».[2] Bei gezuckerten Himbeeren, die ihm die Hausherrin hinstellte, dichtete er zunächst «von Blüten und Düften».[3] Ein erster Gedichtband wurde immerhin veröffentlicht. Auch hatte er schon Theaterstücke geschrieben, sogar für ein Marionettentheater.

Wie es zu den Löwe-Illustrationen kam

Seine Mutter aber dachte praktisch und drängte ihn, auch etwas für die Förderung ihrer Puppenproduktion zu tun: «Und bitte überlege Dir ein paar Bilderbuchideen für Puppenbücher, die ich machen möchte. Ich kenne eine so nette Fotografin, Du, die macht fabelhafte Farbfotos».[4] Gemeint war die

---

1 Vgl. den Beitrag von Kirsten Goebner in diesem Band.

2 Max Kruse: Im Wandel der Zeit. Wie ich wurde, was ich bin. Stuttgart: Thienemann 2011, S. 454.

3 Ebd. S. 458. Vgl. die in diesem Band abgedruckten Auszüge.

4 Ebd. S. 495.

Photographin Inge Petersen. Max Kruse fuhr zu ihr hin. Sie hatte eine Menge Puppen für die Photos versammelt, dazu einige Stofftiere von Steiff. Kruse beschrieb anschaulich, wie er die Pistole auf die Brust gesetzt bekam, um aus diesen Ingredienzien gewissermaßen auf Kommando eine Geschichte zu basteln.[5] Er schaffte es, und seine Mutter und die Photographin machten sich daran, die Szenen zu stellen und für das geplante Buch abzuphotographieren. Über Kruses Frau bekam der Verleger Erich Seemann vom Verlag Hermann Klemm in Freiburg das Manuskript in die Hand, das jetzt «Der Löwe ist los» hieß. Seemann fand den Text köstlich, «nur eine Schwierigkeit habe ich – die Farbfotos!» Kruse war fast gekränkt, gerade wegen der Fotos der Puppen seiner Mutter sei das Buch entstanden, sie und die Photographin seien deswegen im Garten herumgekrochen.[6] Seemann verschanzte sich hinter der angeblich zu teuren Herstellung der Farbreproduktionen. Er wusste oder fühlte zumindest, dass reproduzierte Fotos von bei aller Lebensechtheit steif wirkenden Puppen zu einem phantasievollen Text nicht passen würden, und plädierte für gezeichnete Illustrationen. Schweren Herzens verabschiedete Kruse sich von seinen und seiner Mutter Illustrationsvorstellungen und ließ Seemann freie Hand in der Wahl des Künstlers.

Käthe Kruse und die Photographin begriffen verständlicherweise nicht, warum die Fotos für eine Geschichte nicht tauglich sein sollten, die ja doch als eine Werbemaßnahme für die Käthe-Kruse-Puppen gedacht war. Auch Max Kruse selbst löste sich nur schwer von der künstlerischen Vormundschaft, die seine Mutter bisher ausgeübt hatte. Tatsächlich schrieb er später doch noch einen Text zu Bildern von Puppen seiner Mutter, fotografiert von Inge Petersen. Das Buch hieß *Pitt im verbotenen Garten* und erschien 1957 im Hochverlag. Entsprechend der Absicht des Bilderbuchs, für die Käthe-Kruse-Puppen zu werben, konzentrieren sich die Fotos auf das Arrangement der Puppen; die Umgebung, in die sie gestellt sind, ist nebensächlich – den verbotenen Garten bekommt man nicht zu sehen, er wird nur symbolhaft durch drei dürftige Sonnenblumen und ein bisschen Gemüse dargestellt. Obwohl die doppelseitigen Illustrationen relativ gut reproduziert und in kräftigen Farben gedruckt sind, beweisen sie doch in ihrer Statuarik, ihrem

5 Ebd. S. 523–525. Vgl. die in diesem Band abgedruckten Auszüge.

6 Ebd. S. 558–560.

faden Realismus und flachen, keine Tiefe vermittelnden Allerweltskolorit die Untauglichkeit dieser Art Fotoillustration.

Franziska Bilek (1906–1991)

Der Verleger konnte als Illustratorin für das Buch *Der Löwe ist los* die bekannte Karikaturistin Franziska Bilek, Schülerin von Olaf Gulbransson, gewinnen, die sich, damals 46-jährig, auf dem Höhepunkt ihres künstlerischen Schaffens befand. Das 1952 erschienene Buch ist ein Mittelding zwischen Bilderbuch und erzählendem Kinderbuch; es ist reich und vor allem farbig illustriert, wobei die Farbigkeit entsprechend den damaligen Möglichkeiten des Vierfarbenrasterdrucks, aber auch den damaligen Vorstellungen von Farbharmonie zurückhaltend war (siehe Abb. 1). Die erste Illustration als Kopfbild auf Seite 5 stellt eine Puppenstube dar, in der die Protagonistin Wibitte unverkennbar als Puppe dargestellt ist. Damit nimmt Bilek Bezug auf die Mutter von Max Kruse, die Puppengestalterin Käthe Kruse. Ob diese im Text nicht angelegte Puppenhaftigkeit (ungeachtet der ursprünglichen Bestimmung des Textes) im Sinn des Autors war, ist nicht feststellbar, aber offensichtlich hat er diese Anspielung akzeptiert – er selbst war wohl erst allmählich auf dem Weg, sich von den Auffassungen seiner Mutter zu emanzipieren. Auch der Junge Tralala trägt puppenhafte Züge, während die übrigen Personen als leicht karikierte Kinder gezeichnet sind. Franziska Bilek war dabei bestrebt, den einzelnen Personen individuelle Gesichtszüge zu geben und sie unterschiedlich gestikulieren zu lassen; als versierte Künstlerin hat sie Stereotypen vermieden. Außerhalb des Textes stehende ganzseitige Illustrationen gibt es in diesem Buch nicht; im Gegenteil hat sich Franziska Bilek bemüht, dort, wo es ging, Text und Illustration korrespondierend ineinander fließen zu lassen, zum Beispiel auf Seite 26/27 marschiert eine Reihe Kinder quer durch den Text der Doppelseite. Solche Effekte finden sich des Öfteren.

Für den nach dem Erfolg des ersten Bandes geplanten zweiten Band mit denselben Protagonisten wechselte Max Kruse zum Hoch Verlag in Düsseldorf, seinem künftigen «Hausverlag», der schon in Erwartung weiterer Bände eine einheitliche Reihengestaltung vornahm, für die vor allem das Querformat kennzeichnend war. In dieser Form erschien 1958 zuerst die zweite

Abb. 1: Cover von *Der Löwe ist los*, 1952.

Folge *Kakadu in Nöten*; ihm folgte 1959 der dritte Band *Sultan in der Grube*. Der erste Band wurde vom Hoch Verlag erst 1960 wieder herausgebracht – ebenfalls im Querformat (siehe Abb. 2). Für die neue Illustrierung der Bände wurde Horst Lemke verpflichtet, denn offensichtlich empfand man im Verlag die Illustrationen der inzwischen zweiundfünfzig Jahre alten Franziska Bilek als nicht mehr zeitgemäß und vermittelbar.

Abb. 2: Cover von *Der Löwe ist los*, 1960.

Horst Lemke (1922–1985)

Lemke, Absolvent der renommierten Hochschule für bildende Künste in Berlin (heute Universität der Künste), wo er bei dem Illustrator Gerhard Ulrich studierte[7], hatte in Nachfolge des früh verstorbenen Walter Trier die Illustrierung von Erich Kästners Nacherzählungen klassischer Geschichten für Kinder übernommen wie auch die Textillustrationen zu Kästners autobiographischer Kindheitsgeschichte *Als ich ein kleiner Junge war* von 1957 geliefert und sich durch deren hohe künstlerische Qualität einen Namen gemacht. In den frühen einfarbigen Federzeichnungen und Farbtafeln zu Kästners Nacherzählungen war er noch bestrebt, von der für Trier charakte-

7 Gerhard Ulrich habe ihm «eine ganz solide handwerkliche Grundlage» vermittelt. Horst Lemke in: Kleines schwarz auf weiss Buch. Illustratoren unserer Zeit vorgestellt in Illustrationen aus Herder-Jugendbüchern. Basel u. a.: Herder 1959, S. 70.

Abb. 3: Aus: *Kakadu in Nöten*, 1958, S. 20.

ristischen gerundeten Linie nicht allzu sehr abzuweichen (vor allem zu den *Schildbürgern* 1954). Danach aber wurde sein Strich schärfer, eckiger, aber auch skizzenhafter. Doch führte er Triers sanfte Form der Karikatur weiter fort. Lemkes zeichnerischer Stil mit seinen charaktervollen Personendarstellung ist unverwechselbar; er brauchte ihn nicht zu einem stereotypen Markenzeichen entwickeln, wie dies etwa Loriot tat. Eher stand er Erich Ohsers Zeichenstil nahe, blieb allerdings gefälliger und unpolitischer.

Ob Max Kruse der Wahl von Horst Lemke aus Überzeugung sein Placet gegeben oder die Auswahl des Illustrators ganz seinem Verlag überlassen hatte, muss vorläufig offenbleiben. Da ihn aber Kunst von Kind an umgeben hatte, war er sicher in der Lage, die Qualität eines Illustrators einzuschätzen. Auf jeden Fall dürfte ihm bewusst gewesen sein, dass die Illustrierung seiner Texte wichtig für deren Erfolg war. Generell ist die Tatsache, dass sich ein Illustrator für erzählende Texte in der Regel auf schwarzweiße Darstellungen beschränken muss, für diesen auch eine Chance, die einfarbige Illustration so überzeugend zu gestalten, dass sie nicht nur als beliebige Zugabe zum Text empfunden wird, sondern einen bedeutenden Anteil am Verständnis des Textes hat, ja oft sogar von höherer Qualität als der Text selbst ist. Lemkes Illustrationen sind in den meisten Fällen so eindrucksvoll, dass man Farbe überhaupt nicht vermisst.

Die Illustrationen zu *Kakadu in Nöten* und *Der Löwe ist los* sind im Stil einander ähnlich. Lemke hat für beide Geschichten seinen schwarzweißen Strichzeichnungen etwas mehr Gefälligkeit gegeben, während er sich als Illustrator von Kästners *Als ich ein kleiner Junge war* zwar als freundlicher, ja

Abb. 4: Aus: *Kakadu in Nöten*, 1958, S. 76.

liebevoller Darsteller der Figuren, gleichzeitig aber als präziser und auch kritischer Schilderer der damaligen Lebenswirklichkeit zeigt. Hier ist es eine Art Gefälligkeit, die manchmal an unverbindliche Skizzen in Modejournalen erinnert, vor allem bei der Darstellung der stereotyp lächelnden Kinder (siehe Abb. 3).

Dies kam nicht von ungefähr.[8] Diese Art zu illustrieren könnte aber auch ein später Nachklang seines Unterrichts bei Gerhard Ulrich gewesen sein, dessen harmlose Illustrationen einem breiten Geschmack entgegenkamen. Vielleicht aber bemühte sich Lemke auch, wie acht Jahre zuvor Franziska Bilek, etwas an Puppenhaftigkeit in die Darstellung zu bringen und damit einen Bezug zur Puppenproduktion der Mutter Max Kruses herzustellen.

Möglicherweise war Lemke auch von dem Vorurteil geleitet, durch stärker reduzierte Formen bei der Tier- und Kinderdarstellung und der gröber, detailärmer gezeichneten Umgebung (siehe Abb. 4) eine größere Nähe zum Zielpublikum zu erreichen, das hier als wesentlich jünger angesetzt wurde als bei Kästners Kindheitsgeschichte. Dies kam der Qualität der Darstellung allerdings nicht immer zugute.

In einigen Fällen sind Lemke gerade in der Reduzierung der Form auf das unbedingt Notwendige jedoch eindrucksvolle, ja, elegante Tierdarstellungen gelungen.

8 Er selbst schrieb: «Außerdem mache ich Illustrationen für die Industrie- und Markenartikelwerbung, Zeichnungen für Anzeigen, Prospekte usw.» In: Ebd., S. 73.

Abb. 5: Aus: *Sultan in der Grube*, 1959, S. 58.

Überraschenderweise zeigt sich Lemke im dritten Folgeband *Sultan in der Grube* von 1959 souveräner in der Gestaltung. Möglicherweise durch die Exotik der Erzählung angeregt, hat sich Lemke hier zu einer phantasievolleren Illustrierung durchgerungen. Er hat die elegant «modische» Linie fast völlig abgelegt, zeichnet lichter, lockerer. Die Konturen sind nicht völlig geschlossen, aber zerflattern auch nicht. Kontraste zwischen Schwarz und Weiß arbeitet Lemke noch sehr sparsam heraus; meistens fungieren stärkere Konturstriche zugleich als Schattenstriche. Nur das farbige Kind Totokatapi (S. 50/51) ist flächig schwarz gezeichnet. Lemke lässt in diesem Band seinen Humor stärker spielen. Witzig wirkt etwa der Löwe in seiner übersteigerten Schlankheit und mit seiner Mähne aus wirrem Strichwerk (siehe Abb. 5).

Die Kinder sind dagegen immer noch etwas stereotyp, also puppenhaft gezeichnet (siehe Abb. 6).

Das Querformat (das übrigens nur bis zu diesem Band vom Verlag beibehalten wurde) wird von Lemke geschickt ausgenutzt, um einige Illustrationen über die Doppelseite miteinander in Beziehung zu setzen (siehe Abb. 7), seien es Menschenansammlungen, Straßenszenen oder auch nur langgestreckte Gebäude.

Abb. 6: Aus: *Kakadu in Nöten*, 1958, S. 67.

Abb. 7: Aus: *Der Löwe ist los*, 1960, S. 72–73.

Die *Löwe*-Serie ab 1965

1965 gab der Verlag das Querformt auf zugunsten eines Hochformats in Oktav. Lemke zeichnete für den Band *Der Löwe ist los*, in dem die bisherigen drei Folgen zusammengefasst wurden, jedoch keine neuen Illustrationen; die bisherigen wurden vielmehr je nach Notwendigkeit verkürzt oder umgeändert. Ich halte es für wenig wahrscheinlich, dass Lemke sich selbst dieser unangenehmen Aufgabe unterzog – vermutlich musste dies ein Gestalter des Verlags übernehmen. Mit diesen Veränderungen gingen nämlich etliche optische Bezüge verloren, die mit dem Querformat spielten. Zum Beispiel blickt der Löwe in der querformatigen Ausgabe von der rechten Seite nach der linken auf den im Wasser schwimmenden Dreipfennig (siehe Abb. 7).

In der Oktavausgabe (S. 45) ist die Zeichnung vom Dreipfennig im Wasser unter den sich über das Brückengeländer lehnenden Löwen gesetzt worden, dieser blickt aber immer noch nach links und also an dem unglücklichen Dreipfennig vorbei. Ähnliche Vergewaltigunggen erlitten die Illustrationen zu *Kakadu in Nöten* und *Sultan in der Grube.*

Noch übler behandelt wurden die ursprünglichen Illustrationen, als die Geschichte 1966 bei Otto Maier in Ravensburg als Taschenbuch erschien (Ravensburger Taschenbücher 83). Sie wurden, schlecht und vergröbernd reproduziert, ins Taschenbuchformat gepresst. Die klatschig bunte Einbandgestaltung ging allerdings nicht auf Lemkes Konto; dazu musste sich Herbert Lentz hergeben. Außerdem war man im neuen Verlag der Ansicht, auch den Titel umändern zu müssen, der nun *Löwe in der Grube* hieß. Diese neckische Anspielung auf «Häschen in der Grube» fand man vermutlich besonders originell – oder wollte etwa der Hochverlag den Originaltitel nicht für eine Taschenbuchausgabe hergeben? 1991 erschien übrigens im Wiener Tosa Verlag eine weitere Taschenbuchausgabe, deren Qualität noch unter derjenigen des Ravensburger Taschenbuchs lag.

Das Hochformat galt nun für alle Folgebände. Lemke konnte daher ab dem (nach neuer Zählung) zweiten Band (*Kommt ein Löwe geflogen*, 1966) seine Illustrationen von vornherein fürs Hochformat konzipieren.[9] Wenn es inhaltlich passte, nutzte er auch hier den doppelseitigen Aufschlag für eine sich über zwei Seiten hinweg erstreckende Illustration. Lemkes Illustrationen, welche der Serie das einheitliche Gesicht gaben, waren im Laufe von elf Jahren phantasievoller geworden. Lemke hatte die vordergründige modische Eleganz abgelegt, ohne dabei die gefällige dekorative Gestaltung aufzugeben – etwa die orientalische Straßenszene (siehe Abb. 8).

9 Es folgten als 3. Band *Gut gebrüllt Löwe* 1967, als 4. Band *Löwe gut – alles gut* 1969 und als 5. und letzter Band der Serie *Der dicke Löwe kommt zuletzt* 1970. Siehe auch das Löwe-Dossier im Anhang dieses Bandes.

Abb. 8: Aus: *Löwe gut, alles gut*, 1969, S. 44–45.

Abb. 9: Aus: *Kommt ein Löwe geflogen*, 1966, S. 24.

Die Gesichtszüge der Figuren sind nun differenzierter, Flächen werden abwechslungsreich schraffiert oder schwarz getupft (siehe Abb. 9).

Da die Geschichte in einem fiktiven Orient spielt, glaubt man fast, im Gewebe der Linien ein teppichartiges Geflecht zu erkennen. Die im Vergleich zum ersten Band dichtere Linienstruktur verhindert einen zu schnellen Überblick über das Bild und lädt den Leser dadurch ein, sich mehr in die Szenen zu vertiefen (siehe Abb. 10).

Außerdem wird eine Vorliebe für stärkere Hell-Dunkel-Kontraste erkennbar; das Segelschiff «Hölle» zum Beispiel ist als schwarze Silhouette gezeichnet, vor der das Ruderboot mit den Protagonisten als heller Fleck erscheint (siehe Abb. 11).

Wenn nötig, werden aus einer schwarzen Fläche weiße Lichter herausgekratzt, um zum Beispiel Gespenster effektvoll und witzig vor dunklem Himmel zu platzieren (siehe Abb. 12). Lemke erreicht durch die stärkeren Kontraste, dass die Illustrationen ein wirkungsvolles Pendant zum Textblock bilden.

Lemkes Federstriche haben seit dem ersten Buch deutliche Verfeinerungsstufen erfahren. Charakteristisch dafür ist etwa die Darstellung des Straßengeschäfts des Teppichhändlers (siehe nochmals Abb. 10), in welcher die zarten Stäbe der Vogelkäfige fast unsichtbar mit den Teppichmustern verschwimmen. Bei genauerer Betrachtung der einzelnen Illustrationen muss man allerdings feststellen, dass die Ursache dieser Verfeinerung häufig in der Verkleinerung durch das Reproduktionsverfahren liegt. Oft geht der Zwang zur Anpassung der Zeichnung an den vorgesehenen Platz auf der Seite so weit, dass die dünnsten Linien Aussetzer haben. Die meisten Illustrationen Lemkes dürften also nicht eins zu eins reproduziert worden sein. Darüber hinaus führte die fast zwanghafte Verkleinerungssucht durch den Verlag dazu, dass im selben Buch und oft sogar im gleichen Doppelseitenaufschlag unterschiedliche Stufen der Verkleinerung erkennbar sind (zum Beispiel S. 6, 11, 29). Die Bücher waren inzwischen so beliebt, dass die Augsburger Puppenkiste den ersten Band schon 1965 filmisch fürs Fernsehen einrichtete und bald danach die nächsten Titel mit großem Erfolg filmisch umsetzen ließ. Doch konnten die Buchausgaben in der Beliebtheit beim Publikum durchaus mithalten. Die von Lemke entworfenen Einbände, übrigens seine einzigen farbigen Beiträge, hatten durch den einheitlichen Stil genügend Wiedererkennungseffekt.

Abb. 10: Aus: *Löwe gut, alles gut*, 1969, S. 32.

Abb. 11: Aus: *Löwe gut, alles gut*, 1969, S. 78.

Abb. 12: Aus: *Löwe gut, alles gut*, 1969, S. 100.

Abb. 13: Aus: *Don Blech und der goldene Junker*, 1971, S. 11.

Abb. 14: Aus: *Don Blech und der goldene Junker*, 1971, S. 47.

Die *Don Blech*-Serie ab 1971

Mit der Erzählung *Urmel aus dem Eis* hatten Autor und Verlag im selben Jahr 1969, in welchem *Löwe gut alles gut* erschien, allerdings schon eine neue Kinderserie begonnen, die sich als noch erfolgreicher erweisen sollte. Anstoß hierzu war nun ganz zeitgemäß die Planung einer neuen Fernsehserie, die Max Kruse zusammen mit dem Regisseur Manfred Jenning und Walter Oehmichen von der Augsburger Puppenkiste 1968 ausheckte. Da man schon «einen ganzen Zoo von Tieren ‹verbraten›» hatte, wie Max Kruse sich ausdrückte[10], verfiel er auf ein Phantasietier aus der Urzeit - eben das «Urmel». Wieder hatten die Bücher dieser Serie farbige Einbände und

10 Im Wandel der Zeit, S. 586. Vgl. den in diesem Band wiedergegebenen Auszug.

Abb. 15: Aus: *Don Blech und der goldene Junker*, 1971, S. 44–45.

schwarzweiße Textillustrationen – aber nicht mehr von Horst Lemke. Gewählt wurde Erich Hölle als Illustrator.[11]

Hinter einer weiteren Serie steckte die Augsburger Puppenkiste als Interessentin. Es waren die drei Don-Blech-Bücher *Don Blech und der goldene Junker* (1971), *Don Blech und der glutrote Vogel* (1972) und *Don Blech und der silberne Regen* (1973).[12] Für diese war Lemke wiederum als Illustrator tätig, allerdings zum letzten Mal für Max Kruse-Titel. Die Bücher waren weniger reich illustriert, doch ebenso routiniert wie die Bände der *Löwe*-Serie. Lemke wich hier einige Male von seinem früheren Prinzip ab, kleinfigurige Personen in eine zum jeweiligen Text passende Umgebung zu stellen, und stellte einige Protagonisten porträtartig über die ganze Seite (siehe Abb. 13 und 14).

Insgesamt sind diese Bände vergleichsweise sparsam und mit viel freier Fläche illustriert. Lemke blieb dabei auf der Höhe seines Könnens, doch meint man, eine weniger inspirierte, um nicht zu sagen: lustlose Routine zu spüren (siehe Abb. 15). In der ab 2002 erfolgten Wiederauflage der Serie beim Thienemann Verlag[13] sind die Illustrationen von Horst Lemke, der inzwischen gestorben war, beibehalten worden, während die Einbandillustrationen von Sophie Schmid stammten.

Für etliche weitere Bücher Max Kruses kamen noch andere Illustratoren zum Einsatz. Für *Till und der Teddybär- Ein Abenteuer auf der Auer Dult*,

11 Vgl. den Beitrag von Carola Pohlmann in diesem Band.

12 Vgl. das Don Blech-Dossier im Anhang dieses Bandes.

13 Vgl. hierzu das *Löwe*-Dossier im Anhang dieses Bandes.

1963 bei Annette Betz erschienen, lieferte Lea Koch-Auvo die Illustrierung – eine bunte Ansammlung naiver Bilder, hergestellt, indem die finnische Künstlerin auf monochrom gestrichene Hintergründe gemalte und ausgeschnittene Figuren, Gegenstände, Häuser usw. applizierte. Überzeugender gelang *Ulli unterm Regenschirm*, erschienen 1964 im Hochverlag. Die Illustratorin Ingrid Schneider schuf hierzu holzschnittartige Bilder in Schwarz und einem gedeckten Rot, die dieser etwas simplen Geschichte mehr Gewicht verleihen. Horst Lemke und Erich Hölle blieben jedoch unangefochten die bedeutendsten Künstler, die den erfolgreichsten Büchern Max Kruses ihr Gesicht verliehen.

Urmel aus dem Eis – Medienverbund und intermediale Transpositionen

Petra Josting, Bielefeld

Viele Fernsehkinder in Westdeutschland sind in den 1960er-Jahren mit Puppenspielfiguren wie Kater Mikesch, Hase Cäsar, dem Spatz vom Wallraffplatz oder Urmel aufgewachsen.[1] Sie alle eroberten die Herzen nicht nur der jungen, sondern oft auch der älteren Zuschauer/innen und sind noch heute fest in ihrem Gedächtnis verankert. Max Kruses Urmel, das 1969 in Buchform erschien und noch im selben Jahr mit der Augsburger Puppenkiste die Fernsehbühne betrat, gehört zu den bekanntesten Figuren des Autors.

Wie es zu Urmel und anderen Geschichten kam

Die Idee zum Urmel kam ihm, wie er in seiner Autobiografie erzählt, als er im Sommer 1969 mit seinem Sohn vor der neu erworbenen Kühltruhe stand und die beiden über die Möglichkeiten dieser Errungenschaft spekulierten:

> Da dachte ich, wie wäre es denn, wenn ein Tier aus der Urzeit im Ei eingefroren die Jahrtausende überstanden hätte und heute ausgebrütet werden würde … Ein Tier aus der Urzeit, das konnte nur ein kleiner Dinosaurier sein. Und wir konnte dieser heißen? Ur wie Urzeit und -mel als Koseform. Das Urmel war geboren.[2]

Dass dem Schöpfer des Urmel, der sich zu diesem Zeitpunkt schon mit etlichen Kinderbüchern einen Namen gemacht hatte, solche Fantasien durch den Kopf geisterten, verwundert nicht, wenn man bedenkt, welche Bedeu-

---

1 Vgl. Wolfgang Buresch: Von Puppen und dem (Zeit-)Geist im deutschen Kinderfernsehen. Entwicklungen der letzten 40 Jahre. In: *Kinderfernsehen. Vom Hasen Cäsar bis zu Tinky Winky, Dipsy und Co.* Hrsg. v. Wolfgang Buresch. Frankfurt am Main: Suhrkamp 2003, 11–37, hier 16.

2 Kruse, Max: *Im Wandel der Zeit. Wie ich wurde, was ich bin.* Stuttgart, Wien: Thienemann 2011, S. 589. Vgl. auch den Textauszug in diesem Band.

tung Puppen und Fantasiefiguren von klein an für ihn gehabt haben. Als jüngster Sohn und Nesthäkchen der Puppenmacherin Käthe Kruse und des Bildhauers Max Kruse geboren, wuchs er mit sechs älteren Geschwistern bürgerlich auf. Die Familie war den neuen Medien gegenüber aufgeschlossen, besaß schon in den 1920er Jahren Auto, Telefon, Grammophon und Radio, man ging ins Kino, liebte aber auch Bücher. Früh las ihm die Mutter Geschichten vor, versorgte ihn mit einer Fülle von Bilderbüchern, nachdem er selbst lesen konnte, auch mit Erzählungen und Romanen.[3] Neben der großen Freude am Eintauchen in Geschichten entwickelte sich beim kleinen Max, der kränkelte und deshalb oft das Bett hüten musste, eine große Lust, selbst Geschichten zu erfinden, wie man es in der Familie vom Onkel Oskar kannte, dem seinerzeit berühmten Maler und Bruder des Vaters. So diktierte er seine erste Geschichte *Die Abenteuer des Bobi Box* der Sekretärin der Firma, band das 15-seitige Werk in Pappe und schickte es der Mutter, die auf Geschäftsreisen weilte.[4] Sie war es, die den Sohn schon in jungen Jahren immer wieder zum Geschichtenschreiben ermunterte und sich den Schriftstellerberuf für ihn wünschte.[5]

Theoretische Vorüberlegungen zur Medienverbundanalyse

Wie an anderer Stelle dargelegt, empfiehlt es sich, bei Medienverbundanalysen vom Kernelement *Stoff* auszugehen,[6] worunter «die Hauptvorgabe für die Handlung eines erzählerischen Werks» in unterschiedlichen Medien verstanden wird:

---

3 Vgl. Kruse, Max: *Die versunkene Zeit. Bilder einer Kindheit im Käthe Kruse Haus.* Stuttgart: DVA, 1983, hier S. 154 f u. 201.

4 Ebd., S. 205 f.

5 Vgl. u. a. *Im Wandel der Zeit* [Anm. 2], S. 225.

6 Vgl. Josting/Illies/Preis/Weber: Einleitung: Begriffe, Korpus und Strategien der Medienverbundforschung. In: *Deutschsprachige Kinder- und Jugendliteratur im Medienverbund 1900–1945.* Hrsg. v. Petra Josting/Marlene Antonia Illies/Matthias Preis/Annemarie Weber. Stuttgart: Metzler, 2020 (= Studien zu Kinder- und Jugendliteratur und -medien; Bd. 3), S. 1–41, hier 21 f.

> Diese Vorgabe ist nicht vom Autor selbst erfunden, sondern woanders vorgefunden worden: [...] Als vorgeprägtes Set von Figuren, die bestimmte Eigenschaften haben, ihren Beziehungen und der Summe bestimmter Handlungen ist ein S[toff] relativ konkret zu fassen, oft auch in seiner räumlichen und zeitlichen Situierung. [...]. S[toffe] begegnen nicht in einer neutralen ›Grundform‹, sondern immer nur abhängig von den Gestaltungskonventionen des Genres, in dem sie vorgefunden worden sind. Insofern bezeichnet ‹S[toff]›, auch wenn der Begriff sehr gegenständlich erscheint, nichts Reales: Vom ‹S[toff]› einer künstlerischen Äußerung zu sprechen, heißt eine Modellbildung vorzunehmen, mit der die Inhalts- und Handlungsebene dieser Äußerung darauf reduziert wird, inwiefern sie als abhängig von der Inhalts- und Handlungsebene ihrer ›Quelle‹ betrachtet werden kann.[7]

Genauer in den Blick zu nehmen sind folglich zum einen das Genre und seine Gestaltungskonventionen, zum anderen die einzelnen Medien, die den Stoff und damit das Genre präsentieren, also die medienspezifischen Gestaltungsmittel und -möglichkeiten von Buch, Real- oder Animationsfilm, Lesung, Hörspiel etc. Die theoretischen Ansätze, die in den vergangenen 25 Jahren seitens der Intermedialitätsforschung vorgelegt wurden, sind für die Analysen größerer Medienverbünde unzureichend, da sie über Kategorienbildungen und beispielhafte Untersuchungen zweier Medien kaum hinausgehen. Und ob in diesem Kontext z.B. der Wechsel eines Stoffes von einem Medium in ein anderes nun wie von Rajewsky als «Medienwechsel»[8] oder wie von Wolf als «intermediale Transposition»[9] bezeichnet wird, ist vom Ansatz abhängig. Gleichwohl sind die theoretischen Ausführungen zu den Bausteinen und Typologien der Intermedialität von Wolf wesentlich differenzierter und überzeugender als die von Rajewsky, weshalb im Folgenden mit ihnen gearbeitet wird. Kritisch zu sehen ist in vielen Veröffentlichungen

---

7 Schulz, Armin: Stoff. In: *Lexikon Literaturwissenschaft. Hundert Grundbegriffe.* Hrsg. v. Gerhard Lauer/ Christine Ruhrberg. Stuttgart: Reclam 2011, S. 312–315, hier S. 312.

8 Irina Rajewsky: Literaturbezogene Intermedialität. In: *Intermedialität. Formen – Diskurse – Didaktik.* Hrsg. v. Klaus Maiwald. Baltmannsweiler: Schneider 2019, S. 49–75, hier S. 56.

9 Werner Wolf: Das Feld der Intermedialität im Überblick. In: *Intermedialität. Formen – Diskurse – Didaktik.* Hrsg. v. Klaus Maiwald. Baltmannsweiler: Schneider 2019, S. 23–48, hier S. 31. Unter «Intramedialität» (ebd., S. 29) versteht Wolf die Beziehungen innerhalb eines Mediums.

zum Thema, dass im fortschreitenden 21. Jahrhundert noch erstens immer von «Literatur und andere[n] Medien»[10] die Rede ist, obschon seit langem darauf verwiesen wird, dass «‹Literatur› [kein] Medium [ist], sondern nur eine Formmöglichkeit eines bzw. mehrerer Medien».[11] Zweitens wird oft nach wie vor mit einem engen, also an das Buch gebundenen Textbegriff gearbeitet.

Die Erschließung und Beschreibung von Medienverbünden hat gezeigt,[12] dass Siegfried J. Schmidts Medienkompaktmodell, das auch Fragen der Emotionalität impliziert, tragfähig und ergiebig ist, da er ein komplexes Mediensystem entwirft.[13] Dieses wird durch vier aufeinander bezogene Komponenten strukturiert: 1) die Kommunikationsinstrumente, 2) die technischen Dispositive bzw. Medientechniken zur Herstellung, Verbreitung oder Rezeption einzelner Medienangebote, 3) die Institutionen zur Herstellung, Finanzierung, Vertretung etc. der Medienangebote und schließlich 4) die Medienangebote selbst, die aus der Interaktion der verschiedenen Komponenten hervorgehen. Die vier Komponenten interagieren in den vier Handlungsbereichen Produktion, Distribution, Rezeption und Verarbeitung. Unter Verarbeitung versteht Schmidt «alle Prozesse, in denen Medienangebote zum Gegenstand neuer Medienangebote gemacht werden»,[14] d. h., dazu gehören sowohl die vielfältigen Formen der Medienkritik (Rezensionen, Empfehlungen etc.) als auch alle Formen des sogenannten Medienwechsels bzw. der intermedialen Transposition. Da die Dynamik von Medienverbünden mit dem Kompaktbegriff nicht hinreichend erfasst werden kann, sind je nach Beschaffenheit von Verbünden und vor allem nach Erkenntnisinteresse weitere Theorien und Modelle heranzuziehen, wie z. B. populärkulturelle

---

10 Ebd., S. 27.

11 Jürgen Fohrmann/Harro Müller: Einleitung. In: *Literaturwissenschaft*. Hrsg. v. Jürgen Fohrmann/Harro Müller. München: Fink 1995, S. 7–12, hier S. 8.

12 Vgl. Josting/Illies/Preis/Weber [Anm. 6], S. 11 ff.

13 Vgl. Siegfried J. Schmidt: Der Medienkompaktbegriff. In: *Was ist ein Medium?* Hrsg. v. Stefan Münker/Alexander Roesler. Frankfurt am Main: Suhrkamp 2008, S. 144–157 u. Siegfried J. Schmidt: *Kulturbeschreibung – Beschreibungskultur. Umrisse einer prozess-orientierten Kulturtheorie*. Weilerswist: Velbrück 2014.

14 Schmidt: Medienkompaktbegriff [Anm. 13], S. 148.

Netzwerk-Modelle, Serialitätstheorien, Storytising als Markenmanagement oder auch marktwissenschaftliche Modelle.[15]

Urmel aus dem Eis – die Entwicklung eines Medienverbunds

Dass Urmel die berühmteste Figur Kruses ist, lässt sich an Größe und Ausmaß des Medienverbunds ablesen. Neben der auf 12 Bände angewachsenen Serie (1969–2013) erschienen Sammelbände (2011–2015), Bilderbücher (2005–2019), Erstlesebücher (1987–2019) und (Maxi)-Pixi-Bücher.[16] Am meisten vermarktet wurde der erste Band, *Urmel aus dem Eis* (siehe Abb. 1). Wie erwähnt, erfolgten die Dramatisierung als Puppenstück der Augsburger Puppenkiste und deren Verfilmung noch im Ersterscheinungsjahr des Buches (1969), zum Film wiederum brachte man ein neu erzähltes Urmel (1972) auf den Markt. Rund 25 Jahre nach der Erstausstrahlung des Puppenspiels wurde für das Fernsehen eine Zeichentrickserie (1995–97) plus Fernsehbegleitbuch produziert. Zu diesem Zeitpunkt hatte Urmel aber auch längst schon Fuß auf den Theaterbühnen gefasst, denn das Bühnenmanuskript für erfolgreiche Musicals wurde 1993 verlegt. Die bekannteste musikalische Inszenierung ist die in der Hauptrolle mit Dirk Bach auf SAT 1 ausgestrahlte (2005); 2006 startete außerdem der Kinofilm *Urmel aus dem Eis.* Ein großer Medienverbund kommt bekanntermaßen in der Regel ohne Hörbücher und Merchandisingartikel nicht aus, und so finden sich u. a. Kassetten von der Erstverfilmung, Musik-CDs, Lesungen, aber auch ein Malbuch, ein Brett- und ein Computerspiel.[17] Letztere zeigen exemplarisch, wie eine *storyworld* professionell vermarktet wird.

Ausgehend von der Stoff- und Genrefrage des Ausgangsmediums bzw. des Buchs *Urmel aus dem Eis* wird im Folgenden untersucht, wie sich der Medienverbund seit 1969 aufgebaut hat. Im Fokus stehen dieser erste Band der Serie und seine intermedialen Transpositionen, stets im Kontext der

---

15 Vgl. Josting/Illies/Preis/Weber [Anm. 6], S. 13 ff.

16 Vgl. dazu den Beitrag von Fred Steinbach in diesem Band.

17 Zum Gesamtspektrum des Medienverbunds vgl. das von Jana Laura Kiener erstellte Dossier im Anhang dieses Bandes. Sofern bei Titelangaben keine ausführlichen bibliografischen Angaben erfolgen, sei auf dieses Dossier verwiesen.

Abb. 1: *Urmel aus dem Eis* im Medienverbund (Auswahl).

Frage, ob Stoff und Genre beibehalten oder verändert wurden. Aber auch die intermedialen Transpositionen werden für die Beschreibung des Verbunds herangezogen.

Stoff und Genre des Ausgangsmediums Buch

Die *Urmel*-Geschichten stehen in der Traditionslinie einer lange zurückreichenden kinderliterarischen Lachkultur. Wie Hans-Heino Ewers u. a. mit Verweis auf Arbeiten von Maria Lypp feststellt, wurde das Lachen (nicht nur) in der Kinderliteratur des 16. Jahrhunderts vor allem in Form von Fabel, Schwank und Tierepos wertgeschätzt, jedoch wurde der Schwank in der Folgezeit heftig als sogenannte Pöbellektüre bekämpft. Die Romantik habe diese Literatur in Form der Volksbücher dann wieder aufgewertet, aber erst um 1970 sei es innerhalb der Kinderliteratur «zu einer neuen Blüte des karnevalesken Geschichtenerzählens gekommen, das unter Wahrung des schwankhaften Charakters Elemente der modernen Wirklichkeit aufgenommen»[18] habe, bevorzugt technische Errungenschaften wie Flugzeuge oder Hubschrauber wie auch fantastische Gerätschaften. Paradebeispiele für diese neue «karnevaleske Schwankdichtung» seien die *Sams*-Bände von Paul Maar[19] und zahlreiche Serien von Max Kruse, darunter die vom *Urmel*. Ihre Komik beruhe maßgeblich auf «Sprachwitz», «kuriosesten Namen», «unförmige[n] und groteske[n] Figuren» und «absurde[n] Handlungsverläufe[n]»[20]. Anders als in der Romantik gebe es «keine Gegensätzlichkeiten von Kinder- und Erwachsenenwelt»; die Protagonist/innen, Menschen und Tiere, gehen «in ihrer Äußerlichkeit» auf und kommunizieren miteinander wie zu «Dr. Doolittles Zeiten.»[21] Gebunden sind diese Genremerkmale[22] an ein Grundthema bzw. einen Stoff, der allen zwölf *Urmel*-Bänden der gedruckten Serie zugrunde liegt: Der Protagonist gerät in Gefahr, wird aber jedes Mal gerettet.

Zum festen Figureninventar aller Bände zählen Urmel, Professur Habakuk Tibatong, dessen Ziehsohn Tim Tintenklecks und das resolute, ordnungsliebende Schwein Wutz, das den Haushalt führt, sowie vier weitere Tiere. Sie alle leben auf der Insel Titiwu unterhalb des Äquators, wohin der Professor mit Tim und Wutz vor etlichen Jahren ausgewandert war, nachdem man ihm den Jungen wegnehmen wollte, da er aufgrund seiner Forschungen als verrückt galt. Auf Titiwu kann er seine vielfältigen wissenschaftlichen Arbeiten ungehindert fortsetzen, wozu u. a. gehört, den Tieren Tropfen in die Nahrung zu verabreichen und ihnen das Sprechen beizubrin-

---

18 Vgl. Hans-Heino Ewers: Ein Nachhall der Lachkultur der Renaissance. Versuch über schwankhaft-karnevaleske Kinderliteratur. In: *Literatur im Unterricht* 2021, H. 1, S. 1–15.

19 Vgl. Hans-Heino Ewers: Geschichtenerzähler und moderner Kinderliterat. Ein Blick auf das erzählerische Œuvre von Paul Maar. In: *Wirkendes Wort* 68. Jg., 2018, H. 3, S. 409–423, hier S. 415 ff.

20 Ewers: Ein Nachhall der Lachkultur [Anm.18], S. 11.

21 Ebd., S. 13–14.

22 Definiert wird der epische Schwank gemeinhin als «ausgeschmückte Erzählung e. lustigen, neckischen Einfalls, e. komischen Begebenheit» (Gero von Wilpert: *Sachwörterbuch der Literatur*. Stuttgart: Kröner 1979, S. 741).

gen. Erfolgreich hat er seine Methode bei Ping Pinguin, der Echse Wawa, dem See-Elefanten und dem Schuhschnabel Schusch eingesetzt. Da jedes Tier – mit Ausnahme von Wutz – einen spezifischen Sprachfehler hat, richtete er eine Tiersprechschule ein, die man aber nur freiwillig besucht. Zentraler Schauplatz und Ausgangspunkt aller Abenteuer ist die Insel samt dem Wohnhaus auf der Mitte des Berges Homi.

Urmel aus dem Eis erzählt von der Herkunft, Geburt und dem Heranwachsen eines bislang nicht nachgewiesenen, graugrün geschuppten Tiers aus der Urzeit, das von der Gestalt her Ähnlichkeit mit einem Dinosaurier hat, dessen Schnauze aber eher der eines Nilpferdes gleicht. Wutz nimmt die fürsorgliche Mutterrolle ein; der Professor bringt auch Urmel das Sprechen bei. Stolz schickt er per Flaschenpost die Botschaft an seinen Kontrahenten, dass die Existenz des Urmels nunmehr leibhaftig bewiesen sei,[23] doch hat das zur Folge, dass Urmel nach Pumpolonien geholt werden soll, um dort lebendig im Zoo oder ausgestopft im Naturkundemuseum sein weiteres Dasein zu fristen. Diese Aufgabe übernimmt König Pumponell der Fünfundfünfzigste, der sich selbst nach Einführung der Demokratie ironisch Futsch der Erste nennt und per Hubschrauber anreist. Es entspannt sich eine abenteuerliche Jagd nach dem Urmel, das von seinen Gefährten klug versteckt wird, verschiedene Anweisungen in seiner kindlichen Naivität aber nicht befolgt und sich deshalb in Gefahr begibt. Der König und sein Diener Sami geraten bei der Jagd zusammen mit Wawa in einer Höhle in Lebensgefahr, werden aber dank kluger Überlegungen des Professors und des tatkräftigen Einsatzes von Ping Pinguin und See-Elefant gerettet. Als Dank schwört der König, zukünftig nur «königliche Leckereien» zu schicken anstatt «Pulverknall und Gewehrkugeln» (S. 168); man schließt zudem Freundschaft, und um nicht mit leeren Händen nach Hause fliegen zu müssen, nimmt er ein Fass mit dem unsichtbaren Fisch mit – eine Forschungsarbeit, die noch auf die Bearbeitung und Falsifikation des Professors wartet.

Das *Urmel*-Buch kommt Emotionsbedürfnissen nach; die kindliche Leser/innen suchen Spaß und Spannung. Spaß wird in hohem Maße und durch diverse Formen von Komik erreicht, was die schwarz-weiß-Illustrationen der Figuren von Erich Hölle gut unterstützen. Alle tragen witzige

23 Vgl. Max Kruse/Erich Hölle (Ill.): Urmel aus dem Eis. Stuttgart: Thienemann 1969, S. 23. Zitate hieraus im Folgenden unmittelbar im Text belegt.

Namen, Habakuk Tibatong z. B. ist für Kinder ein Zungenbrecher, und vor allem die Tiere sind aufgrund ihrer Sprechfehler, bisweilen aber auch kindsähnlichen Rangeleien – bei aller Vernunft und Hilfsbereitschaft, die sie zeigen – komisch schon fast überzeichnet. So singt der gern einsam auf einem Felsriff sitzende See-Elefant nur traurige Lieder («Oh – hoho! Öch bön nöcht froh! Neun, öch bön so …»; S. 12) und die Echse Wawa verkündet wiederholt ihr Glück darüber, endlich eine Riesenmuschel als Zuhause zu haben, die sie «tschumachen» und wo sie «nachdenken kann» (S. 10). Wenn Wawa dann weiter schwärmt: «Die Sonne geht auf und unter und tschieht über mich hinweg, und der Mond geht auf und unter und tschieht über mich hinweg …» und schließlich Ping Pinguin wissen möchte, was Wawa denn so dabei denke, und klagt: «Ich will auch eine Mupfel!», dann ist die Situationskomik perfekt (S. 11 f.). Die größten Sympathien aber dürften Urmel entgegengebracht werden, dessen Neugier und Unbedachtsamkeit immer wieder zum Übertreten von Geboten führen, wobei den Leser/innen stets klar sein dürfte, was ihm droht, sodass sich Überlegenheitsgefühle einstellen (wie z. B. auch, als Urmel im See der Höhle sein Spiegelbild für ein Gegenüber hält; S. 109). Komik weckt Urmel insbesondere aber mit seiner kindlichen Sprache («Und warum triege ich tein Frühstück?» S. 135) wie auch Raffinesse, wenn es dem Professor gegenüber z. B. vorgibt, noch nicht sprechen zu können (S. 58).

Mit Spannungsmomenten, die sich auf 187 Seiten durch 35 Kapitel ziehen, werden die kindlichen Leser/innen im Zuge eines zum Teil absurden Handlungsverlaufs reichlich versorgt. So wird im Paratext (Kapitel 0) mitgeteilt, dass Mutter Urmel sich vor der beginnenden Eiszeit, also vor vielen Millionen Jahren, in eine Höhle zurückzog, nachdem sie ein Ei im Sand abgelegt hat. Die Rezipient/innen können somit vermuten, was es mit dem Eisberg auf sich hat, der sich zu Beginn der Geschichte auf die Insel zu bewegt (S. 12) und wer aus dem Ei herauskommen wird (S. 36). Aber völlig ungewiss ist, ob der angereiste König Urmel erlegen oder fangen wird (S. 69) und ob es später gelingt, Urmel zu verstecken (S. 77). Einen Spannungshöhepunkt erreicht die Handlung, als der König sich im Blockhaus mit dem Professor unterhält, das Urmel plötzlich in seiner kindlichen Neugier die Tür seines Verstecks öffnet, jedoch fliehen kann, bevor der König es erschießt (S. 83 ff.). Und natürlich fiebert man mit, wenn es sich entgegen allen Anweisungen vom Höhleneingang aus ins Innere der Höhle begibt und dort die Riesenkralle trifft (S. 106 ff.). Nichts Gutes ist zu ahnen, als der König einen Käfig mit dem Schild *Urmel-Haus* gebaut hat (S. 120), in das sich das Urtier später tatsächlich noch freiwillig begeben wird (S. 175), nachdem es verbotenerweise sein Krankenlager verlassen hat. Parallel zu diesem Geschehen ist der Professur samt seinem Team mit der gefährlichen Rettung des Königs, seines Dieners und Wawa aus der Höhle beschäftigt (S. 164 ff.). Ein letztes Mal werden die Leser/innen in Atem gehalten, als der König im Hubschrauber am Himmel erscheint, mit Urmel im Käfig, das aber nicht von ihm entführt, sondern nur heimgebracht wird (S. 173).

Wirft man einen weiteren Blick auf die Gestaltungsmittel, so ist festzustellen, dass Kruse eine auktoriale Erzählinstanz einsetzt, die kommentiert sowie mit Vor- und Rückblenden arbeitet. Dabei dienen die Rückblenden dazu, Professor Tibatong und den König ausführlicher vorzustellen wie auch den Plan, den König in die Höhle zu locken; Vorblenden haben die Funktion, auf drohende Gefahren hinzuweisen.[24] Die einzige exakte Zeitangabe bezieht sich auf das wichtigste Ereignis, Urmels Geburt: «es war genau am Mittwoch um zehn Uhr fünunddreißig.» (S. 35) Zwar fehlt eine Jahresangabe, doch der Einsatz des Hubschraubers und insbesondere seine Illustrierung verweisen auf Konstruktionen der 1950/60er-Jahre und damit auf die Gegenwartsbezogenheit der Erstauflage. Die oben von Ewers zitierten Genremerkmale der karnevalesken Schwankdichtung finden sich allesamt in *Urmel aus dem Eis.* Gern wird in diesem Genre auch mit der Figur des Narren gearbeitet. Als solche wird Professor Tibatong explizit von seinem Kontrahenten Zwengelmann bezeichnet (S. 51), als dieser von der Existenz Urmels erfährt; und genau diese Zuschreibung hatte Jahre zuvor zur Auswanderung des Professors geführt, der aber keineswegs ein Narr, sondern kluger Kopf ist, der nur nicht der Norm entspricht und somit ausgegrenzt wird. Im Hinblick auf die Buchausgabe bleibt die Frage nach der Genrefunktion zu beantworten. Zweifellos dienen die im Überfluss vorhandenen komischen und spannenden Elemente dem delectare, wie es das Genre für sich in Anspruch nimmt; auf Derbheiten und Obszönitäten wurde angesichts der Adressatengruppe im

24 Ebd., Kap. 2, 7 u. 23 sowie 6. Damit folgt Kruse der Erzählweise der klassischen älteren Kinder- und Jugendliteratur. Die klassischen Schwänke bevorzugen demgegenüber die Ich-Erzählinstanz. Vgl. z. B. Die schönsten Schwankerzählungen des deutschen Mittelalters. Ausgewählt und übersetzt v. Hanns Fischer. München: Hanser ^{2}1968.

Unterschied zur Erwachsenenliteratur selbstverständlich verzichtet. Aber das Buch ist auch nicht frei vom docere und hat damit wie seine Vorläufer aus dem 16. Jahrhundert insgesamt betrachtet eine unterhaltend-pädagogische Funktion.[25] Das Pädagogische, auch wenn es nicht im Vordergrund steht, zeigt sich insbesondere in dem Sieg der Guten über die Bösen, wobei letztere in Gestalt des Königs sich zum Guten wandeln, aber auch im Urmel selbst, das sich immer wieder in Gefahr begibt, weil es nicht den Anweisungen folgt.

Urmel auf der Puppenkistenbühne im Fernsehen

Plurimedialität[26] zeichnet nicht nur das mit zahlreichen Illustrationen ausgestattete Buch aus, sondern in vielfältiger Form auch die Folgemedien, wie das erste, die Fernsehproduktion der Augsburger Puppenkiste[27] im Jahr 1969. Diese wurde vom Hessischen Rundfunk verfilmt und ausgestrahlt; noch heute ist die DVD zu erwerben; Auszüge sind auf YouTube zu sehen. Die intermediale Transposition beinhaltet aus medienspezifischer Perspektive die Hinzunahme einer erweiterten Form der visuellen Ebene, zugleich kommt die auditive hinzu. Auf der narrativen Ebene besteht die Besonderheit darin, dass es sich um Figuren eines Puppenspiels handelt, der vermutlich ältesten und am wenigsten erforschten Bühnenkunst, deren zentrales Merkmal darin besteht, dass Puppenspieler (in der Vergangenheit waren es überwiegend Männer) Marionetten lebendig werden lassen. «Der Prozeß des Verlebendigens, die Umgestaltung eines toten Gegenstandes zum Lebewesen», schreibt der russische Puppenspieler Sergej Obraszow, «erscheint dem Zuschauer als ein Wunder – gleich ob er erwachsen oder ein Kind ist.» Die Puppe rufe

25 Vgl. Otto Brunken: Einleitung. In: Theodor Brüggemann/Otto Brunken: *Handbuch zur Kinder- und Jugendliteratur. Vom Beginn des Buchdrucks bis 1570.* Stuttgart: Metzler 1987, Sp. 1–109, hier Sp. 104.

26 Wolf fasst darunter die Einbeziehung von mindestens zwei Medien in ein Werk oder eine Aufführung. Vgl. Wolf: Das Feld der Intermedialität [Anm. 9], S. 31.

27 Walter Oehmichen startete seine Augsburger Puppenkiste am 26.02.1946. Vgl. Claus-Dieter Geissler: *50 Jahre Augsburger Puppenkiste.* Berlin: Rütten und Loening 1997.

Abb. 2: Die Urmel-Marionette, Foto und © Fred Steinbach, Augsburg.

«Staunen, Erregung, Gelächter» hervor, könne aber auch «erbarmungslos entlarven», sei «der sinnbildliche Ausdruck des Menschen.»[28]

Die Augsburger Produktion *Urmel aus dem Eis*[29] zeigt, wie die sich an den Illustrationen orientierenden Marionetten beim Sprechen über die Stimme des Puppenspielers, aber mehr noch über die intensiven, meist gleichzeitigen Bewegungen der Gliedmaßen und des Kopfes zum Leben erweckt werden. Die Tiere wurden für die Produktion im Zuge der Kostümierung stärker anthropomorphisiert und wirken dadurch noch etwas komischer: Der Pinguin trägt eine Krawatte, die Echse eine Mütze, das Schwein eine Schürze, der See-Elefant einen Schal, der Schuhschnabel Hut und Schuhe. Urmels Baby- und später Kleinkindstatus symbolisiert ein um den Hals hängender Schnuller. Die Komik der Tiere wird durch ihre

28 Sergey Obraszow: Scheiterhaufen und Denkmäler. In: Geissler: *50 Jahre Augsburger Puppenkiste* [Anm. 27], S. 4–7, hier S. 5 ff.

29 *Urmel aus dem Eis* v. Max Kruse. Regie: Harald Schäfer, Drehbuch: Manfred Jenning, Musik: Hermann Amann. Augsburger Puppenkiste, Hessischer Rundfunk 1969 (DVD 2008).

Sprachfehler verstärkt. Ansonsten engagieren sie sich je nach Situation entsprechend ihren Fähigkeiten, unterhalten sich, rangeln aber auch nach bekanntem kindlichen Muster gelegentlich miteinander, wenn einer dem anderen nicht nachstehen möchte, und sorgen für Situationskomik. Der eng der Vorlage folgende Handlungsverlauf unterscheidet sich lediglich darin, dass auf Rückblenden verzichtet wird und die Geschichte deshalb damit einsetzt, dass der Professor von drei Honoratioren seiner Stadt (u. a. Zwengelmann) aufgesucht und wegen seiner Publikationen für verrückt erklärt wird. Er setzt sie daraufhin energisch vor die Tür und begibt sich mit Wutz und Tim auf die Insel, wo die Geschichte um Urmel ihren Lauf nimmt.

Manfred Jenning, einer der Puppenspieler und Sprecher, aber auch wichtigster Hausautor der Augsburger Puppenkiste,[30] hielt für das Drehbuch der Fernsehproduktion am Stoff wie auch den komischen und spannenden Elementen fest. Die Ausstrahlung erfolgte in vier Folgen (*Der Eisberg, Der Schuss, Das Abenteuer, Die Rettung*) und hat eine Gesamtdauer von knapp zwei Stunden. Jede Folge beginnt mit einem ca. zweieinhalbminütigem Vorspann. Die erste setzt damit ein, dass der Erzähler die Inszenierung des Paratextes kommentiert; zu Beginn der anderen fasst er das Geschehen der vorherigen Folgen zusammen und stellt die Protagonist/innen vor. Dominante Kameraeinstellung der für heutige Wahrnehmungsgewohnheiten tempoarmen Inszenierung ist die Halbtotale, Kameraperspektive die Normalsicht. Das Bühnenbild ist farbenprächtig, wirkt idyllisch; selbst die an sich dunkle Höhle ist ausgeleuchtet, besteht aus buntem Gestein, das Echo symbolisieren Glockenspielklänge,[31] was auf Seiten der kindlichen Rezipient/innen die gefahrenvolle Situation enorm relativiert. Musikalisch sind viele Szenen mit bayerisch anmutender Volksmusik unterlegt. Darüber hinaus fällt auf, dass in der Verfilmung wesentlich mehr gesungen wird als im Buch. Das betrifft zum einen den See-Elefanten, der bei vielen Auftritten für Belustigung sorgt, weil er Volkslieder mit verändertem Text singt (nach Melodien der

30 Vgl. Kurt Franz: Die ‚Augsburger Puppenkiste» und ihre «märchenhaften» Aufführungen. Ein Werkstattgespräch mit dem Prinzipal Klaus Marschall. In: *Faszinierende Märchenwelt. Das Märchen in Illustration, Theater und Film*. Hrsg. v. Kurt Franz, Jürgen Janning, Claudia Maria Pecher und Karin Richter. Baltmannsweiler: Schneider 2011, S. 211–225, hier S. 215.

31 *Urmel aus dem Eis* [Anm. 29], Ebd., 1:01:20–1:02:29.

Lore Ley oder *Strömt herbei ihr Völkerscharen* z. B.); zum anderen wurde für den Film das Urmel-Lied komponiert (*Alle Mamis sagen immer, Kindlein gib schön acht ...*), das der Protagonist singt, wenn er mal wieder unartig ist, wie er selbst weiß.[32]

Vermarktung von *Urmel* in den 1970/80er-Jahren

Mit der Ausstrahlung im Fernsehen zu einer Zeit mit nur zwei öffentlich-rechtlichen Programmen, vergleichsweise wenigen Kindersendungen und in der bereits 85 % der Haushalte über mindestens ein Fernsehgerät verfügten,[33] dürfte Urmel den meisten Kindern bekannt geworden sein. Vergleichsweise viele werden es im Verbund rezipiert haben, denn die Buchauflage bei Ensslin und Laiblin umfasste 1969 bereits 62.000. Für die weitere Verbreitung sorgten zunächst einmal Autor und Verlag, denn ein Jahr später folgte *Urmel fliegt ins All* (1970), bis 1975 erschienen sieben weitere Bände, alle illustriert von Erich Hölle.[34] Urmel entwickelte sich damit zu einer seriellen Figur,[35] die aus ökonomischer Sicht für den Produktions- und Distributionsbereich gleichermaßen attraktiv war, die aber auch ihren Rezipient/innen Gratifikationen anbot. Einerseits konnten sie darauf setzen, vertraute Figuren und Spaß erleben zu können; andererseits bestand die Gewissheit, dass mit den zu erwartenden neuen Abenteuern (gern verbunden mit aktuellen technischen Errungenschaften wie der Mondfahrt unmittelbar nach der ersten Mondlandung der Amerikaner) Neugier und das Bedürfnis nach Spannung befriedigt würden. Neben der seriellen Verbreitung sorgten Lizenzvergaben und Taschenbuchausgaben für die Popularität von Urmel. So war *Urmel aus dem Eis* ab 1971 im Programm des Deutschen Bücherbunds und der

32 Ebd., 1:40:36 – 1:41:37.

33 Vgl. Birgit van Eimeren/Christa Maria Ridder: Trends in der Nutzung und Bewertung der Medien 1970 – 2010. In: *Media Perspektiven* 31. Jg., 2011, H. 1, S. 2 – 15, hier S. 3.

34 3. *Urmel taucht ins Meer* (1970), 4. *Urmel spielt im Schloß* (1972), 5. *Urmel zieht zum Pol* (1972), 6. *Urmel im Vulkan* (1973), 7. *Urmels toller Traum* (1974), 8. *Urmels großer Flug* (1974), 9. *Urmel wird ein Star* (1975).

35 Vgl. Shane Denson/Ruth Mayer: Grenzgänger. Serielle Figuren im Medienwechsel. In: *Populäre Serialität. Narration – Evolution – Distinktion. Zum seriellen Erzählen seit dem 19. Jahrhundert*. Hrsg. v. Frank Kelleter. Bielefeld: transcript 2012, S. 185 – 203.

Büchergilde Gutenberg, 1975 wurde es zusammen mit *Urmel fliegt ins All* vom Gryphius Verlag unter dem Titel *Das große Urmel-Buch* verlegt. 1986 erschien im Tosa Verlag Wien eine Ausgabe, 1987 publizierte der Schneider Verlag eine überarbeitete und gekürzte Fassung, schon 1971 war eine Übersetzung ins Englische erschienen.[36] Der Verkauf als Taschenbuch setzte 1972 in der Schweiz ein, wo der erste *Urmel*-Band in der Reihe *Benziger Taschenbücher* in Zürich auf den Markt kam. Ab 1976 erschien er ungekürzt in der Reihe *dtv junior* mit wesentlich weniger und zum Teil veränderten Illustrationen von Erich Hölle.[37]

Zu den frühen intramedialen Transpositionen gehört ein 1972 in der Reihe *Augsburger Puppenkiste* herausgegebenes sog. Bilderbuch mit Fotos von der Verfilmung (Format ca. 16 mal 11 cm), das 16 Seiten umfasst.[38] Die Fotos nehmen mehr Raum ein als der literarästhetisch anspruchslose Text, der sowohl den Stoff als auch das Genre des Ausgangsmediums hinter sich lässt: reduziertes Figureninventar, keine Sprachfehler, weder Komik noch Spannung; ein niedliches Urmel wird einfach nur geboren und großgezogen. Demgegenüber hebt sich das 1987 für Erstleser/innen im Großdruck erschienene Buch *Urmel kommt zur Welt*[39] positiv hervor, für das Erich Hölle neue, farbige Illustrationen anfertigte. Die Handlung ist stark reduziert, aber Komik und Spannung bleiben in Anlehnung an die Vorlage erhalten, wenngleich auf die Figur des Königs und damit die mit ihm in Verbindung

36 The Urmal from the Ice Age. Translated by Anthea Bell. Leicester: Brockhampton Press 1972.

37 Der mir vorliegenden 25. Auflage von 2004 ist zu entnehmen, dass es sich bei dtv-Fassung um die Übernahme der Ausgabe des oben genannten Benziger Verlags handelt.

38 Urmel aus dem Eis. Die Geburt des Urmel. Nach dem gleichnamigen Fernsehfilm der Augsburger Puppenkiste neu erzählt. Fotografiert von Hans und Christine Melle. Erlangen: Pestalozzi 1972 (=Augsburger Puppenkiste; Bd. 3). Parallel erschien eine 20 Seiten umfassende Ausgabe mit denselben bibliografischen Angaben im Delphin Verlag Stuttgart/Zürich [^{2}1973].

39 Max Kruse/Erich Hölle (Ill.): Urmel kommt zur Welt. Nach «Urmel aus dem Eis» neu erzählt für jüngste Leser. München: Schneider 1987. Für Leseanfänger erschienen noch fünf weitere Urmel-Bände.

stehenden Abenteuer verzichtet wird.[40] Die Pfiffigkeit des Urmel wurde übernommen;[41] dass der Stoff erhalten bleibt, zeigen die Folgebände.

Neben der intermedialen Transposition in Form der Verfilmung der Augsburger Puppenspielaufführung ist noch das Hörspiel[42] zu nennen, das 1972 als Schallplatte erschien, 1987 bei Schneider Ton auch als Kassette. Stellt man sich die bisherigen Daten der einzelnen Medien auf einer Zeitleiste visualisiert vor, ist in den ersten 20 Jahren ein Hotspot des sich entwickelnden Medienverbunds in der Anfangsphase zu erkennen, zwischen 1969 und 1972. Dabei dominieren jene Produkte, die sich am Ausgangsmedium orientieren und im Falle der intermedialen Transposition ihre jeweils medienspezifischen Gestaltungsmerkmale einsetzen.

Ausweitung des Verbunds durch Musiktheater und Zeichentrickfilmserie in den 1990ern

Erneuten Auftrieb bekam der Medienverbund mit der Bühnenfassung *Urmel aus dem Eis*[43] für das Musiktheater im Jahr 1993 und den seitdem bis in die Gegenwart anhaltenden unzähligen Inszenierungen. Städtische Bühnen führen das Stück gern in der Vorweihnachtszeit auf, ein «Bühnen-Dauerbrenner» ist es aber auch in «Schulen, Theatervereinen, privaten Bühnen und großen Freilichtspektakeln.»[44] Die von Frank Pinkus erarbeitete Musicalfassung umfasst 57 Seiten, gliedert sich in 16 Szenen, zu den Personen gehören

40 Tim und der Professor sind sich einig, dass am besten niemand außerhalb der Insel von Urmel erfahren sollte. Ebd., S. 41.

41 Ebd., 56 f.

42 *Urmel aus dem Eis. Ein abenteuerliches Hörspiel mit Musik und lustigen Liedern* [nach dem gleichnamigen Buch] von Max Kruse. Regie und Produktion: Egon L. Frauenberger. Hamburg: Fontana 1972.

43 *Urmel aus dem Eis. Musical für große und kleine Kinder nach dem Kinderbuch von Max Kruse*. Bühnenbearbeitung von Frank Pinkus. Musik: Ines Lange & Jan-Henning Preuße. Norderstedt: Verlag Deutscher Bühnenschriftsteller und Bühnenkomponisten 1993. Mir liegt vom Verlag der Druck von 2013 vor, aus dem im Folgenden zitiert wird.

44 Vgl. die Auszüge aus Pressestimmen, die der Verlag auf der Homepage sammelt, https://www.vvb.de/werke/showWerk?wid=1093 (07.01.2020). Einblicke in einzelne Produktionen sind bei YouTube zu finden. Eine Auflistung zahlreicher Aufführungen findet sich im *Urmel*-Dossier des Anhangs.

neben Urmel, den fünf anderen Tieren, Tim und dem Professor nur König Pumponell; ihr Äußeres, ihre zentralen Charaktereigenschaften, Sprachfehler wie auch Kostümierung werden relativ genau beschrieben.[45] Die Handlung weicht nur insofern von der Vorlage ab, als der König keinen Käfig baut und Urmel gegen Ende bei dessen Rettungsaktion dabei sein darf.[46] Es besteht also nicht die Gefahr, dass es erneut ein Gebot übertritt. Gleichzeitig wird damit jedoch auf zwei Spannungsmomente verzichtet – zunächst sein Tapsen in die Falle und später beim Abflug des Königs das vermeintliche Gefangensein im Käfig unter dem Hubschrauber. Diese Reduktion von Spannung mag der Tatsache geschuldet sein, dass sich die zuletzt genannte Szene schwer auf der Bühne realisieren lässt. Dafür wartet das Stück aber mit den bekannten Formen von Komik auf, die aufgrund der höheren Präsenz von Urmel mit seiner Kindersprache verstärkt werden. Das sorgt zusammen mit den zahlreichen Liedern, für deren Instrumentalisierung Keyboard, Bass, Drums und Percussion vorgesehen sind, für reichlich Unterhaltung.

Wesentlich einflussreicher für die Weiterentwicklung des Verbunds und die neu einsetzende Popularität von Urmel war die von 1996 bis 1997 ausgestrahlte Zeichentrickserie mit 26 in sich abgeschlossenen Folgen,[47] die im Auftrag von WDR und France 3 in Deutschland produziert wurde. Ab Oktober 1995 ging die Serie in der ARD auf Sendung, später wurde sie – wie es bei Zeichentrickfilmen üblich ist – von anderen Sendern übernommen, als DVD etc. verkauft; mittlerweile ist sie auf YouTube eingestellt. Es war Max Kruse selbst, der Anfang der 1990er-Jahre die Idee hatte, sein Urmel in neuer Gestalt zu vermarkten, und so sicherte sich die Ravensburger Film + TV GmbH die Fernsehrechte.[48] Am Drehbuch beteiligte sich ein größeres Team von Autoren, u. a. Andreas Steinhöfel, der damals noch am Anfang seiner Karriere stand und fünf Folgen schrieb.

---

45 Pinkus: Urmel aus dem Eis [Anm. 43], S. 3.

46 Ebd., S. 54.

47 *Urmel.* Fernsehserie/Zeichentrick. Nach den Geschichten von Max Kruse. Drehbuch: Jill Brett, Mario Giordano, Robin Lyons, Christian Matzerath, Andrew Offiler, Roger Planer, Rhett Rooster, Andreas Steinhöfel und Fletcher Watkins. Dialogbuch und Dialogregie: Thomas Keck. Regie: Gerd Hahn, William Speers, Anthony Power, Phil Cruden. Deutschland 1995–1997. 1 Staffel [26 Folgen].

48 Vgl. Simone Leinkauf: Urmel-Renaissance. In: *Börsenblatt für den Deutschen Buchhandel*, 163 Jg., 1996, H. 93, S. 14–15, hier S. 15.

Im Mittelpunkt stehen die bekannten Inselbewohner/innen, nur mit dem Unterschied, dass eine Forscherin zu den Hauptdarsteller/innen gehört – Professorin Orphelia Tibatong –, was aus Genderperspektive zu begrüßen ist. Außerdem wurde auf den Waisenjungen Tim verzichtet. Wie im Ausgangsmedium gibt es eine klare Gegenüberstellung von Gut und Böse. Eindeutig negativ besetzt sind in der Serie der hinterhältige und gefährliche Museumsdirektor Zwengelmann sowie der dümmlich anmutende Zoodirektor Solmeyer (in der Vorlage ohne Namen), die beide für ihre Einrichtungen in Winkelberg auf der Suche nach Attraktionen sind, da sie kurz vor der Pleite stehen und etwas brauchen, um Besucher/innen anzulocken; der König als Figur fehlt. Schaut man sich mehrere Folgen an, wird klar, dass die beiden Männer stets darauf bedacht sind, Urmel zu fangen und mitzunehmen, was ihnen aber misslingt. Insofern bleibt der Stoff erhalten; allerdings übertritt Urmel keine Gebote mehr, womit der pädagogische Zeigefinger getilgt wurde, denn es begibt sich meistens nur aus kindlicher Neugier oder Unbefangenheit in Gefahr.

In der ersten Folge geht es u. a. um Urmels Geburt. Sie beginnt damit, dass Professorin Orphelia in der Schule Unterricht erteilt und unterbrochen wird, weil Wutz auf einer Flüssigkeit festklebt, eine Folge der neuen Experimente von Orphelia. Doch sie weiß Rat: der Schnabelschuh Schusch, der die Rolle des Postboten in der Serie hat, soll zu ihrer Schwester Ascorbina nach Winkelberg fliegen, einer Apothekerin, von der er «Patentschweineschinkenschnelllöser»[49] mitbringt. Dort entdecken die beiden Bösewichte den sprechenden Vogel, der sich bei der Ankunft in Winkelberg darüber beklagt, dass «eine Straßenlaterne mitten in der Einflugschneise»[50] steht. Sofort sehen sie in ihm das Objekt, das sie suchen – einen sprechenden Vogel – und verfolgen ihn, um ihn für ihre Institution zu fangen, insgeheim natürlich jeder für seine eigene. Doch weitaus attraktiver erscheint ihnen bei der Ankunft auf Tiwatu Urmel, das Zwengelmann auf der Rückreise in der Kiste seines Bootes glaubt. Wie sich aber bei der feierlichen Öffnung der Kiste vor der Presse zeigt, sitzt darin der gefangene Solmeyer anstatt Urmel,[51] Zwengelmann ist blamiert.

49 *Urmel.* Fernsehserie [Anm. 47], Folge 1, 08:43.

50 Ebd., 05:38–05:42.

51 Ebd., 20:30.

Es ließe sich viel über diese erste Folge und auch Serie schreiben. Sie sprüht vor Spannung und Komik, wartet mit Wortneuschöpfungen, Situations- und Figurenkomik auf. Hinzu kommt die dem Medium Zeichentrickfilm per se eingeschriebene Komik und Groteske,[52] die in den Bewegungen der Figuren, ihrem Gesichtsausdruck, Gewalttätigkeiten etc. deutlich wird. Sowohl die Bühnenfassung als auch die Fernsehserie bleiben dem Stoff und dem Genre treu, bei den Veränderungen handelt es sich um gelungene Modernisierungen.

Parallel zum Produktionseinstieg in die Zeichentrickserie gab der Thienemann Verlag 1995 eine neue Ausgabe von *Urmel aus dem Eis* und auch der Folgebände heraus. Ein Jahr später, also mit Start der Zeichentrickserie, publizierte der Verlag Ravensburger fünf Bilderbücher mit Texten von Christian Matzenrath und Illustrationen von Laurie Sartin. Max Kruse war mit dem neuen Urmel nicht glücklich, zumal in den Bilderbüchern nicht einmal sein Name genannt wurde, was er erst gerichtlich durchsetzen konnte.[53] Bemerkenswert ist mit Blick auf den Verbund, dass auf Neuauflagen von Hörspielen in den 1990er-Jahren verzichtet wurde, wohl aber gab es einen *Urmel-Lied-Mix* (1995), die Original-Songs aus dem Musical (1999) und entsprechend der aktuellen technischen Entwicklungen ein Jump-'n'-Run-Computerspiel mit dem Titel *Urmels großer Flug* (1996),[54] das auf der Zeichentrickserie basiert.

Expansion des Verbunds durch Fernsehen und Kino 2005/2006

Innerhalb eines Jahres sorgten vor allem die Medien Fernsehen und Kino dafür, Urmel bei den Älteren wieder stärker in Erinnerung zu rufen und eine neue Generation mit ihm bekannt zu machen. Es handelt sich zum einen um die zweiteilige, am 17. und 18.12.2005 auf SAT 1 zu sehende Theaterauffüh-

52 Vgl. Jens Thiele: *Trickfilm-Serien im Fernsehen. Eine Untersuchung zur Didaktik der Ästhetischen Erziehung.* Oldenburg: Isensee 1981, S. 22.

53 Vgl. Leinkauf: Urmel-Renaissance [Anm. 48], S. 15.

54 Eingestellt auf YouTube: https://www.youtube.com/watch?v=rTukQoWup1A (10.01.2021).

rung *Urmel aus dem Eis*,[55] zum anderen um den gleichnamigen Animationsfilm (2006) mit der Fortsetzung *Urmel voll in Fahrt* (2008).

Die auf SAT 1 ausgestrahlte und als zweiteiliger Fernsehfilm vermarktete Fassung ist angesichts der Sendezeit (Abendprogramm, Wochenende) eine Familiensendung, also auch an ein erwachsenes Publikum adressiert, und mit Stars der Comedy- und Schauspielszene besetzt: Dirk Bach als Urmel, Ralf Schmitz (Ping Pinguin), Mirja Boes (Waran Wawa), Barbara Schöneberger (Wutz), Heinrich Schafmeister (Professor Tibatong), Guido Cantz (Tim Tintenklecks), Lutz Herkenrath (Schusch), Götz Otto (König Pumponell), Michael Kessler (Sami), Tetje Mierendorf (See-Elefant), Ralf Richter (Doktor Zwengelmann) und Heinz Hoenig (Zoo-Direktor). Selbst bei der Musik setzte man mit Konstantin Wecker auf Prominenz. Zudem wurde die Sendung im Vorfeld von SAT1 u. a. mit Einblicken in die Dreharbeiten und Urmel-Preisen (Plüschfiguren, T-Shirts, DVDs) beworben.[56] Mit 3,7 Millionen Urmel-Fans vor dem Bildschirm verbuchte der Zweiteiler einen großen Erfolg,[57] sodass man ihn in den folgenden Jahren mehrfach wiederholte.[58]

Eine Reminiszenz an die Augsburger Puppenkiste gibt schon der Anfang zu erkennen. Es öffnen sich die bekannten Klapptüren der Kiste, die Kamera schwenkt durch diese hindurch über die farbenprächtige Bühnenkulisse, zunächst zum singenden See-Elefanten, danach ins Schulzimmer. Hier arbeiten Wawa, Ping Pinguin und Schusch angeleitet von Professor Tibatong an ihren Sprachfehlern, müssen Zungenbrecher wie *Fischers Fritz fischt frische Fische …* nachsprechen und lösen einen Lacher nach dem anderen im Publikum aus.[59] Der Stoff wird beibehalten, die Handlung folgt der Buchvorlage, die Szenen sind jedoch mit zusätzlichen witzigen Dialogen ausgeschmückt und damit ausgeweitet, wie z. B. eine längere Rückblende nach Pampolonien zeigt, wo Tibatong nach dem Drehbuch einst als Museumsdi-

55 *Urmel aus dem Eis*. Fernsehfilm in zwei Teilen. Regie: Geriet Schieske, Fernsehregie: Volker Weicker, Drehbuch: Albrecht Koch, Musik: Konstantin Wecker. SAT1 2005. Auf YouTube unter: https://www.youtube.com/watch?v=1e9zCkmGh6U (10.02.2021). Dauer: 02:13:30.

56 https://www.presseportal.de/pm/6708/761573 (10.01.2021).

57 https://www.presseportal.de/pm/6708/763684 (10.01.2021).

58 Vgl. https://www.fernsehserien.de/urmel-aus-dem-eis-2005/sendetermine/-1 (10.01.2021).

59 Ebd., 00:20–05:05.

rektor arbeitete.[60] Figuren- und Situationskomik werden dadurch verstärkt, dass bekannte Personen in den die Figur überzeichnenden Kostümen stecken, was die Bedeutung der Arbeit der Maskenbildner/innen unterstreicht. Das betrifft insbesondere Tierfiguren wie Ping Pinguin, der nicht nur den bekannten Sprachfehler hat, sondern mit krächzender Stimme spricht und sich zudem gern tapsend über die Bühne bewegt. Die meisten Sympathien aber hat wie in allen anderen Medien Urmel, gespielt von Dirk Bach, das nach knapp 40 Minuten Spieldauer aus dem Ei schlüpft und für das Drehbuchautor Geriet Schieske viele Gags vorgesehen hat: So sucht Urmel beispielsweise nach der Geburt immer wieder vergeblich nach der Brust von Wutz und schreit herzzerreißend, bis diese die Mutterrolle annimmt;[61] oder es sitzt, offenbar einige Wochen später, mit Lätzchen in einer Babyschaukel und lässt sich von ihr füttern; die Kamera verstärkt die Komik, indem sie zwischendurch von der Halbtotale in die Großaufnahme wechselt.[62] Einer der vielen Höhepunkte der Figurenkomik stellt die Szene dar, in der Bach das aus der Augsburger Puppenkiste stammende Urmel-Lied singt, *Alle Mamis sagen immer …*[63] Für die kindlichen Zuschauer/innen bietet der Film die bekannten Spannungsmomente, insgesamt aber steht die Komik im Vordergrund, die karnevaleske Lachkultur, schließlich wurde die Produktion als sog. Comedy-Adaption ausgegeben.

Im 3D-Animationsfilm *Urmel aus dem Eis*,[64] der unter dem Titel *Impy's Island* auf den englischsprachigen Markt kam (siehe Abb. 3), wirken die Figuren und Räume aufgrund der technischen Möglichkeiten wesentlich realistischer als im klassischen Zeichentrickfilm, und da diese Produktionsform auf Realitätsnähe setzt, ist auch das Gros der Stimmen nicht überzeichnet. Zur Folge hat diese Machart auf der visuellen und akustischen Ebene, dass ein Teil der Figurenkomik verloren geht. Man findet aber den Stoff wieder, ebenso die Orientierung am Handlungsverlauf des Buches und selbst

60 Ebd., 20:40–26:04.

61 Ebd., 38:22–40:31.

62 Ebd., 45:35–46:30.

63 Ebd., 01:51:10–01:52:51,

64 *Urmel aus dem Eis*. 3D-Animationsfilm. Regie: Reinhard Klooss und Holger Tappe, Drehbuch: Oliver Huzly, Reinhard Klooss und Sven Severin. Deutschland 2006. Dauer: 01:23:00.

Abb. 3: Poster zum 3D-Animationsfilm *Urmel aus dem Eis*, 2006.

der Paratext wird nur leicht variiert (die Urmel-Mutter rettet ihre Eier vor dem Schnee in eine Höhle, lässt aber eins draußen liegen) eindrucksvoll umgesetzt.

Ein grundlegender Unterschied in der Handlung beginnt im letzten Drittel des Films, der darin besteht, dass Urmel nicht verletzt allein aus der Höhle gerettet wird, sondern Wawa den König nicht erkennt und diesem deshalb verrät, wo es sich befindet.

Dieser trifft daraufhin Urmel in der Höhle, hat aber nach missglückter Jagd Mitleid mit ihm. Auf Urmels Jammern und schließlich herzzerreißenden Satz «Ich will zu meiner Mama», antwortet er: «He, kleines Urmel, es wird bestimmt alles gut, wir sind doch hier, Sami und ich, wir sind von nun an deine Freunde, versprochen.»[65] Die drei werden gemeinsam gerettet und die Geschichte nimmt ihren positiven Verlauf. Szenen wie die beschriebene mögen dem kindlichen Lesepublikum geschuldet sein, wirken jedoch kitschig. Ob Episoden notwendig sind, in denen Urmel Fußball spielt und aus einem schmutzigen Gewässer gerettet werden muss,[66] sei dahingestellt. Gänzlich überflüssig sind jedoch die Action-Szenen. So gerät z. B. Urmel, bevor es in die Höhle gelangt, zunächst in einen Wald, wo es eine geheimnisvolle Pflanze in einen Abgrund schleudert, es fällt tief in einen Fluss, auf dem es auf einem Baumstamm lustvoll im Slalom surft, zwischendurch wird es von einer Palme in die Luft geschleudert, bleibt vor dem Absturz in einen Wasserfall an einem Baum hängen, Wawa erscheint zur Hilfe, doch in diesem Moment ist auch der König im Hubschrauber da, schießt und die beiden stürzen den Wasserfall hinunter (unterlegt mit immer lauter und dramatischer werdender Musik).[67]

An Spannung mangelt es dem Film also schon allein aufgrund der Action-Elemente nicht. Im Vergleich mit anderen intermedialen Transformationen dominiert hier die Spannung, Situations- und Sprachkomik sind vorhanden, weniger aber die Figurenkomik, denn insbesondere Urmel wirkt meistens eher niedlich als witzig. Vom Genre der karnevalesken Schwankgeschichte hat sich der Film vollständig gelöst. In der Presse war das Echo geteilt: Während in der *Frankfurter Rundschau* die «platten Modernismen»[68] kritisiert werden, urteilt der *film-dienst*, «die Seele dieser Geschichte mit ihrer austarierten Mischung aus lustigen, anrührenden und (zumindest für jüngere Zuschauer) spannenden Momenten» bleibe «nahezu unangetastet.»[69]

Vermarktet wurden anschließend sowohl die SAT1-Verfilmung als auch der Kinofilm gleichermaßen, d. h., um beide Formate formiert sich ein Hotspot: jeweils eine DVD, zum Kinofilm noch das sog. Original-Hörspiel,

65 Ebd., 01:02:00–01:02:26.

66 Ebd., 25:12–27:00.

67 Ebd., 45:26–48:30.

68 https://www.filmportal.de/node/97385/material/540396 (11.01.2021).

69 https://www.filmportal.de/node/97385/material/540398 (11.01.2021).

also die Übernahme des Soundtracks plus Einsatz eines Sprechers, einschließlich einer Demo-Version des gleichnamigen Computerspiels (2006). Zusätzlich erschienen Überarbeitungen der Hörspielfassung von 1972, ein Malbuch (2006) sowie ein Brettspiel (2006) – als Spiel zum Film beworben – und die *Insel-Lieder* wurden 2006 ebenfalls neu aufgelegt. Darüber hinaus publizierte Thienemann 2006 *Urmel aus dem Eis* in Form einer Bildergeschichte, die bis in die Gegenwart bei Carlsen im *Pixi*- und *Maxi Pixi*-Format erscheint. Auch diese intramedialen Transformationen haben mit dem ursprünglichen Stoff und Genre nichts mehr zu tun, was bleibt, ist eine niedliche Tiergeschichte. Anders verhält es sich mit dem 2004 bei Thienemann erschienenen Sammelband für Leseanfänger *Geschichten vom Urmel* mit Bildern von Roman Lang, für den noch im selben Jahr die Büchergilde Gutenberg und der Bertelsmann Club eine Lizenz erwarben.

Präsent und vermarktet bis in die Gegenwart, insbesondere als Hörbücher

Noch heute sind die *Urmel*-Geschichten in unterschiedlicher medialer Form käuflich zu erwerben, insbesondere auch als Hörbücher. Wie bereits angeführt, gibt es von *Urmel aus dem Eis* mehrere Hörspielfassungen, wie z. B. die frühe (1972) von Egon L. Frauenberger und die parallel zum Kinofilm (2006) herausgegebene. Wie auf dem Tonträgermarkt üblich, brachten diverse Verlage ein und dieselbe Fassung auf den Markt. 2016 erschienen Hörspielbearbeitungen zu den Bilderbuchgeschichten. Neben den Hörspielen finden sich Lesungen, die aus literatur- und medienwissenschaftlicher Perspektive beide unter dem Begriff *Hörbuch* subsummiert werden.[70] Am

70 In der germanistischen Literaturwissenschaft hat sich der Begriff *Hörbuch* inzwischen als Oberbegriff etabliert. Er umfasst Lesungen literarischer Texte (mit oder ohne Kürzungen) auf Schallplatte, Kassette, CD und DVD bis hin zu den mittlerweile zum Download bereit gestellten Audiodateien; darüber hinaus «die Hörspielbearbeitung von epischen, lyrischen oder dramatischen Texten, die Aufnahme von Erzählungen ohne zugrunde liegende Texte wie auch Mischungen aus Lesungen und wissenschaftlichen Kommentaren sowie […] gelesene Sachbücher.» Vgl. Johannes F. Lehmann: Literatur lesen, Literatur hören. Versuch einer Unterscheidung. In: *Literatur und Hörbuch*. Hrsg. v. Natalie Binczek und Cornelia Epping-Jäger. München: Text + Kritik 2012, S. 3–13, hier S. 11.

berühmtesten ist gegenwärtig die Lesung von *Urmel auf dem Eis* (2002) mit Dirk Bach, der auch andere *Urmel*-Bücher eingelesen hat. Diese unter der Regie von Karin Lorenz entstandene Produktion,[71] der die 1987 im Schneider Verlag erschienene gekürzte und überarbeitete Fassung der Erstauflage von Max Kruse zugrunde liegt, wurde 2018 zuletzt von Argon in Berlin verlegt. Sie bedient wie die übrigen *Urmel*-Lesungen vermutlich nicht nur das Kinderpublikum, sondern auch erwachsene *Urmel*- und Dirk Bach-Fans gleichermaßen.

Schaut man sich zunächst das Cover an, das ebenfalls auf der ersten Seite des Booklets zu sehen ist, erkennt man die Illustration von Erich Hölle, der schon an der 1969 erschienenen Buchausgabe beteiligt war. Während auf der Coverrückseite Max Kruse zitiert wird, der u. a. auf seine Zusammenarbeit mit der Augsburger Puppenkiste verweist, wird auf der Rückseite des Booklets Dirk Bach vorgestellt. Er selbst bekundet dort aber auch, wie groß sein «Entzücken» über den «Helden seiner Kindheit» noch nach 40 Jahren ist. Zudem zeigt ein Foto den Künstler im Urmel-Kostüm, das er in der SAT1-Verfilmung 2005 trug. Gleich mehrere intermediale Referenzen verweisen demnach auf den Medienverbund und auch die positiven Rezeptionserfahrungen gehören zur Vermarktungsstrategie.

Bei der Musik wurde auf die Lieder zurückgegriffen, die Hermann Amann für die Verfilmung der Augsburger Puppenkiste 1969 komponierte. Sie ist mit Violine, Klarinette, Percussion, Gitarre und Akkordeon neu arrangiert und wird am Ende eines jedes Tracks leitmotivisch eingesetzt. Beeindruckend ist die Bandbreite von Bachs deutlich artikulierender Stimme und wie einfach ihm die Sprachfehler der Tiere über die Zunge gehen.[72] Gleich, ob er als Erzähler auftritt oder die Figurenrede übernimmt, für jede Figur hat er in der Melodie eine spezifische Tonhöhe, wie z. B. eine hohe für die energische Wutz, eine tiefe für den traurigen See-Elefanten. Die des

71 Die Lesung (Dauer: 151 Min.) erschien 2002 erstmals im Düsseldorfer Patmos Verlag. Mir liegt die 2018 (und bereits 2011) vom Berliner Argon Verlag herausgegebene Fassung vor.

72 Im Rahmen der folgenden Ausführungen ziehe ich für die akustische Ebene Kriterien heran, die mir Matthias Preis freundlicherweise zur Verfügung gestellt hat. Ein Beitrag von ihm zur Hörbuchanalyse wird im Herbst 2021 in einem Buch über Hörmedien für Kinder und Jugendliche in der Reihe *kjl&m.extra* erscheinen.

Erzählers, Königs und Professors ist dunkel, Ping-Pinguins dünn. Je nach Situation und damit auch Stimmung wechseln Lautstärke und Tempo, was beispielsweise die Szene *So schrecklich allein*[73] sehr gut verdeutlicht, in der Urmel allein in der Höhle ist. Das Tempo der Stimme ist langsam, wenn Urmel staunt und sich einsam fühlt. Es wird sehr schnell und die Lautstärke steigt beim Auftauchen der Riesenkralle (Angst) wie auch beim Erkennen des Spiegelbilds (Freude), dem vermeintlichen Geschwisterchen. Die vor fast 20 Jahren aufgenommene Lesung hat auch aktuell nicht an Anziehungskraft eingebüßt, denn Bach hat es verstanden, mit seiner Stimmführung Spannung und Komik zu vermitteln und alle Altersgruppen in den Bann zu ziehen.

Die anhaltende Attraktivität von Kruses *Urmel* und den entsprechenden Hörbüchern offenbart sich zum einen darin, dass der 2013 erschienene Band *Urmel saust durch die Zeit* noch im selben Jahr mit Rufus Beck als Sprecher eingelesen wurde. Zum anderen veröffentlichten nach Kruses Tod 2015 namhafte Autor/innen wie Sabine Ludwig, Salah Naoura u.a, *Alle lieben Urmel. Neue Urmel-Geschichten* (2016), die parallel als Hörbuch auf den Markt kamen. Wirft man abschließend noch einen Blick auf neuere Produktionen, sind die sog. Bilderbuch-Filme erwähnenswert, die seit 2011 als DVD vertrieben werden und von denen Auszüge auf YouTube stehen.[74] 2018 erschien ein Pappbilderbuch, 2019 ein Sammelband mit zuvor einzeln herausgegebenen fünf Bilderbuchgeschichten von Max Kruse mit Bildern von Günther Jakobs nach Figuren von Erich Hölle, wie es im Untertitel heißt. Der Adressatengruppe gemäß ist die Handlung reduziert; Urmel aber behält auf der Text- und Bildebene seinen Charme als komische Figur und besteht gemeinsam mit seinen Gefährten das eine und andere kleine Abenteuer.

Urmel – ein komplexes Medienverbundsystem

Gut 60 Jahre sind die Geschichten um Urmel inzwischen auf dem Markt und haben sich mit ihrem Erzählschema der Bewährung, der klaren Opposition von Gut und Böse, mit Fantasiewelten wie auch Figuren zum Bewundern

73 Vgl. *Urmel aus dem Eis* [Anm. 71], CD 2, Track 1.

74 Vgl. https://www.youtube.com/watch?v=QFyv-uTkKww (11.01.2021).

und Mitleiden zu Klassikern entwickelt. Zudem bieten die als Schwankgeschichten angelegten Ausgangsmedien viel Komik und Spannung. Betrachtet man den gesamten Medienverbund der Serie in diachroner Perspektive, so sieht man, dass es kaum ein Jahr gab, in dem weder ein neues Medium, noch eine Neuauflage bzw. weitere Auflagen erschienen. Mehrheitlich orientieren sich die Produkte im Hinblick auf Stoff und Genre am Ausgangsmedium Buch, das somit Leitmedium ist.

Zu erkennen sind darüber hinaus Hotspots und Ruhephasen: Mit Büchern, der Verfilmung der Aufführung der Augsburger Puppenkiste für das Fernsehen, Fernsehbegleitbuch und Schallplatte umfasst der erste Hotspot die Jahre 1969 bis 1974. Danach wird es aus Sicht der Distribution viele Jahre ruhig um Urmel, bis der Schneider Verlag ab 1987 in das verlegerische Geschäft einsteigt. Er bringt die Buchserie nicht nur in einer überarbeiteten und gekürzten Fassung heraus, sondern auch in Spezialausgaben für Leseanfänger/innen und als Kassetten. Parallel dazu beginnt der Deutsche Taschenbuchverlag 1986 damit, die Serie bis in die Gegenwart zu verlegen. In den folgenden Jahren steht vor allem *Urmel aus dem Eis* im Zentrum der Vermarktung. Den Beginn stellt wie aufgezeigt die für Musicals konzipierte Bühnenfassung von Frank Pinkus 1993 dar, die zahllose Aufführungen zur Folge hatte. Nach 1987/88 entsteht ein weiterer Hotspot in den Jahren 1995 bis 1997 mit der 26-teiligen Zeichentrickserie *Urmel* im Fernsehen, begleitet von einer Neuauflage der Buchserie im Thienemann Verlag sowie den fünf Bilderbüchern mit Texten von Christian Matzenrath bei Ravensburger. Ab 2000 bringt Thienemann *Urmel*-Fassungen zusätzlich für Erstleser in seiner Reihe *ABC-Piraten* heraus. Auffällig ist weiterhin seit der Jahrtausendwende der Anstieg im Bereich Hörbuch, der den seinerzeit einsetzenden Trend verdeutlicht, dass Hörbücher für Erwachsene zunehmend attraktiver werden. Der letzte Hotspot ist wie angeführt mit der SAT1-Verfilmung und dem Animationsfilm *Urmel aus dem Eis* 2005/06 verbunden. Neuproduktionen der vergangenen Jahre sind Bilderbücher, auch im Pixi- und Maxi Pixi-Format, zu denen wiederum Filme und Hörbücher erschienen. Insgesamt geben diese Produktionen den Trend zu erkennen, nun auch die Allerjüngsten erreichen zu wollen; zudem ist für einige die Buchserie nicht mehr Leitmedium, vielmehr ist es nur eine Figurenzentrierung.

Schon die Analyse des Verbunds von *Urmel aus dem Eis* verdeutlicht die Komplexität eines Mediensystems, an dem sich unterschiedliche Autoren,

Illustratoren und Verleger beteiligt haben, wenn man nur den Buchmarkt betrachtet. Hinzu kommt eine große Zahl weiterer Akteure aus den Bereichen Produktion und Distribution, wenn es im Schmidt'schen Sinne um die Verarbeitung geht bzw. um die intermedialen Transpositionen wie Verfilmungen, Hörbücher, Computerspiele etc. Und während sich die Rezeption seitens des Publikums noch heute auf Jung und Alt erstreckt, haben die wissenschaftliche Rezeption und damit die Kritik gerade erst ihre Arbeit begonnen.

Erich Hölle als Illustrator der *Urmel*-Serie und weiterer Kinderbücher von Max Kruse

Carola Pohlmann, Potsdam

In der rund zwei Jahrzehnte Jahre währenden Zusammenarbeit zwischen Max Kruse und Erich Hölle entstanden insgesamt 19 Kinderbücher.[1] Die gemeinsame Arbeit begann mit dem ersten Band der *Urmel*-Serie *Urmel aus dem Eis*, der 1969 im Verlag Ensslin & Laiblin erschien. Zum Zeitpunkt der Veröffentlichung war Erich Hölle 44 Jahre alt und bereits ein vielbeschäftigter Illustrator von Kinder- und Jugendbüchern. Bekannt geworden war er u. a. durch die Gestaltung der in den 1960ger Jahren im Schneider-Verlag publizierten *Hanni und Nanni*-Serie von Enid Blyton und die Illustrationen zu Irina Korschunows *Wawuschel*-Bänden.[2] Mit letzteren war Hölle bereits vor den *Urmel*-Bänden als Illustrator surreal-komischer Kindergeschichten hervorgetreten.

Max Kruse (geb. 1921), Erich Hölle (geb. 1925) und Horst Lemke (geb. 1922), als weiterer maßgeblicher Illustrator der Texte von Max Kruse, entstammten der Zwischenkriegsgeneration und teilten damit grundsätzliche – wenn auch nicht kongruente – Erfahrungen im nationalsozialistischen Deutschland und in der Kriegs- und Nachkriegszeit. Kruse war aus gesundheitlichen Gründen vom Wehrdienst befreit, seine Studienzeit endete 1944 mit der Schließung der Universität in Jena.[3] Horst Lemke studierte bis 1941 an der Hochschule für Bildende Künste in Berlin und wurde dann Soldat.[4]

---

1 In dieser Angabe sind die für den Franz Schneider Verlag textlich und gestalterisch neu konzipierten Ausgaben der *Urmel*-Serie nicht eingeschlossen, die weitere 15 Bände umfassen. Die Titel erschienen bei Schneider in unterschiedlicher Ausstattung sowohl als Kinderbücher als auch in deutlich gekürzten Fassungen für Erstleser.

2 Irina Korschunow: *Die Wawuschels mit den grünen Haaren*. Stuttgart: Herold-Verlag 1967 und *Neues von den Wawuschels mit den grünen Haaren*. Stuttgart: Herold-Verlag 1969. Ein weiterer Band unter dem Titel *Die Wawuschels feiern ein Fest* erschien 1972.

3 Siehe den Beitrag von Kirsten Goebner in diesem Band.

4 Siehe den Beitrag von Andreas Bode in diesem Band.

Erich Hölle wurde am 21. November 1925 in Nürnberg geboren und 1943 im Alter von 17 Jahren zur Wehrmacht eingezogen. Schwer verwundet geriet er in russische Kriegsgefangenschaft. Nach der Entlassung kam er zunächst in ein Auffanglager in Dachau und lebte dann in München. Da ihm die finanziellen Mittel für ein Studium fehlten, bestritt er als Autodidakt seinen Lebensunterhalt mit der Anfertigung von Porträts und dem Kopieren von Gemälden Alter Meister. 1949 heiratete er die Schauspielerin Margarete Sträußl (geb. 1927), die später u. a. als Sprecherin im Bayerischen Rundfunk tätig war und unter dem Namen Margret Hölle als Mundartdichterin bekannt wurde. Von 1954 bis 1967 war Erich Hölle für die von Olaf Iversen begründete Neuausgabe der satirischen Zeitschrift *Simplicissimus* tätig, seine Karikaturen und Zeichnungen erschienen aber auch in der *Abendzeitung* und im *Münchner Stadtanzeiger*. Außerdem arbeitete er als Werbegrafiker.

Ende der 1950er Jahre begann Hölles Tätigkeit als Illustrator von Kinder- und Jugendbüchern, die in den folgenden Jahrzehnten den Hauptteil seines künstlerischen Schaffens darstellte. 1959 erschien sein erstes Kinderbuch *Die dicke Dora*[5], zu dem er auch den Text verfasste. Erich Hölle hat mit mehr als 600 von ihm illustrierten Büchern,[6] darunter 13 Kinderbüchern, bei denen Text und Bilder von ihm stammen,[7] ein vom Umfang her geradezu erstaunliches Werk hinterlassen. Als ebenso unermüdlich tätiger wie vielseitiger Künstler hat Hölle unterschiedliche kinderliterarische Genres gestaltet; zu seinen Arbeiten gehören Mädchen- und Abenteuerbücher, fantastische und humoristische Erzählungen, Verse, Parodien und Schwankromane sowie Sach- und Schulbücher.

5 Erich Hölle: *Die dicke Dora*. München: Obpacher Buch- und Kunstverlag 1959.

6 Der WorldCat weist Arbeiten von Erich Hölle in 699 Publikationen in neun Sprachen nach.

7 Dazu gehören u. a. *Das lila Lottchen*. Stuttgart: Boje 1963 und mehrere Zeichenbücher für Kinder, wie *Kunterbunte Zeichenstunde*. Stuttgart: Boje 1965; *Wir zeichnen allerlei Menschen*. Stuttgart: Boje 1966 oder *Wir zeichnen durch das ganze Jahr*. Stuttgart: Boje 1968.

Die *Urmel*-Serie

Die *Urmel*-Serie stellte sowohl für Max Kruse als auch für den Illustrator Erich Hölle einen Höhepunkt ihres Erfolges dar. Bis zum Beginn der Zusammenarbeit mit Erich Hölle waren Bücher von Kruse bereits von mehreren anderen Künstlerinnen und Künstlern gestaltet worden, darunter Franziska Bilek,[8] Horst Lemke,[9] Lea Auvo, Franz Josef Tripp und Rainer Hartmetz, später kamen weitere bekannte Illustratorinnen und Illustratoren wie Rolf Rettich, Herbert Lentz und Monika Laimgruber dazu. Die Besonderheit der mit *Urmel aus dem Eis* begründeten Zusammenarbeit mit Erich Hölle war, dass diese von Beginn an durch eine große Medienpräsenz geprägt wurde. Nachdem Kruses Buch *Der Löwe ist los* bereits für die Augsburger Puppenkiste adaptiert und 1965 in einer Fernsehfassung des Hessischen Rundfunks mit großem Erfolg ausgestrahlt worden war, wurde *Urmel* seit der Grundidee für die Umsetzung im Fernsehen geplant.[10] Im Jahr der Erstveröffentlichung des Buchs wurde *Urmel aus dem Eis* als Marionettenspiel der Augsburger Puppenkiste vom Hessischen Rundfunk nach dem Drehbuch von Manfred Jenning unter der Regie von Harald Schäfer verfilmt und als vierteilige Serie im Nachmittagsprogramm der ARD ausgestrahlt.[11] Damit wurden die von Erich Hölle gestaltete Figur des Urmel, die auch das Vorbild für die Marionette der Augsburger Puppenkiste darstellte, in kurzer Zeit einem breiten Publikum bekannt.

---

8 Vgl. dazu den Beitrag von Andreas Bode in diesem Band.

9 Vgl. ebd.

10 Die Entstehungsgeschichte wird von Max Kruse in seiner Autobiographie kurz skizziert: Max Kruse: Im Wandel der Zeit. Stuttgart; Wien: Thienemann 2011, S. 587–589.

11 Die Ausstrahlung erfolgte an Sonntagen in der Vorweihnachtszeit am 23.11.1969, am 30.11.1969 (1. Advent), am 7.12.1969 (2. Advent) und am 14.12.1969 (3. Advent). https://www.stars-an-faeden.de/apkchronik/proddet.php?prod_id=368 (13.03.2021).

Die Illustrationen zur Originalausgabe der Urmel-Bände im Verlag Ensslin & Laiblin

Die Buchausgabe von *Urmel aus dem Eis* war – sicher auch dank der Verbreitung durch die Fernsehausstrahlung – sehr erfolgreich und wurde in kurzen Abständen nachgedruckt. Von der Originalausgabe bei Ensslin & Laiblin wurden 1969 40.000 Exemplare veröffentlicht, mit der 6. Auflage 1971 waren bereits 107.000 Exemplare erschienen.[12]

Innerhalb von sechs Jahren wurden weitere acht Bände der Serie publiziert, die alle ebenfalls von Erich Hölle illustriert wurden. Noch im selben Jahr wurde *Urmel aus dem Eis* mit dem zweiten Band *Urmel fliegt ins All* fortgesetzt, 1970 erschien die dritte Folge *Urmel taucht ins Meer*, Band vier *Urmel spielt im Schloss* und Band fünf *Urmel zieht zum Pol* wurden 1972 veröffentlicht, 1973 kam Band sechs *Urmel im Vulkan* heraus, Folge sieben *Urmels toller Traum* und acht *Urmels großer Flug* erschienen 1974 und mit Band neun *Urmel wird ein Star* fand 1975 die Serie der bei Ensslin & Laiblin veröffentlichten Originalausgaben ihren Abschluss.

Auch das Marionettenspiel der Augsburger Puppenkiste fand mit *Urmel spielt im Schloss* eine Fortsetzung, die erneut vom Hessischen Rundfunk in vier Folgen aufgezeichnet wurde. Für diese Produktion übernahm Manfred Jenning sowohl das Drehbuch als auch die Regie. Die Teile beruhen auf dem gleichnamigen Buch sowie dem siebenten Band *Urmels toller Traum*, die Erstausstrahlung in der ARD fand an Sonntagen in der Weihnachtszeit statt.[13]

Die Originalausgabe des ersten Bandes ist reich illustriert,[14] dabei handelt es sich mit Ausnahme der farbigen Coverabbildung, die das grüne

12 Vgl. die Angabe zu den Auflagen in: Tassilo Schweiger: Urmel aus dem Eis – eine Kinderbuchserie von Max Kruse. Hausarbeit im Rahmen des Masters Buchwissenschaft. München: Fakultät für Sprach- und Literaturwissenschaften der Ludwig-Maximilians-Universität München, 2020, S. 14.

13 8.12.1974; 15.12.1974; 22.12.1974 und 29.12.1974. https://www.stars-an-faeden.de/apkchronik/proddet.php?prod_id=385 (13.03.2021).

14 Jana Laura Kiener hat für die Bände 1, 2, 4 und 5 eine Illustrationsdichte von 1 pro 2,5 Seiten ermittelt. Vgl.: Jana Laura Kiener: Publikations- und mediale Verwertungsgeschichte einer Kinder-Serie: Die Urmel-Serie von Max Kruse. MA Buchwissenschaft: Ver-

Abb. 1: Aus: *Urmel aus dem Eis*, 7. Aufl., 1972, Vorsatz.

Urmel mit dem auf seinem Schwanz reitenden Tim Tintenklecks zeigt, ausschließlich um schwarz-weiß Zeichnungen. Die einzige doppelseitige Illustration ohne Text befindet sich auf den Vorsätzen des Buchs (siehe Abb. 1).

Die restlichen Abbildungen sind sämtlich in den Text integriert, damit wird der Charakter eines Kinder*lese*buchs[15] – im Unterschied zum Bilderbuch für jüngere Kinder – unterstrichen. Die Bild-Text-Gestaltung hat wiederkehrende Elemente, ist aber insgesamt abwechslungsreich. So wird jeder Kapitelanfang durch eine Illustration hervorgehoben, ein traditionelles Stilmittel, das schon bei der Rubrizierung mittelalterlicher Handschriften angewendet wurde. Für die Platzierung der Illustrationen auf den Textseiten findet Hölle ganz unterschiedliche Lösungen, sie können entweder ober-

---

lagspraxis. München: Fakultät für Sprach- und Literaturwissenschaften der Ludwig-Maximilians-Universität München, 2020, S. 3 f.

15 Die Geschichten sind an Kinder im Alter von acht bis elf Jahren adressiert.

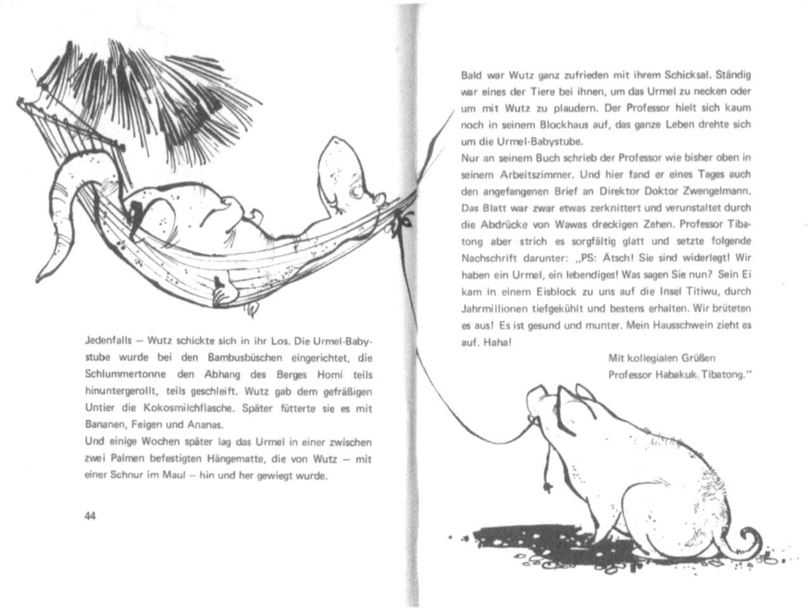

Jedenfalls – Wutz schickte sich in ihr Los. Die Urmel-Babystube wurde bei den Bambusbüschen eingerichtet, die Schlummertonne den Abhang des Berges Homi teils hinuntergerollt, teils geschleift. Wutz gab dem gefräßigen Untier die Kokosmilchflasche. Später fütterte sie es mit Bananen, Feigen und Ananas.

Und einige Wochen später lag das Urmel in einer zwischen zwei Palmen befestigten Hängematte, die von Wutz – mit einer Schnur im Maul – hin und her gewiegt wurde.

44

Bald war Wutz ganz zufrieden mit ihrem Schicksal. Ständig war eines der Tiere bei ihnen, um das Urmel zu necken oder um mit Wutz zu plaudern. Der Professor hielt sich kaum noch in seinem Blockhaus auf, das ganze Leben drehte sich um die Urmel-Babystube.

Nur an seinem Buch schrieb der Professor wie bisher oben in seinem Arbeitszimmer. Und hier fand er eines Tages auch den angefangenen Brief an Direktor Doktor Zwengelmann. Das Blatt war zwar etwas zerknittert und verunstaltet durch die Abdrücke von Wawas dreckigen Zehen. Professor Tibatong aber strich es sorgfältig glatt und setzte folgende Nachschrift darunter: „PS: Ätsch! Sie sind widerlegt! Wir haben ein Urmel, ein lebendiges! Was sagen Sie nun? Sein Ei kam in einem Eisblock zu uns auf die Insel Titiwu, durch Jahrmillionen tiefgekühlt und bestens erhalten. Wir brüteten es aus! Es ist gesund und munter. Mein Hausschwein zieht es auf. Haha!

Mit kollegialen Grüßen
Professor Habakuk Tibatong."

Abb. 2: Aus: *Urmel aus dem Eis*, 7. Aufl., 1972, S. 44–45.

oder unterhalb des Textes auf einer Seite eingefügt werden oder sich über eine Doppelseite erstrecken.

Insbesondere für die doppelseitigen Abbildungen hat Hölle originelle Aufteilungen zwischen Bild und Satzspiegel gewählt. So zieht sich im sechsten Kapitel die Illustration von der linken oberen Bildseite, auf der das Urmel oberhalb des Textes in einer Hängematte liegend abgebildet ist, diagonal bis zu rechten unteren, wo Wutz unterhalb des Satzspiegels auf dem Boden sitzend gezeigt wird, die Schnur im Maul haltend, mit der sie die Hängematte schaukelt (siehe Abb. 2).

Auch die Bildverteilung auf den Doppelseiten ist variantenreich. Neben etwa gleichgroßen Bildanteilen auf der linken und rechten Seite gibt es mehrere Darstellungen, bei denen nur noch einzelne Bildelemente in das gegenüberliegende Blatt hineinragen.[16] Hier zeigt sich Erich Hölle als ebenso erfahrener wie einfallsreicher Buchgestalter, dessen Anliegen es war, aus Erzählung und Bildern eine Einheit zu formen. Deshalb setzte er Illustratio-

16 Ebd., S. 28; S. 46 und S. 138.

Abb. 3: Aus: *Urmel aus dem Eis*, 7. Aufl., 1972, S. 65.

nen auch als Bindeglieder zwischen einzelnen Textblöcken ein, die den Lesefluss unterstützen sollten. Diese Funktionen übernehmen bspw. Abbildungen, deren Figuren sich scheinbar aus der rechten Seite herausbewegen und damit zum Umblättern auffordern.[17]

Die frühen *Urmel*-Bände der Erstausgabe sind durch kräftige, kantige Umrisslinien und deutliche Schwarz-Weiß-Kontraste mit satten schwarzen Farbflächen und -klecksen gekennzeichnet.

Die Tiere – obwohl sie von Kruse mit menschlichen Verhaltensweisen und der Fähigkeit zu sprechen ausgestattet wurden – werden in den Illustrationen nicht vermenschlicht dargestellt, sie sind bspw. nicht bekleidet (siehe Abb. 3), mit Ausnahme von Wutz, die in mehreren Bildern eine Schürze trägt[18] oder inhaltlich notwendigen Kleidungsstücken wie den Raumanzügen in *Urmel aus dem All*.

17 Ebd., S. 47; S. 53; S. 119.

18 Ebd., S. 59; S. 88; S. 93; S. 177.

Abb. 4: Aus: *Urmel aus dem Eis*, 7. Aufl., 1972, S. 119.

Im Fortgang der Buchserie ändert Hölle in Anpassung an den sich wandelnden Zeitstil seine gestalterischen Mittel. Die Linien in den späteren Bänden wie *Urmels toller Traum* oder *Urmel wird ein Star* sind deutlich zarter, die Konturen weicher und runder. Die Tiere werden häufiger mit menschlicher Kleidung dargestellt, das gilt vor allem für Wutz, die mit unterschiedlichen Accessoires wie Hüten[19] oder Kleidern[20] ausgestattet wird, aber auch für die Schweine auf der Insel Urwapingschu, die alle vollständig bekleidet sind.[21]

Auch die Darstellung des Urmel unterliegt in den Folgen der Erstausgabe einem Wandel, der sich nicht allein aus seinem Heranwachsen vom Baby über das Tierkind zum Jungtier im Verlauf der Handlung erklärt. Lediglich in den ersten Kapiteln des ersten Bandes wird das Urmel vom Illustrator als Tierbaby charakterisiert und selbst dort entsprechen nur einige wenige Abbildungen den Merkmalen des Kindchenschemas.[22] Ebenso wie die ande-

19 Max Kruse: *Urmels toller Traum*. Reutlingen: Ensslin & Laiblin 1974, S. 38.

20 Ebd., z. B. S. 13 und S. 113.

21 Ebd., S. 64; S. 71; S. 77.

22 Kruse: *Urmel aus dem Eis* [Anm. 15], S. 37; S. 38; S. 40; S. 43; S. 65.

Abb. 5: Aus: *Urmel spielt im Schloß*, 1972, S. 43.

ren Tiere ist das Urmel trotz seiner Jugend, seiner kindlichen Verhaltensweisen und des drolligen Körperbaus mit kleinen Beinchen und Stummmelflügeln als durchaus ernstzunehmendes, mit seinem kräftigen Schwanz sogar latent gefährliches Tier gestaltet, das bald größer ist als seine Pflegerin Wutz[23] oder der Professor (siehe Abb. 4).

Im zweiten Band, der in der Qualität seiner Illustrationen dem ersten nicht ebenbürtig ist, überragt das Urmel, das immer noch ein sehr junges Tier sein soll, die anderen Tiere deutlich.[24] Hölle vermeidet damit die permanente Verniedlichung der Titelfigur, die dem vielschichtigen Charakter von Urmel, das liebenswürdig, aber auch hinterhältig und berechnend sein kann,[25] nicht entsprechen würde. In den späteren Bänden ist das Urmel gefälliger gestaltet (siehe Abb. 5), allerdings wird das Tier dort kaum noch in einer Ganzkörperdarstellung gezeigt, meist ist nur der Kopf mit dem

23 Ebd., S. 126/127.

24 Max Kruse: *Urmel fliegt ins All.* Reutlingen: Ensslin & Laiblin 1969, S. 20/21.

25 Ebd., S. 9.

inzwischen breiter und runder ausgeführten Maul und den großen Kulleraugen zu sehen. Im letzten Band *Urmel wird ein Star* ist Urmel lediglich auf dem Cover als Ganzfigur abgebildet.

Lizenzdrucke der von Erich Hölle illustrierten Originalausgabe

Der Erfolg der Urmel-Serie manifestierte sich auch in zahlreichen Lizenzausgaben, die teilweise als Taschenbücher erschienen. Zunächst wurden vom Deutschen Bücherbund 1971 der erste Band sowie von der Büchergilde Gutenberg Band eins (1971) und Band zwei (1972) mit den unverändert übernommenen Illustrationen von Erich Hölle verlegt. Von 1972 bis 1975 wurden die ersten vier Bände der Serie als *bt Kinder-Taschenbuch* im Benzinger Verlag veröffentlicht. Hier wurde die Zahl der Illustrationen gegenüber der originalen Hardcover-Ausgabe deutlich reduziert. Alle doppelseitigen und sonstigen Illustrationen innerhalb der Kapitel sind entfallen, lediglich zu Beginn jedes Kapitels wurde über dem Text eine Illustration abgedruckt. Aber ebenso wie die Kapitelüberschriften reduziert und teilweise umformuliert wurden, erhielten auch viele Abbildungen eine andere Zuordnung oder wurden gekontert. So ist im Band *Urmel aus dem Eis* anstelle der Landschaftsdarstellung mit dem Blockhaus am Anfang des dritten Kapitels[26] im Taschenbuch der Vogel Schusch dargestellt[27], eine Abbildung, die in der Hardcoverausgabe erst auf S. 95 gezeigt wird, und die doppelseitige Zeichnung von Wutz in der Schlummertonne im Hardcover[28] wird im Taschenbuch auf eine viertelseitige Kapitelillustration verkleinert und gekontert[29]. Insgesamt geht die Reduzierung der Abbildungen vor allem zu Lasten der Menschen- und Landschaftsdarstellungen. Der Einfallsreichtum des Illustrators Erich Hölle und seine souveräne Seitengestaltung sind anhand der *bt-Taschenbücher* nicht zu erkennen.

Von 1976 bis 1982 wurden die Bände eins bis sechs in der Reihe *dtv junior* publiziert, von denen jeweils zahlreiche Nachauflagen erschienen.

26 Kruse: *Urmel aus dem Eis* [Anm. 15], S. 21.
27 Max Kruse: *Urmel aus dem Eis*. Zürich: Benzinger 1972, S. 20.
28 Kruse: *Urmel aus dem Eis* [Anm. 15], S. 18/19.
29 Kruse: *Urmel aus dem Eis* [Anm. 28], S. 13.

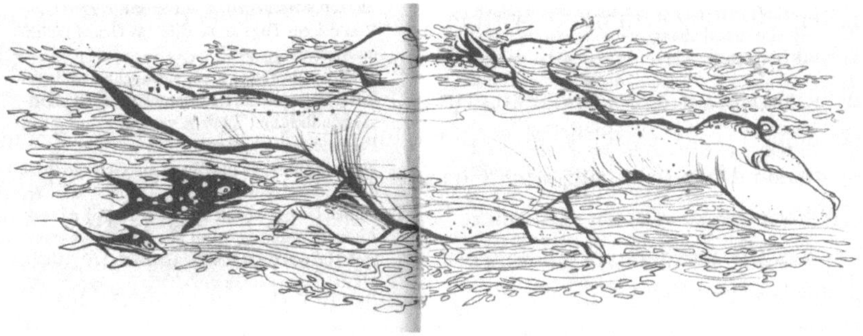

Abb. 6: Aus: *Urmel taucht ins Meer.* München: dtv 1977, S. 16/17.

Auch hier musste dem Charakter des Taschenbuchs entsprechend die Zahl der Illustrationen verringert werden, allerdings geschah das behutsamer als bei den Benzinger-Ausgaben. Neben den Abbildungen am Kapitelanfang wurden einige Textillustrationen übernommen, darunter – für Taschenbuchausgaben eher ungewöhnlich – sogar eine Auswahl der doppelseitigen Darstellungen (siehe Abb. 6).[30]

Mitte der 1990er Jahre wurde die *Urmel*-Serie vom Thienemann-Verlag übernommen, in dem zu dieser Zeit bereits die *Schnurfe*-Bände von Max Kruse mit Illustrationen von Erich Hölle erschienen waren. Bei den 1995 und 1996 veröffentlichten neun Folgen handelt es sich im Wesentlichen um Nachdrucke der Ausgaben von Ensslin & Laiblin, allerdings wurden sowohl bei der Typographie als auch bei den Illustrationen Veränderungen vorgenommen. Dabei kann man davon ausgehen, dass diese Änderungen in enger Abstimmung mit Erich Hölle erfolgten, der lt. Impressum für die Gesamtausstattung verantwortlich war. Anstelle der serifenlosen Schrift in der Originalausgabe wurde Times verwendet; die Coverillustrationen wurden mit geringfügigen Abwandlungen der Schrift und unwesentlichen Korrekturen an den Zeichnungen wieder verwendet. Da die Thienemann-Bände gegenüber der Originalausgabe rd. 30 Seiten kürzer sind, mussten Illustrationen teilweise anders platziert bzw. verkleinert werden. Die Änderungen erfolgten so vorsichtig, dass sie erst bei einem direkten Vergleich der Ausgaben deutlich werden. Dennoch haben die Eingriffe, die aus praktischen (nicht aus ästhetischen) Gründen geschahen, zu einigen Einbußen bei der

30 Z. B. Max Kruse: *Urmel taucht ins Meer.* München: dtv 1977, S. 16/17 und 80/81.

Seitenaufteilung geführt. So wird in *Urmels toller Traum* die Darstellung der Schweinestadt, die sich auf einer Doppelseite von der unteren linken Seite diagonal bis zur oberen rechten erstreckt[31] in der Thienemann-Ausgabe stark verkleinert und einseitig über die Kapitelüberschrift gestellt.[32] Trotzdem bleibt auch im Neudruck der Charme der Illustrationen von Erich Hölle erhalten, die zu diesem Zeitpunkt bereits mehr als zwanzig Jahre alt waren. Die Folgen wurden später teilweise zu Sammelbänden zusammengefasst,[33] außerdem erschienen in Lizenz Taschenbücher der *Urmel*-Serie im Omnibus-Verlag als *Thienemann Taschenbuch bei Omnibus.*

Die Neuillustration der Urmel-Serie für den Franz Schneider Verlag

Ab 1987 brachte der Franz Schneider Verlag in München Ausgaben der *Urmel*-Serie in unterschiedlichen Editionen heraus. Neben einer Ausgabe mit einem durchschnittlichen Umfang von ca. 120 Seiten und Schwarz-Weiß-Abbildungen, deren Texte zwar verändert und überarbeitet wurden, aber zumindest weitgehend denen der Originalausgabe ähneln, erschienen auch erheblich gekürzte, teilweise farbig illustrierte Neufassungen von rd. 60 Seiten pro Band, parallel in Schreibschrift mit dem Zusatz «neu erzählt für Erstleser» und im Großdruck «neu erzählt für jüngste Leser». Bei diesen Ausgaben wurden auch mehrere Titel verändert, so heißt bspw. der erste Band *Urmel kommt zur Welt*, der zweite *Urmel auf dem Mond* und der dritte *Urmel in der See.* Die Schneider-Bände wurden von Erich Hölle komplett neu illustriert.

Dabei wurde der Stil der Illustrationen so umfassend verändert, dass kaum erkennbar ist, dass die Ausstattung vom selben Künstler stammt. Während für die Abbildungen der Erstausgabe kräftige Konturen und kantige Striche charakteristisch waren, zeichnete Hölle nun runde und weiche Umrisslinien in lockerem Duktus. Die Illustrationen, die sich an jüngere Kinder richten, sind möglichst spannungsarm konzipiert, Gefahren-

31 Kruse: *Urmels toller Traum.* [Anm. 19], S. 72/73.

32 Max Kruse: *Urmels toller Traum.* Stuttgart; Wien: Thienemann, 1996, S. 58.

33 Z. B. Max Kruse: *Das dicke Urmelbuch.* Stuttgart; Wien: Thienemann 2011.

Abb. 7: Aus: *Urmel zieht zum Pol*, Schneider-Buch, 1988, Titel.

oder Konfliktsituationen werden in den Abbildungen weitgehend ausgespart oder neutralisiert. Auch die Darstellung der handelnden Figuren ist gegenüber der Originalausgabe deutlich verändert (siehe Abb. 7).

Das betrifft in erster Linie das Urmel selbst, das einen gedrungeneren, «knuffigen» Körperbau mit kürzerem Schwanz erhält und bei dem die Vorder- und Hinterpfoten menschlichen Händen und Füßen ähneln (siehe Abb. 8 und 9). Damit wird der Charakter eines Fantasiewesens stärker hervorgehoben, zugleich wirkt das Urmel menschenähnlicher, kindlicher und harmloser.

Auch die anderen Tiere haben ihre animalischen Eigenschaften weitgehend verloren, sie bewegen sich überwiegend aufrecht auf zwei Beinen und tragen in vielen Abbildungen Kleidungsstücke. Aus dem in den früheren Illustrationen stets mit Anzug und Weste sehr korrekt gekleideten Professor Tibatong, der als Herr mittleren Alters dargestellt wurde, ist ein freundlicher alter Mann mit weißen Haaren und Bart geworden, der Pantoffeln an den Füßen trägt und legere Garderobe bevorzugt. Die Bände sind wesentlich

Abb. 8: Aus: *Urmel zieht zum Pol*, Thienemann, 1995, S. 51.

Abb. 9: Aus: *Urmel zieht zum Pol*, Schneider-Buch, 1988, S. 92.

sparsamer illustriert, neben den Bildern zu Beginn jedes Kapitels wurden nur wenige weitere Abbildungen in den Text eingestreut.

Die für Erstleser adaptierten Ausgaben sind dagegen reich bebildert, etwa die Hälfte der Illustrationen sind farbig. Der Einsatz von Farbabbildungen ist eine wesentliche Neuerung dieser Schneider-Ausgaben, da bisher lediglich die Buchcover farbig gestaltet wurden. Für diese Bände fertigte Erich Hölle nochmals neue Illustrationen an, die sich stilistisch aber nicht grundsätzlich von denen der anderen Schneider-Edition unterscheiden. Bei den Schwarz-Weiß-Abbildungen wurden nun die Binnenflächen in Grautö-

Abb. 10: Aus: *Urmel im Vulkan*, Schneider-Buch, 1988, S. 15.

nen laviert, die Farbillustrationen sind in kräftigen Farben aquarelliert. Trotz aller Unterschiedlichkeit werden einige Motive der Erstdrucke in den Ausgaben für Erstleser wiederverwendet und in die neu gefundene Bildsprache «übersetzt». Dazu gehört die Darstellung, in der Wutz das Urmel in der Hängematte schaukelt.[34] Auch in *Urmel kommt zu Welt* ist diese Szene gestaltet, hier als Farbabbildung mit einer auf der linken unteren Seite sitzenden Wutz und der über dem Text auf der rechten Seite schwebenden Hängematte.[35]

Mit seiner Neuillustration der *Urmel*-Folgen hat Erich Hölle eine völlig neue Interpretation für eine jüngere Altersgruppe geschaffen, die sich stärker der von einem freundlichen Humor getragenen Stimmung des Marionettenspiels der Augsburger Puppenkiste annähert. Die tierischen Protagonisten haben alles Tierhafte eingebüßt und ähneln Spielzeugfiguren. Während die Abbildungen der Erstausgabe eher den Charakter der Abenteuererzählung betonen, in denen bedrohliche Situationen auch im Bild eingefangen werden, wurden alle Darstellungen, die Ängste bei Kindern auslösen könnten, in den neuen Illustrationen bewusst ausgespart.

Trotz dieser Verharmlosung gelang Hölle eine überzeugende, modernisierte und an den Zeichenstil der späten 1980er Jahre angepasste Neugestaltung (siehe Abb. 10). Damit belegen die detailreich gestalteten Abbildungen

34 Kruse: *Urmel aus dem Eis* [Anm. 15], S. 44/45.

35 Max Kruse: *Urmel kommt zur Welt.* München: Schneider 1987, S. 44/45.

der Schneider-Editionen ebenso wie die Federzeichnungen der Erstausgabe die Vielseitigkeit und das hohe handwerkliche Niveau von Erich Hölle, dem es in beiden Fällen gelang, seine Gestaltung nuanciert auf den Charakter der Texte resp. auf die jeweilige Zielgruppe abzustimmen.

Neuillustration der Urmel-Bände durch andere Illustratoren

Nach dem Tod von Erich Hölle haben auch andere Künstlerinnen und Künstler die Geschichten vom Urmel illustriert. Mitte der 1990er Jahre erschienen im Ravensburger Buchverlag fünf Bilderbücher, nacherzählt von Christian Matzerath mit Illustrationen von Laurie Sartin.[36] Dem Charakter des Bilderbuchs entsprechend, werden – im Vergleich zu Hölles Illustrationen – häufiger Landschaftspanoramen und Interieurs dargestellt. So wird in dem Band *Urmel hat Geburtstag* auf der ersten Doppelseite die Insel Titiwu aus der Vogelperspektive gezeigt. Auf die ursprünglichen Urheber wird im Titelzusatz mit dem Vermerk «Nach den Geschichten von Max Kruse und den Illustrationen von Erich Hölle» hingewiesen. Allerdings haben die Bilder von Laurie Sartin mit ihrer comicähnlichen Figurenzeichnung keine Ähnlichkeit mit den Illustrationen von Erich Hölle. Vor allem das Urmel hat sich bis zur Unkenntlichkeit verändert: Aus dem kleinen, grünen Saurier ist ein reines Fantasiewesen geworden, das keiner Tierart zuzuordnen ist, seine Flügelstummel eingebüßt hat und auch nicht grün ist, sondern grau.

Mehrere Jahre nach dem Tod von Erich Hölle wurde die *Urmel*-Serie von Max Kruse mit drei weiteren Folgen fortgesetzt, 1999 erschien bei Thienemann der zehnte Band *Urmels Lichterbaum im Eismeer*, 2000 mit *Urmel fährt Ballon* der elfte und 2013 schrieb Kruse im Alter von 91 Jahren den zwölften *Urmel*-Band *Urmel saust durch die Zeit*, der unter Mitarbeit von Michael Schmidt-Salomon entstand. Die Illustrationen zu Folge zehn und elf stammen von Roman Lang, die zum letzten Band *Urmel saust durch*

36 Christian Matzerath; Laurie Sartin: *Urmel macht Geschichten*. Ravensburg: Ravensburger 1996. Dies.: *Urmel und das Geheimnis der Blume*. Ravensburg: Ravensburger, 1996. Dies.: *Urmel hat Geburtstag*. Ravensburg: Ravensburger 1996. Dies.: *Urmel allein auf hoher See*. Ravensburg: Ravensburger 1996. Dies.: *Urmel auf dem Piratenschiff*. Ravensburg: Ravensburger 1996.

Abb. 11: Aus: *Urmels Lichterbaum im Eismeer*, Ill. Roman Lang, 1999, S. 51.

die Zeit von Günther Jakobs. Die Illustrationen von Roman Lang knüpfen unmittelbar an die frühen Zeichnungen von Erich Hölle mit den kräftigen Umrisslinien und deutlichen Schwarz-Weiß-Kontrasten an. Die Charakterisierung der Figuren wurde ebenfalls aus den frühen Hölle-Darstellungen übernommen. Lang kehrt nach den stärker anthropomorphen Tierfiguren in den Schneider-Ausgaben wieder zu Illustrationen zurück, in denen die Tiere als solche agieren. So wird auch auf die Bekleidung der Tiere – mit Ausnahme der Schürze von Wutz – verzichtet (siehe Abb. 11).

Professor Tibatong ist wieder der korrekt gekleidete Wissenschaftler mit Anzug und Weste, allerdings wird er etwas jünger dargestellt. Die Seitengestaltung ist gegenüber den von Hölle illustrierten Bänden stark vereinfacht. Beibehalten wurden die Abbildungen am Kapitelanfang. Während diese aber bei Hölle in einen Dialog mit der Schrift treten, steht nun die Abbildung durchgängig und relativ statisch unmittelbar über der Kapitelüberschrift. Auch die Bilder innerhalb der Kapitel sind ausschließlich auf einer Seite und

Abb. 12: Aus: *Urmel fährt Ballon,* Ill. Roman Lang, 2000, Vorsatz.

stets über dem Textblock eingefügt, auf kreativere Lösungen, wie die diagonale Anordnung von Illustrationen über eine Doppelseite hinweg oder unterhalb der Texte wurde verzichtet. Damit werden einerseits bewusst Gestaltungsmittel von Hölle übernommen, die wie eine direkte Fortsetzung seiner Arbeiten wirken (siehe Abb. 12), andererseits werden seine fantasievollen Bildideen und die souveräne Verbindung von Bild und Text nicht adäquat weitergeführt.

Deutlich origineller ist Roman Lang bei der Gestaltung der Bilderbuchausgaben zur *Urmel*-Serie bei Thienemann.[37] Hier kann er mehr Eigenständigkeit als in den Erzählungsbänden entwickeln und seine eigene Handschrift zeigen.[38] Allein die Tatsache, dass es sich um großformatige Farbillustratio-

37 Max Kruse: *Urmel schlüpft aus dem Ei.* Stuttgart; Wien: Thienemann 2005. Ders.: *Urmel und die Schweinefee.* Stuttgart; Wien: Thienemann 2006. Ders.: *Urmel ist ein Schatz.* Stuttgart; Wien: Thienemann 2008.

38 Trotzdem werden seine Arbeiten in beiden Veröffentlichungsformen eng an den Namen von Erich Hölle gekoppelt, im Impressum der Erzählungsbände heißt es: «Mit Bildern von Roman Lang nach Originalen von Erich Hölle», die Formulierung bei den

nen handelt, zu denen auch Landschaftspanoramen gehören, die bei Hölle in dieser Form nicht vorkommen, machen einen deutlichen Unterschied zum Vorgänger. Während Lang bei den Schwarz-Weiß-Abbildungen geradezu demonstrativ den Linienduktus von Hölle aus den 1960er und 1970er Jahren aufgreift, sind seine Striche in den Farbillustrationen deutlich schwungvoller und dynamischer. Lang wählt teilweise ungewöhnliche Perspektiven und setzt Elemente wie Denkblasen aus der Comicgestaltung ein. Die Figurendarstellung basiert zwar grundsätzlich auf den Ideen von Erich Hölle, aber auch die Protagonisten, die auf den Vorsätzen in Form einer Porträtgalerie vorgestellt werden, sind einer Verjüngungskur unterzogen worden und wirken moderner. Während in den beiden Erzählungsbänden überdeutlich die Nähe zu den Illustrationen von Erich Hölle gesucht wird, gelingt mit den Bilderbüchern die Verbindung der von Hölle entworfenen Figuren mit einer zeitgemäßen Gestaltung.

Das letzte von Max Kruse verfasste *Urmel*-Abenteuer *Urmel saust durch die Zeit*[39] wurde von Günther Jakobs illustriert, der auch die Nachfolge von Roman Lang bei den im Thienemann-Verlag erschienenen Bilderbuchausgaben übernommen hat.[40] Gegenüber den bewusst epigonal gestalteten Zeichnungen von Roman Lang weisen die Bilder von Jakobs nur wenig Ähnlichkeit mit den Hölle-Originalen auf. Mit diesem Band wurde eine Urmel-Folge erstmals durchgängig farbig illustriert.[41] Bei Jakobs erfolgt eine deutliche Veränderung der Figuren, obwohl auch hier im Impressum der Hinweis «nach den Figuren von Erich Hölle» gemacht wird. Professor Tibatong ist zwar weiterhin mit dunklen Haaren, Bart und Brille ausgestattet, trägt aber anstelle des konservativen Anzugs mit Weste einen legeren Blazer und Ringel-T-Shirts. Die größte Veränderung wurde bei der Urmel-Figur vorgenommen. Der junge Saurier ist deutlich gedrungener, die Schnauze ist noch

Bilderbüchern lautet: «Mit neuen Bildern von Roman Lang nach den Originalen von Erich Hölle».

39 Max Kruse: Urmel saust durch die Zeit. Stuttgart; Wien: Thienemann 2013.

40 Vgl. dazu die bibliographischen Angaben bei Kiener: Die Urmel-Serie von Max Kruse [Anm. 12], S. 21–24.

41 Bei den Ausgaben, die im Schneider-Verlag mit farbigen Illustrationen für Erstleser erschienen, handelt es sich um deutlich gekürzte Texte, außerdem enthalten diese sowohl farbige als auch schwarz-weiße Abbildungen.

Abb. 13: Aus: *Urmel saust durch die Zeit*, 2013, Ill. Günther Jakobs, S. 147.

runder geworden und das Tier wird im Verhältnis zu den anderen Figuren wesentlich kleiner dargestellt (siehe Abb. 13). Während Urmel bei Hölle und Lang (mit Ausnahme der Bilder seiner Baby-Phase) die anderen Tiere und sogar den Professor überragte,[42] wird es nun kleiner als Tim Tintenklecks abgebildet und ist damit als Saurierkind zu identifizieren.[43]

Anders als die anderen *Urmel*-Geschichten, enthält *Urmel saust durch die Zeit* Elemente der Geschichtserzählung. Diese werden durch die Gestaltung von Jakobs hervorgehoben, indem der Illustrator Kruses Fantasiefiguren mit ausgestorbenen Tierarten konfrontiert, wie in der Begegnung von Urmel mit dem Tyrannosaurus Rex.[44] Jakobs kombiniert die fiktiven Bildelemente mit Abbildungen vergangener Epochen, die den Charakter typischer Sach-

42 Kruse: *Urmel aus dem Eis* [Anm. 15], Vorsatz.

43 Kruse: *Urmel saust durch die Zeit* [Anm. 33], S. 58.

44 Ebd., S. 48/49 und 50/51.

buchillustrationen haben.[45] Damit wird die Begegnung zweier Welten – der modernen und der vergangenen bzw. der erfunden und der wirklichen – unmittelbar aus den Bildern erfahrbar.[46] Der Duktus seiner Illustrationen unterscheidet sich zwar deutlich von dem Erich Hölles, andererseits greift Jakobs charakteristische Merkmale der Bild-Text-Verbindung von Hölle auf, wie die abwechslungsreiche Einbindung von Zeichnungen in die Textblöcke oder die diagonale Anordnung von Bildern auf einer Doppelseite.[47] So wurden in den Erzählungen der *Urmel*-Serie, die nach dem Tod von Erich Hölle entstanden, von den Illustratoren unterschiedliche Anknüpfungspunkte gefunden, mit denen sie dem Gestalter der Erstausgaben ihre Reverenz erweisen.

Lord Schmetterhemd

Nach dem großen Erfolg der *Urmel*-Bände wurde die Zusammenarbeit von Max Kruse und Erich Hölle mit drei weiteren mehrbändigen Kinderbüchern fortgesetzt, die hier ebenfalls kurz vorgestellt werden sollen. Parallel zu den letzten *Urmel*-Bänden bei Ensslin & Laiblin wurde im Hoch-Verlag in Düsseldorf die dreibändige Serie über *Lord Schmetterhemd*[48] herausgegeben, die ebenfalls von Erich Hölle illustriert wurde. Die Erzählungen sind für ein Lesealter ab ca. neun Jahren konzipiert und mit Schwarz-Weiß-Abbildungen ausgestattet.

Die Bände, die sich damit an eine etwas höhere Altersgruppe wenden, sind im Vergleich zur *Urmel*-Serie sparsamer bebildert, durchschnittlich befindet sich auf jeder dritten Doppelseite eine Illustration. Die Abbildungen wurden überwiegend auf einer Seite jeweils ober- oder unterhalb der Texte eingefügt. Doppelseitige Illustrationen wurden selten verwendet, Band eins enthält eine doppelseitige Textabbildung, drei sind im zweiten Band vorhanden und vier im dritten. Darunter sind erneut – als charakteristisches

45 Ebd., S. 78; S. 83; S. 105.

46 Ebd. S. 100/101; S. 122/123.

47 Ebd., S. 52/53.

48 Max Kruse: *Lord Schmetterhemd. Besuch aus dem Jenseits.* Düsseldorf: Hoch 1974. Ders.: *Lord Schmetterhemd. Der tödliche Colt.* Düsseldorf: Hoch 1975. Ders.: *Lord Schmetterhemd. Der Geist des großen Büffels.* Düsseldorf: Hoch 1976.

Abb. 14: Aus: *Lord Schmetterhemd. Besuch aus dem Jenseits*, 1974, Vorsatz.

Abb. 15: Aus: *Lord Schnetterhemd. Der Tödliche Colt*, 1975, Vorsatz.

Gestaltungsmittel von Erich Hölle – diagonal über zwei Seiten verteilte und miteinander verbundene Bildabschnitte zu finden.[49] Eine Einführung in die Erzählungen wird mit den ebenfalls als doppelseitige Illustrationen angelegten Vorsätzen zu den drei Bänden gegeben, die jeweils zentrale Szenen der Geschichten aufgreifen (siehe Abb. 14 und 15). Zu Beginn des ersten Bandes werden außerdem die beiden wichtigsten Protagonisten, Lord Mac Shnatterman und sein Butler Cookie Pott in gerahmten Porträts wie in einer Ahnengalerie vorgestellt. Entsprechend dem Charakter der Erzählung, einer Mischung aus Westernparodie und Gespenstergeschichte, sind die Abbildungen im ersten Band teilweise düster und unheimlich, wenn bspw. aus dem Dunkel des Zimmers Spukgestalten erscheinen,[50] gleichzeitig verleiht Erich Hölle den Geistern aber auch karikierende Züge[51] und hebt damit die bedrohliche Wirkung wieder auf. Die Umrisslinien sind schwungvoll gezeichnet und unterstreichen mit der lockeren Strichführung den humorvollen Grundton der Erzählung. Im dritten Band, in dem die gemeinsamen Abenteuer mit einem «Indianerstamm» im Mittelpunkt stehen, wandelt sich der Zeichenduktus nochmals, die Linien sind kräftiger und spröder. Die Gesichter werden hier stärker stilisiert und durch die damit verbundene Hervorhebung phänotypischer Merkmale deutlicher persifliert.

Die Darstellungen konzentrieren sich vor allem auf die Personen; Landschaften und Interieurs werden nur in wenigen Bildern resp. Bildausschnitten gezeigt. Damit werden Ort, Epoche sowie ethnische und soziale Herkunft der Figuren vorrangig durch die Kleidung imaginiert. Der Lord trägt stets Gehrock, Weste, Querbinder und Zylinder, die weißen Amerikaner werden mit Westernhüten und Halstüchern ausgestattet, die Indianer als «edle Wilde» mit langen Haaren und Federschmuck. Diese stereotype Darstellung indigener Nordamerikaner war zur Zeit der Erstpublikation der Texte durchaus verbreitet und knüpfte an die Verfilmungen der Karl-May-Romane aus den 1960er Jahren an. Sie muss aber heute ungeachtet der

49 Max Kruse: *Lord Schmetterhemd. Besuch aus dem Jenseits.* Düsseldorf: Hoch 1974, S. 84/85; dass.: *Der Geist des großen Büffels.* Düsseldorf: Hoch 1976, S. S. 36/37 und S. 114/115.

50 Max Kruse: *Lord Schmetterhemd. Besuch aus dem Jenseits.* Düsseldorf: Hoch 1974, S. 13.

51 Ebd., S. 39; S. 40.

parodierenden Tendenz der *Lord-Schmetterhemd*-Bücher als klischeehaft bewertet werden.[52]

Auch die *Lord-Schmetterhemd*-Serie wurde von der Augsburger Puppenkiste aufgeführt und vom Hessischen Rundfunk in der Regie von Manfred Jenning aufgezeichnet. Da der erste Band in zwei Folgen aufgeteilt wurde, umfasste die Fernsehserie vier Folgen, die am 2., 9., 16. und am 23. Dezember 1979 erstmals im Fernsehen ausgestrahlt wurden.[53]

Nachdrucke mit den Illustrationen von Erich Hölle erschienen im Otto Maier Verlag in Ravensburg[54] sowie als Doppelband mit den ersten beiden Folgen bei Bertelsmann,[55] wobei nicht alle Illustrationen übernommen und die abgedruckten teilweise gekontert wurden.[56] 2001 wurde bei Thienemann ein Sammelband mit allen drei Folgen verlegt.[57] Zwar wurden erneut die alten Illustrationen von Erich Hölle übernommen, in der Anzahl aber nochmals deutlich reduziert. Der farbige Einband wurde von Roman Lang neu gestaltet, als Vorsatz wurde die Vorlage von Erich Hölle aus Band drei verwendet, aber farbig ausgeführt.

Die *Schnurfe*-Bände

Mitte der 1970er Jahre, in der fruchtbarsten Phase der Zusammenarbeit von Max Kruse und Erich Hölle entstanden auch die beiden *Schnurfe*-Bücher *Die Schnurfe in der goldenen Stadt*[58] und *Die Schnurfe bauen sich ein Haus.*[59] Für die trotz der zugrundeliegenden Außenseiterproblematik humorvoll erzähl-

52 Max Kruse: *Lord Schmetterhemd. Der Geist des großen Büffels.* Düsseldorf: Hoch 1976, Coverillustration; S. 62; S. 93.

53 https://www.fernsehserien.de/lord-schmetterhemd/episodenguide (13.03.2021).

54 Max Kruse: *Lord Schmetterhemd. Besuch aus dem Jenseits.* Ravensburg: Maier 1979. Ders.: *Lord Schmetterhemd. Der tödliche Colt.* Ravensburg: Maier 1979. Ders.: *Lord Schmetterhemd. Der Geist des Großen Büffels.* Ravensburg: Maier 1979.

55 Max Kruse: *Lord Schmetterhemd im wilden Westen.* Gütersloh: Bertelsmann 1979.

56 Ebd., S. 21.

57 Max Kruse. *Lord Schmetterhemd. Spuk im Wilden Westen.* Stuttgart; Wien: Thienemann 2001.

58 Max Kruse: *Die Schnurfe in der goldenen Stadt.* Stuttgart: Thienemann 1975.

59 Max Kruse: *Die Schnurfe bauen sich ein Haus.* Stuttgart: Thienemann 1977.

Abb. 16: Aus: *Die Schnurfe in der goldenen Stadt*, 1975, S. 146.

ten Geschichten, die Elemente der Road-Novel aufweisen, hat Erich Hölle eine Fülle fantastischer Figuren geschaffen, die sowohl tierische als auch menschliche Erscheinungsmerkmale verbinden. Er folgt damit dem Autor, der zu Beginn des ersten Bandes darauf hinweist, dass es bei den Geschöpfen auf dem Planeten Orbe «nicht denselben großen Unterschied zwischen Mensch und Tier» gibt.[60] Hiroglifus Schnurf, seine Frau Tuttchen und ihr im 22. Kapitel des ersten Bandes geborener Sohn Klein-Schnurf sind liebenswerte, herzliche und friedfertige Wesen, die von Hölle mit runden Körpern und Köpfen, starkem Haarwuchs und dem bei Kruse als Greifnase bezeichneten Rüssel dargestellt werden (siehe Abb. 16).

Daneben entwirft Hölle für die unterschiedlichen Bevölkerungsgruppen enten-, mops- biber- und schafsartige Physiognomien. Als erfahrenem Porträtmaler und Karikaturisten gelingt es Hölle überzeugend, die Emotio-

60 Kruse: *Die Schnurfe in der goldenen Stadt* [Anm. 60], S. 11.

Abb. 17: Aus: *Die Schnurfe bauen sich ein Haus*, 1977, S. 10.

nen der unterschiedlichen Figuren in wenigen Strichen einzufangen und damit menschliche Verhaltensweisen zu parodieren (siehe Abb. 17).[61]

Erich Hölle war bei den *Schnurfe*-Bänden nicht nur als Illustrator tätig, sondern für die Gesamtausstattung zuständig. Die zierliche und gut lesbare Garamond Antiqua verbindet sich harmonisch mit den vergleichsweise zarten Schwarz-Weiß-Abbildungen, die als Umrisslinien mit überwiegend sparsamer Binnengliederung ausgeführt wurden. Bei der Anordnung der Illustrationen im Fließtext werden wieder die für Hölle typischen Stilmittel eingesetzt, wie diagonale Gliederung von Doppelseiten[62] und Figuren, die sich auf den Bildrand der rechten Seite zubewegen und sich aus ihm zu entfernen scheinen.

Mit den *Schnurfe*-Büchern konnten Kruse und Hölle nicht an den Erfolg der *Urmel*-Serie anknüpfen. Der Titel wurde weder in Lizenz nachgedruckt noch verfilmt. Allerdings wurde unter der bewährten Regie von Manfred Jenning ein Hörspiel produziert, für das die Tonaufnahmen vom 8. bis zum 10. Mai 1976 bei der Trixi-Tonstudio GmbH in München stattfanden.[63]

61 Max Kruse: *Die Schnurfe bauen sich ein Haus* [Anm. 61], S. 37; S. 47.

62 Kruse: *Die Schnurfe in der goldenen Stadt* [Anm. 60], S. 98/99; S. 159.

63 https://www.stars-an-faeden.de/apkchronik/proddet.php?prod_id=663 (15.03.2021).

Kasper Lari

Parallel zur Arbeit am dritten Band von *Lord Schmetterhemd* und vor dem Erscheinen von *Die Schnurfe bauen sich ein Haus* wurde mit der *Kasper-Lari*-Serie ein weiteres gemeinsames Projekt von Max Kruse und Erich Hölle in Angriff genommen. Insgesamt erschienen fünf Bände, davon zwei im Loewe-Verlag[64] und drei weitere Folgen im Schneider-Verlag.[65] Auch diese Serie wurde von Erich Hölle mit schwarz-weißen Zeichnungen illustriert, lediglich die Coverabbildungen sind farbig ausgeführt. Lari wird von Hölle als junger Mann porträtiert, dessen charakteristisches Merkmal seine große Nase ist, die seine Herkunft als Kasperpuppe deutlich macht.

Auf den Covern der Loewe-Ausgaben wird er mit struppigen braunen, bei den Schneider-Bänden mit roten Haaren dargestellt, dabei trägt er stets die typische Narrenkappe mit Schellen. Neben viertel- und halbseitigen Abbildungen wurden in die beiden bei Loewe erschienenen Bände auch ganzseitige Abbildungen aufgenommen, welche die Seitengestaltung noch abwechslungsreicher machen (siehe Abb. 18). Die heitere Grundstimmung der Kasper-Geschichten von Kruse wird von Erich Hölle mit leichten, teilweise skizzenhaft wirkenden Zeichnungen aufgegriffen. Ganzdarstellungen wechseln mit Abbildungen, in denen die Figuren angeschnitten gezeigt werden. Besonders interessant ist die Bildarchitektur in den Loewe-Bänden mit zahlreichen Diagonalen, die visuelle Spannungen erzeugen.[66] Für die Schneider-Ausgaben hat Hölle erneut den Stil seiner Illustrationen verändert, die nun deutlichere Schwarz-Weiß-Kontraste aufweisen. Die Innenabbildungen sind sämtlich in den Text eingefügt, umfassen dabei aber teilweise mehr als eine halbe Seite.

Auch die *Lari*-Folgen gehören nicht zu den besonders erfolgreichen Produktionen des Duos Max Kruse/Erich Hölle, offenbar entsprachen die

---

64 Max Kruse: *Kasper Laris neue Kleider*. Bayreuth: Loewe 1976; ders.: *Kasper Lari in der Klemme*. Bayreuth: Loewe 1976.

65 Max Kruse: *Kasper Laris Abenteuer. Die Zaubertaube*. München: Franz Schneider Verlag 1979; ders.: *Kasper Laris Abenteuer. Die Räuberbande*. München: Franz Schneider Verlag 1980; *Kasper Laris Abenteuer. Das Spukschloß*. München: Franz Schneider Verlag 1981.

66 Max Kruse: *Kasper Lari in der Klemme*. Bayreuth: Loewe 1976, S. 24; S. 34/35; S. 89; S. 108.

Abb. 18: Aus: *Kaspar Laris neue Kleider*, 1976, S. 48.

Kasper-Geschichten nicht mehr dem Geschmack der Zeit. Eine niederländische Ausgabe des ersten Bandes mit den Illustrationen von Erich Hölle erschien 1980.[67] Außerdem wurde 1990 bei Schneider ein Sammelband mit Illustrationen von Ingrid Kellner herausgegeben,[68] 2007 erschien in Wiesbaden eine Lizenzausgabe dieses Buchs unter dem Titel *Die Abenteuer des*

67 Max Kruse: *De nieuwe kleren van Jan Klaassen*. Den Haag: Omniboek 1980.

68 Max Kruse: *Die schönsten Geschichten vom Kasper Lari*. München: Franz Schneider Verlag 1990.

Kasper Lari[69], die von Karl-H. Volkmann gestaltet wurde, die aber beide, ebenso wie die 1977 ausgestrahlte Jugendserie *Kasper Laris Abenteuer*,[70] keinerlei Bezug zu den Illustrationen von Erich Hölle haben. Die Zusammenarbeit von Erich Hölle und Max Kruse fand mit der *Kasper-Lari*-Serie lediglich einen vorläufigen Abschluss, da einige Jahre später die Neueditionen der *Urmel*-Bücher im Schneider-Verlag folgten.

Mit der Figur des Urmel, die auch zum Vorbild für die Marionette der Augsburger Puppenkiste wurde, ist Erich Hölle in die Kinderbuchgeschichte eingegangen. Der beispiellose Erfolg der Urmel-Bände, die aus der Gemeinschaftsarbeit von Max Kruse und Erich Hölle hervorgingen, konnte in ihren späteren Projekten so nicht wiederholt werden. Mit den Abwandlungen und Neugestaltungen, die Hölle immer wieder am Figurenensemble der Urmel-Serie vornahm, sei es durch Modifizierungen bei den späteren Folgen der Erstausgabe oder durch die neuen Illustrationen im Schneider-Verlag, trug Hölle maßgeblich zur dauerhaften Präsenz der Serie bei, indem er die Bilder immer wieder aktualisierte und dem sich wandelnden Zeitgeschmack anpasste. Hölles Urheberschaft an den Figuren wird auch in den späteren, von anderen Künstlern gestalteten Ausgaben gewürdigt, in deren Impressen Hölle weiterhin erwähnt wird.

Erich Hölle hat neben Urmel aber auch vielen anderen von Max Kruse erfundenen Figuren Gestalt verliehen und damit die Rezeption der Kruse-Texte wesentlich geprägt. Dabei stellte Hölle seine Illustrationen stets bewusst in den Dienst der Texte, die er «zum Leben erwecken» wollte, und stimmte seinen Illustrationsstil nuanciert auf den Charakter der Geschichten ab. Als versierter, künstlerisch und handwerklich gleichermaßen befähigter Buchgestalter legte Hölle besonderen Wert auf eine abwechslungsreiche, den Lesefluss unterstützende Seitengestaltung, welche die Lektüre der von ihm verantworteten Bände zu einem besonderen Vergnügen macht.

Allerdings bilden die Arbeiten zu den Kruse-Texten nur einen kleinen Ausschnitt aus dem facettenreichen Werk, das Erich Hölle als Maler, Karikaturist und Illustrator hinterlassen hat. Mit diesem Aufsatz kann deshalb nur ein erster Beitrag zur Entdeckung eines Künstlers geleistet

69 Max Kruse: *Die Abenteuer des Kasper Lari*. Wiesbaden: Marix Verlag, 2007.

70 https://www.fernsehserien.de/kasper-laris-abenteuer (15.03.2021).

werden, dessen umfangreiches Werk eine umfassendere Analyse und Würdigung verdient.

Zwischen Stereotypie und Utopie – Orientalische Motive bei Max Kruse

Nazli Hodaie, Schwäbisch Gmünd

Eine Beschäftigung mit den orientalischen Motiven im Werk Max Kruses ist nicht denkbar ohne eine vorangestellte (kritische) Auseinandersetzung mit dem europäischen Orientbild. Zuvor muss außerdem die Thematisierung des Orients in der deutschen Kinder- und Jugendliteratur noch in den Blick genommen werden.

Ein Phantasma: Das europäische Orientbild

Begonnen sei mit einem Zitat aus einem der Kinderbücher Max Kruses:

> Und es war nun ganz seltsam, zwar war es eine Ruine und doch wieder nicht, es mußte wohl an der Geisterstunde liegen, daß sie glaubten, ein festgefügtes Gebäude zu betreten [...]. Vielleicht läßt es sich so erklären, wie wenn auf eine abgebröckelte Mauer eine Farbaufnahme des früheren glanzvollen Zustandes projiziert wird.[1]

Ähnlich verhält es sich auch mit dem Orientbild Europas, bei dem nach wie vor Projektionen eine entscheidende Rolle spielen. Es pendelt zwischen den Polen Faszinosum und Feindbild und folgt noch immer den Gesetzmäßigkeiten eines aus der Kolonialzeit stammenden hegemonialen Diskurses. Es setzt sich, einem Mosaik gleich, aus verschiedenen Bestandteilen zusammen, die verschiedenen Zeiten entstammen und die jeweils an den (politischen) Diskurs ihrer Entstehungszeit gebunden sind. So sorgten bspw. religiöse und machtpolitische Rivalitäten bis hinein ins 17. Jahrhundert für Orientbilder, die dem bedrohlichen Gegner eine religiös motivierte Obszönität und Brutalität, gepaart mit Willkür und Tyrannei, unterstellten.[2] In einem Prozess

---

1 Kruse, Max: *Löwe gut – alles gut*. Ill. v. Horst Lemke. Düsseldorf: Hoch 1969, S. 97.

2 Vgl. Pflitsch, Andreas: *Mythos Orient. Eine Entdeckungsreise*. Freiburg/Br.: Herder 2003, S. 23 u. a.

des Otherings konstruierte sich dabei das Selbstbild Europas als das positive Gegenbild des Anderen. Die negativen Vorstellungen vom triebhaften, brutalen, willkürlichen Muslim aus der europäischen Mittelalterliteratur haben hier ihren Ursprung. Die auf die Antike zurückgehende Verknüpfung des Orients mit fantastischem Reichtum und Exotik wurde so von negativen Facetten überlagert.

Eine Wende erfährt dieses düstere Bild im 17. Jahrhundert, als die osmanische Dominanz eingedämmt zu sein schien und aufklärerisches Gedankengut mit seinem Vernunft- und Toleranzprinzip sich breitmachte. Die Aufklärung trat für ein Verständnis nicht-christlicher Glaubensrichtungen ein. Ein prominenter Vertreter hierfür ist G. E. Lessing, der sich für die Aufwertung des Orients und des Islam einsetzte und gegen überlieferte Vorurteile zu Feld zog. In *Nathan der Weise*, das bis heute als ein literarisches Paradestück für religiöse Toleranz gilt, liefert er mit seiner Darstellung orientalischer Idealverhältnisse eines der frühesten Beispiele einer positiven Orientrezeption in der westlichen Literatur.[3] Dieser positiven Orientrezeption zum Trotz konnte die auf Projektionen beruhende dichotome Wahrnehmung nicht ganz überwunden werden, denn auch in der Aufklärung fungierte der Orient häufig als ein Gegenbild, mit dessen Hilfe indirekte Kritik an den heimischen Verhältnissen geübt wurde.

Einen Meilenstein in der Weiterentwicklung der europäischen Orientwahrnehmung stellten die Entdeckung, Übersetzung und Rezeption der *1001-Nacht*-Erzählungen Anfang des 18. Jahrhunderts dar. Zu den bestehenden Facetten des Luxus, der Lüsternheit, der Obszönität und der Tyrannei trat eine märchenhaft-exotische Komponente hinzu, die fortan von dem europäischen Orientbild nicht wegzudenken war.

Durch diese stereotype Wahrnehmung schrieb der Westen dem Orient zeitlose und unwandelbare Eigenschaften zu, die zu konstanten Bestandteilen der westlichen Orientwahrnehmung wurden.[4] Diese Zuschreibung wurde im 19. Jahrhundert den kolonisierten Regionen Nordafrikas sowie des Nahen und Mittleren Ostens insofern zum Verhängnis, als diese eben deshalb als

---

3 Vgl. Hodaie, Nazli: *Der Orient in der deutschen Kinder- und Jugendliteratur. Fallstudien aus drei Jahrhunderten.* Frankfurt/M.: Peter Lang 2008, S. 27 und Fick, Monika (Hrsg.): *Lessing-Handbuch. Leben – Werk – Wirkung.* Stuttgart: Metzler 2016.

4 Vgl. Hodaie: *Der Orient* [Anm. 3], S. 31.

rückständig, fortschrittsunfähig und minderwertig deklariert wurden, was nicht zuletzt als Argument für den Fortbestand der kolonialen Beherrschung herangezogen wurde. Mit Hinzutreten der Vorstellung des rückständigen und minderwertigen Orients war das Bild, das seither in verschiedenen Variationen auftaucht,[5] nun komplett.

Der Orient in der deutschen Kinder- und Jugendliteratur

Orientalische Motive gehören seit Erscheinen der ersten «morgenländischen» Erzählungen für junge Leser*innen in der Zeit der Aufklärung zum deutschen kinder- und jugendliterarischen Repertoire. Die erste *1001-Nacht*-Adaption für Kinder und Jugendliche ist jedoch erst zu Beginn des 19. Jahrhunderts erschienen. Darüber hinaus haben deutsche Autoren wie bspw. Wilhelm Hauff in ihren Märchennovellen orientalische Topoi verwandt, was ihren Werken ein exotisches Kolorit verlieh. So hielt der märchenhaft-exotische, aber auch grausam-tyrannische Orient Einzug in die deutsche Kinder- und Jugendliteratur. Die kolonialistische Perspektive trat im Laufe des 19. Jahrhunderts etwa bei Karl May hinzu.[6] Vor allem dessen Werk wird für die Etablierung einer Vorstellung des Orients als rückständig, minderwertig und zivilisationsbedürftig verantwortlich gemacht.

In dem von Karl May in seinen Reiseerzählungen erfundenen Orient manifestiert sich – abgesehen einmal dessen biographische Wurzeln[7] – sehr deutlich der (kolonial willkommene und auch forcierte) hegemoniale Diskurs, der 1978 von Edward Said als «Orientalismus»[8] definiert und kritisiert worden ist. Darunter versteht Said u. a. «eine Denkweise, die sich auf eine

5 Vgl. hierfür Hodaie, Nazli: Vom Orientalismus zur Patriarchatskritik. Selbst- und Orientwahrnehmung in der deutschen Presse. In: *Kritik des Okzidentalismus. Transdisziplinäre Beiträge zu (Neo-)Orientalismus und Geschlecht.* Hrsg. v. Gabriele Dietze, Claudia Brunner, Edith Wenzel. Bielefeld: transcript 2009, S. 127–136.

6 Vgl. Hodiae: *Der Orient* [Anm. 3], S. 134 ff.

7 Vgl. Walther, Klaus: *Karl May.* München: dtv 2002 und Wollschläger, Hans: «Die sogenannte Spaltung des menschlichen Inneren, ein Bild der Menschheitsspaltung überhaupt». In: *Karl May.* Hrsg. v. Klaus Hoffmann. Dresden: Vlg. der Kunst 1990, S. 189–256.

8 Vgl. Said, Edward W.: *Orientalism.* London: Penguin 2003.

ontologische und epistemologische Unterscheidung zwischen ‹dem Orient› und […] ‹dem Okzident› stützt»,[9] aber auch einen Diskurs, «der durch die abwertende Darstellung des [Orients] die eigene Identität profiliert und privilegiert, um imperiale Hegemonieansprüche auf die so abgegrenzte Welt zu rechtfertigen».[10] Aus der orientalistischen Perspektive erscheint der Orient «als das faszinierende Negativ des Okzidents».[11] Somit wird ein heterogener Gegenstand in eine homogene Gestalt gebracht, um ihn von dem Eigenen abzusetzen und effektiver regieren und dominieren zu können.[12]

Spuren dieser mal mehr, mal weniger abwertenden, in jedem Fall aber stereotypen Darstellung finden sich nicht selten auch noch in der deutschen Kinder- und Jugendliteratur des 20. und 21. Jahrhunderts. Dies gilt für *1001-Nacht*-Adaptionen ebenso wie für historische Abenteuerromane und ist auch in vielen realistischen kinder- und jugendliterarischen Werken zum Thema Migration und Fluch anzutreffen. In diesen wird das konstruierte Gefälle zwischen Orient und Okzident insofern aufrechterhalten, als Darstellungen mitleidserregender, teilweise archaisch anmutender und als rückständig markierter Verhältnisse im Kontext der (Flucht-)Migration überwiegen.[13] Es gelingt nur wenigen Autor*innen – hier sei insbesondere auf Andrea Karimé hingewiesen –, durch reflektierte Figurenkonzeption und -konstellation sowie den Einsatz durchdachter Erzähltechniken dieses Gefälle aufzubrechen.[14] Jedoch finden sich auch orientalisierende Darstellungen der Migration, die in ihrem Versuch, das genannte Gefälle abzubauen, auf das Repertoire des märchenhaften und exotischen Orients zurückgreifen und somit jene

9 Stiegler, Bernd: *Theorien der Literatur- und Kulturwissenschaften. Eine Einführung.* Paderborn: Schöningh, S. 112 f.

10 Kreutzer, Eberhard: Orientalism. In: *Metzler Lexikon Literatur- und Kulturtheorie. Ansätze – Personen – Grundbegriffe.* Hrsg. v. Ansgar Nünning. Stuttgart, Weimar: Metzler, S. 578 f., hier S. 578.

11 Stiegler: *Theorien* [Anm. 9], S. 113.

12 Vgl. Ebd.

13 Vgl. Hodaie, Nazli: Interkulturalität in der Kinder- und Jugendliteratur. In: *Handbuch Kinder- und Jugendliteratur.* Hrsg. Tobias Kurwinkel, Philipp Schmerheim. Stuttgart: Metzler 2020, S. 322–333.

14 Zutreffende Beispiele hierfür sind *King kommt noch* (Andrea Karimé und Jens Rassmus) und *Nuri und der Geschichtenteppich* (Andre Karimé und Annette von Bodecker-Büttner).

vermeintlich ontologische und epistemologische Unterscheidung aufrechterhalten, die als Denkweise dem orientalistischen Diskurs zugrunde lag und liegt.[15]

Orientalische Motive in den schwankhaften Werken Max Kruses

Welche Facetten des europäischen Orientbildes sind nun im Werk Max Kruses anzutreffen und welchem Diskurs sind diese verpflichtet? Bei der Beantwortung dieser Fragen gilt es, die Eigentümlichkeiten der jeweiligen literarischen Form wie die jeweils wirksamen Gattungskonventionen zu berücksichtigen. In diesem Zusammenhang sollen auch Techniken in den Blick genommen werden, die das vordergründig erzeugte Orientbild zu dekonstruieren vermögen.

Die schwankhaften Werke

Orientalische Motive sind zunächst in den schwankhaften Werken zu finden – bspw. in der fünfbändigen *Löwe*-Serie (1952 ff. bzw. 1965 ff.)[16] sowie *Die Nacht der leuchtenden Pantoffeln* (als Schauspiel 1968 und 1974; Buchfassung 1975). Die genannten Werke zeichnen sich durch ihren schwankhaften Charakter aus – eine Tatsache, die für die Auseinandersetzung mit der in ihnen anzutreffenden Orientdarstellung zu berücksichtigen ist.

Es scheint deshalb nicht unangebracht zu sein, eine kurze Erläuterung der Gattungsmerkmale dieser Literaturform zu geben.

Der Schwank zeichnet sich durch seinen «einsträngigen Handlungsaufbau und die Ausrichtung auf eine Pointe» aus, wobei eine «schematisierende

15 Siehe als Beispiel *Der Tag, als Saída zu uns kam* (Susana Gómez Redondo und Sonja Wimmer).

16 Vgl. hierzu das *Löwe*-Dossier im Anhang dieses Bandes. Bei der fünfteiligen Serie handelt es sich um *Der Löwe ist los* (1965), *Kommt ein Löwe geflogen* (1966), *Gut gebrüllt Löwe* (1967), *Löwe gut – alles gut* (1969) und *Der dicke Löwe kommt zuletzt* (1970). Der erste Band wiederum besteht aus den drei zuvor als Einzelbände erschienenen Teilen *Der Löwe ist los* (1952), *Kakadu in Nöten* (1958) und *Sultan in der Grube* (1959).

Verallgemeinerung der sozialhistorischen Realität» vorliegt.[17] Die «Handlungskulissen und -orte [sind] hochstilisiert».[18] Weiterhin gibt es «ein festes Motivrepertoire von handlungsauslösenden Gegensätzen wie Dummheit und Schlauheit, [...] Tugend und Laster oder Einfalt und Betrug».[19] Was die Figurencharakterisierung betrifft, kennt der Schwank – wie das Märchen auch –

> nur flächenhaft gezeichnete Figuren. Direkt werden sie charakterisiert durch feststehende Epitheta. Indirekt werden sie durch ihre sozialen Bindungen, ihre lokalen Ansässigkeiten und ihre besonderen Handlungsweisen als episches Personal gekennzeichnet. Sie haben überindividuelle, allgemeine Eigenschaften und ihr Aussehen wird nur schemenhaft angedeutet. Die Handlungsträger sind – oft namenlose – typisierte Figuren, keine mit seelischen oder psychischen Eigenschaften episch ausgestaltete[n] Individuen: Vertreter von Geburtsständen [...] oder Berufsständen [...], Repräsentanten bestimmter sozialer Rollen [...], Charaktertypen lasterhafter Eigenschaften [...] und Verhaltensweisen. Auch die Angehörigen von Glaubensgemeinschaften oder Volksstämmen sind durch Stereotype geprägt.[20]

Aus den im Schwank angelegten, als Gattungskonvention zu bezeichnenden Gegensätzen entwickelt sich auch die charakteristische Komik in Form von Situations-, Figuren- und Sprachkomik.

All dies – flächenhafte und typisierte Figuren, inszenierte Gegensätze, auch durch hochstilisierte Handlungsorte und -kulissen – trifft, aus Rücksicht auf die Zielgruppe freilich in abgemilderter Form, auf Max Kruses schwankhaftes Werk zu. Gemäß seiner Entstehungszeit handelt es sich jedoch dabei nicht mehr um «die Wiedergabe bloß vormoderner Weltzustände».[21] Denn die moderne schwankhafte Kinderliteratur

---

17 Kropik, Cordula: Schwank. In: *Metzler Lexikon Literatur. Begriffe und Definitionen.* Hrsg. v. Dieter Burdorf u. a. Stuttgart: Metzler 2007, S. 694 f., hier S. 694.

18 Wunderlich, Werner: *Deutsche Schwankliteratur.* 2 Bde. Frankfurt/M.: Fischer 1992, hier Bd. 1, S. 258, vgl. auch Kropik: Schwank [Anm. 17].

19 Wunderlich: *Deutsche Schwankliteratur* [Anm. 19], S. 258.

20 Ebd., S. 258 f.

21 Ewers, Hans Heino: Ein Nachhall der Lachkultur der Renaissance. Versuch über schwankhaft-karnevaleske Kinderliteratur. In: *Literatur im Unterricht* 2021, H. 1, S. 1–15, hier 14.

> hat sich für die gegenwärtigen Umwelten ihrer Leserinnen und Leser geöffnet und deren Insignien zu einem Bestandteil ihrer Geschichten gemacht. In den Schwankromanen für Kinder aus den letzten Jahrzehnten wimmelt es nur so von Flugzeugen [...] und Automobilen, von Maschinen und technischen Wundergeräten [...], ohne dass die Requisiten aus vormoderner Zeit wie sprechende Tierfiguren und märchenhafte Zauberstücke eliminiert worden wären. Die kontrastreiche Mischung aus vormodernen und modernen Requisiten trägt in beträchtlichem Maße zur Komik und zum Amüsement dieser Literatur bei.[22]

Bei der Auseinandersetzung mit den orientalischen Motiven in diesen Werken sind die genannten Konventionen einschließlich des Hangs zur Stereotypie in Rechnung zu stellen.

Die *Löwe*-Serie

Aus dem Zoo in der kleinen Stadt Irgendwo bricht der Löwe aus. Totokatapi, «der Löwenbändiger aus Afrika»,[23] soll ihn fangen. Derweil fällt der Löwe in eine Grube, in die auch das Mädchen Pips hineinfällt. Sie freunden sich an, werden aus der Grube gerettet und der Löwe verlässt Irgendwo gen Afrika (Bd. 1, Teil 1). Auf dem Weg dorthin rettet der Löwe zusammen mit den anderen Tier- und Menschengefährten, die nach und nach das Figurenensemble ergänzen, den Kakadu Ka (Bd. 1, Teil 2), verwickelt sich in Abenteuer in Sultanien und wird dort zum Polizeipräsidenten (Bd. 1, Teil 3). Er besucht mit dem Sultan und dessen Kamel auf einem fliegenden Teppich die Stadt Irgendwo, wobei ein Betrüger entlarvt wird (Bd. 2), rettet auf der Rückreise nach Sultanien zusammen mit den Gefährten den Prinzen Panja (Bd. 3), kämpft mit dem Sultan gegen die dreiköpfige Seeräuberinnenbande «Teufel der Weltmeere» (Bd. 4) und landet letztendlich bei dem Versuch, den Sultan aus einer gefährlichen Situation zu retten, doch in Afrika, wo er einer Löwin begegnet und Löwenvater wird (Bd. 5) (siehe Abb. 1 u. 2).

22 Ebd.

23 Kruse, Max: *Der Löwe ist los.* Ill. v. Horst Lemke. Stuttgart, Wien: Thienemann 1995, S. 22. Diese Figur erfährt in den Einzelbandausgaben des ersten Bandes insofern einen Wandel, als er z. B. im dritten Teil zum Hotelboy Ali mutiert. Diese Änderung manifestiert sich auch entsprechend in den Illustrationen; vgl. Kruse, Max: *Sultan in der Grube.* Ill. v. Horst Lemke. Düsseldorf: Hoch 1962, S. 16 u. a.

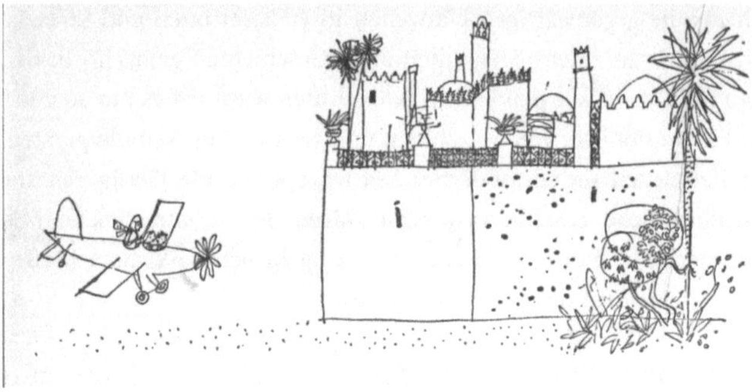

Abb. 1: Aus: *Sultan in der Grube*, 1959, Ill. Horst Lemke, S. 8.

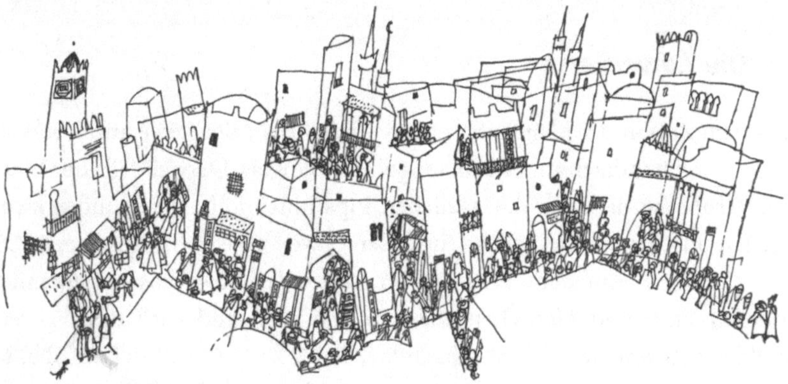

Abb. 2: Aus: *Sultan in der Grube*, 1959, Ill. Horst Lemke, S. 30.

Zum Kern des festen Figurenensembles der Reihe gehören neben dem Löwen der Tierarzt Dok, der Löwenbändiger Totokatapi, die Geschwister Pims und Kim, Ka, der Kakadu, sowie der Sultan und sein aristokratisch anmutendes Kamel, die alle als flach gezeichnete und typisierte (Charakter-)Figuren schwankhafte Merkmale aufweisen.

Die Nacht der leuchtenden Pantoffeln

Dieser Schwankroman erinnert im Stil und Duktus an die *1001-Nacht*-Erzählungen, auf die gleich in den ersten Zeilen auch rekurriert wird: «Oh, das war damals: eine Geschichte, so schön und auch so seltsam wie aus

Tausendundeiner Nacht.»[24] Dem Ich-Erzähler Sohledin erzählt ein alter Mann, in Wahrheit der Geist der Erde, von der Stadt Pantoffistan, wo Pantoffeln verehrt werden. Die Stadt ist jedoch in Trauer und Entsetzen gestürzt, weil die gestiefelte Schwester des verstorbenen Königs mit Hilfe des Geistes des Windes die Thronfolgerin in ihre Gewalt gebracht und Pantoffeln verboten hat. Nach diversen Abenteuern gelingt es dem Ich-Erzähler und seinem Gefährten Saffian, die Königin zu retten, diese heiratet Saffian und das verbotene Pantoffelfest – die Nacht der leuchtenden Pantoffeln – kann gefeiert werden.

Die Figurenkonstellation ist in *Die Nacht der leuchtenden Pantoffeln* durchgehend von Gegensatzpaaren geprägt: der Geist der Erde und der Geist des Windes, die Prinzessin und die Fürstin, drei Schuster und drei Zollbeamte, zwei hohe Beamte (der Pantoffelpriester und der Oberrichter) und zwei Retter. Diese polare Konstellation erzeugt durch die gesamte Handlung hindurch eine gewisse Situations-, Handlungs- und Sprachkomik. Auffällig ist außerdem die indirekte Gesellschaftskritik.[25] Dazu gehören die Kritik an autokratischen Herrschaftssystemen und das Plädoyer für freiere Regierungsformen, symbolisiert jeweils durch Stiefel vs. Pantoffeln und vertreten durch die tyrannische Fürstin vs. die liebliche Prinzessin, beides schwankhaft typisierte Figuren. Ähnlich verhält es sich bei der Kritik an dem zwar grundsätzlich gutmütigen Beamten, der jedoch dank seines Perfektionsdrang zum Handlanger der Despotie mutieret:

> Vorschriften … Langsam begann dieses Wort ihn zu berauschen: Vorschriften von ihm selbst. Es war klar, dass dies nur lückenlose Vorschriften sein konnten, absolut vollkommene Vorschriften: Wunder an Klarheit, Wunder an Scharfsinn.
> […] Und als er mit diesem schwierigen Werk fertig war, klopfte er ich selbst auf die Schulter. Auch wenn man mit einer Arbeit nicht einverstanden ist, so ist man es sich selbst schuldig, daß man sie hervorragend tut.[26]

24 Kruse, Max: *Die Nacht der leuchtenden Pantoffeln. Eine Geschichte aus dem Orient, bunt wie ein Basar u. voller Poesie und Weisheit.* Ill. von Ulrik Schramm. Bayreuth: Loewes 1975, S. 5.

25 Vgl. auch Ewers: Ein Nachhall der Lachkultur [Anm. 21], S. 11.

26 Kruse: *Die Nacht der leuchtenden Pantoffeln* [Anm. 24], S. 32 u. 34.

Der Orient in den schwankhaften Werken Max Kruses ist insgesamt eine vormoderne Welt, in der märchenhafte und exotische Elemente überwiegen. So dürfte er hiesigen Leser*innen vertraut vorkommen, entspricht er doch durchgehend der okzidentalischen Erwartungshaltung. Auch finden sich in der Figurenkonstellation und dem Handlungsverlauf Elemente, die auf orientalistische Muster hindeuten. Doch tun sich hie und da auch Brüche in dieser sonst stringent wirkenden Darstellung auf, durch welche die europäische Orientwahrnehmung zur Karikatur wird. Um die Re- und Dekonstruktion der Orientklischees sowie orientalistische Muster soll es im Folgenden gehen.

(Re-)Konstruktion des Orientklischees

Auf den ersten Blick scheint das Orientbild im schwankhaften Werk Max Kruses aus einer Ansammlung altbekannter Stereotypen zu bestehen, «einer reichen Inszenierung, die von Gold über Gewürze, Beduinen [...], Basaren und 1001 Nacht viele Requisiten bereithält».[27] Es finden sich – bis auf den Harem – alle Facetten dieses Klischees wieder. So entwickelt sich eine orientalische Szenerie, bei der alles, die Sprache, die Alltagspraktiken, die Mode, die Reiserequisiten etc. vormodern, exotisch, märchenhaft, «orientalisch» eben, anmutet. Das gilt bspw. für die Schwurformeln, die in bekannter oder umgewandelter Form auftauchen: «Bei Allah!»,[28] heißt es in der Löwe-Serie, «Beim Barte des Propheten!»[29] oder auch «Oh, du allmächtiger Pantoffel!».[30] Mit den Schwurformeln geht auch die Einbindung der Religion einher, die allerdings an keiner Stelle explizit genannt, sondern eher implizit angesprochen wird, eben durch die Schwurformeln oder in den Illustrationen. Nicht wiedergegeben werden auch das Bedrohliche und Dogmatische, die in der westlichen Wahrnehmung mit dem Islam als orientalischer Religion schlechthin in Zusammenhang gebracht werden. Vielmehr werden

27 Stiegler: *Theorien* [Anm. 9], S. 113.

28 Kruse: *Löwe gut – alles gut* [Anm. 1], S. 39.

29 Kruse, Max: *Der dicke Löwe kommt zuletzt.* Ill. v. Horst Lemke. Düsseldorf: Hoch 1970, S. 45. Dieser Ausdruck taucht in derselben seltsamen Formulierung auch in Karl Mays «Orient-Zyklus» auf (vgl. Hodaie: *Der Orient* [Anm. 3]).

30 Kruse: *Sultan in der Grube* [Anm. 23], S. 52.

Abb. 3: Aus: *Die Nacht der leuchtenden Pantoffeln*, 1975, Ill. Ulrik Schramm, S. 20–21.

Religion und Religiosität auf die Ebene einer – heiteren – Alltagspraxis gehoben. Was die Mode betrifft, wimmelt es im Text wie im Bild von Kaftanen, Burnussen, Pumphosen, Fez, Turbanen, Pantoffeln und Gesichtsschleiern (siehe Abb. 3).

Der Orient scheint in dieser Hinsicht bereits jahrhundertelang – und dabei hochstilisiert – stehengeblieben zu sein, was im Übrigen auch für die Architektur (siehe Abb. 4) gilt. Da begegnet er uns wieder: der zeitlose und unwandelbare Orient.

Und da der zeitlose Orient, so wie wir ihn kennen, auch eine märchenhafte Komponente hat, darf an dieser Stelle der fliegende Teppich nicht fehlen. So wird dieser zum verlässlichen Transportmittel des Sultans[31] bei seinen zahlreichen Abenteuerreisen; er komplettiert das erwartbare Bild eines exotischen, märchenhaften und dabei statischen Orients.

In der (Re-)Konstruktion der Orientbilder kommt auch der Sprache eine bedeutende Rolle zu, denn der Orientale, so die gängige Vorstellung, spreche besonders bildreich.[32] Dieser Aspekt ist vor allem in *Die Nacht der leuchtenden Pantoffeln* anzutreffen. In einem an die *1001-Nacht*-Übersetzun-

31 Neben einem als Privatjacht deklarierten Motorboot, das als einziges Zeichen der Moderne in den vormodernen Orient Einzug gehalten hat (vgl. Kruse: *Löwe gut – alles gut* [Anm. 1], S. 57).

32 Anspielungen auf dieses Stereotyp finden sich u. a. auch bei Karl May, wenn z. B. von «duftenden Redeblumen des Morgenlandes» die Rede ist (vgl. Hodaie: *Der Orient* [Anm. 3], S. 141 f.).

Abb. 4: Aus: *Die Nacht der leuchtenden Pantoffeln*, 1975, Ill. Ulrik Schramm, S. 9.

gen angelehnten, orientalisierenden Sprachstil kommen tatsächlich weitschweifige und bildreiche Äußerungen wie die folgende zustande: «Möge euch der allmächtige Erschaffer des Himmels und der Erde die Schlauheit von Füchsen schenken.»[33] Anklänge daran finden sich in der *Löwe*-Serie in Gestalt der oben genannten Schwurformeln, die ebenfalls zu der allgemeinen Vorstellung vom orientalischen Sprachgebrauch gehören.

So stereotyp die Orientdarstellung in Max Kruses schwankhaften Erzählungen auch sein mag, so stellt sie gerade deshalb eine ideale Kulisse für die schwankhafte Handlung dar. Darin scheint überhaupt ihre Funktion zu bestehen, weshalb das Urteil mit Blick auf die Gattungskonventionen des Schwanks zu relativieren ist: Sie ermöglicht ein heiter-turbulentes Handlungsgeschehen, das der Belustigung der Leser*innen dienen soll. Keinesfalls darf sie als ernstgemeinte Wirklichkeitsdarstellung verstanden werden, wie sie auch mit der Haltung des Autors gegenüber dem Orient nicht verwechselt werden darf. Wir haben es mit einer gattungstypischen Wirklichkeitskonstruktion zu tun, die bar aller realistischen Intentionen ist und die sich hierin nicht von den anderen schwankhaften Schauplätzen, auch solchen heimischer Natur, unterscheidet, die ebenfalls nicht realistisch gemeint sind. Mit einer gewissen Zuspitzung ließe sich sagen, dass alle Weltdarstellungen im Schwank nicht ernst gemeint, sondern um des Effektes willen vorgenommen worden sind.

Dekonstruktion des Orientklischees

Dass die Darstellung der orientalischen Welt nicht ernst gemeint ist, wird in den Texten selbst in mehrfacher Weise zum Ausdruck gebracht. Unverkennbar ist der mild-ironische Darstellungsgestus, der sämtliche schwankhaften Werke Kruses kennzeichnet. Eine schlichte Reproduktion von Klischees darf diese nicht als solche kenntlich machen. Anders verhält es sich bei Kruse, der das Klischeehafte humoristisch zuspitzt und überzeichnet und damit als solches entlarvt, ohne es freilich gänzlich zu zerstören.

Eine andere Weise der Kenntlichmachung der Klischeehaftigkeit des Orientbildes besteht in dessen Konfrontation mit einem heimischen bayeri-

33 Kruse: *Die Nacht der leuchtenden Pantoffeln* [Anm. 24], S. 60.

schen Klischee. In *Kommt ein Löwe geflogen* lässt der Sultan auf seiner Reise in die Stadt Irgendwo samt seinem treuen Kamel und dem zum Minister avancierten Totokatapi seinen fliegenden Teppich auf der Festwiese des «Allgemeinen-Rundum-Rummelfests»[34] der nahegelegenen Stadt Da-Und-Dort landen, worin man unschwer das Münchner Oktoberfest wiedererkennen kann:

> «Wir sind da –», rief der Sultan, warf einen vergnügten Blick von oben auf die große Stadt Da-Und-Dort, auf ihre Dächer, Straßen und Kirchtürme, auf die Rundum-Rummelfestwiese mit den Buden, Karussells, Riesenrädern, Fahnenstangen und Alles-was-das-Herz-begehrt-Vergnügungen. Dann ließ er den fliegenden Teppich sanft und unbemerkt in den Büschen hinter dem großen, eisernen Denkmal der Landesmutter mit dem Lorbeerkranz in der Hand landen.[35]

Das Volksfest mit seinen Schaustellern, Buden und Kuriositäten stellt nicht minder eine ideale Kulisse für die Schwankhandlung dar, wie es beim Orient der Fall war. So fällt es dem Sultan leicht, sich unter die Schausteller zu mischen und die «Leute auf dem fliegenden Teppich […] über den Platz segeln»[36] zu lassen:

> Kommen Sie, kommen Sie: Der einzige fliegende Teppich der Welt. Freihändig gesteuert von dem erhabensten, allmächtigsten, ehrwürdigsten Sultan. Die allererstklassigste Sensation des Rundum-Rummelfestes […] – einzigartig – unwahrscheinlich – unvergesslich![37]

Darüber hinaus spielen auch Figuren mit dem Orientklischee. So macht sich der Teppichhändler die europäischen Orientvorstellungen zunutze, indem er sie – einem subversiven Akt der Mimikry[38] gleich – als offenkundig nicht

34 Kruse, Max: *Kommt ein Löwe geflogen*. Ill. v. Horst Lemke. Düsseldorf: Hoch 1966, S. 92.

35 Ebd., S. 93.

36 Ebd., S. 100.

37 Ebd.

38 Vgl. Bahbha, Homi K.: Von Mimikry und Menschen – Die Ambivalenz des kolonialen Diskurses. In: Ders.: *Die Verortung der Kultur*. Tübingen: Stauffenburg 2000, S. 125–136; vgl. auch Struve, Karen: *Zur Aktualität von Homi K. Bhabha. Einleitung in sein Werk*. Wiesbaden: Springer VS 2013, S. 131 ff.

ernst gemeintes Verkaufsargument einsetzt, um einen adeligen Briten zum Kauf eines Teppichs zu überreden:

> [Der Teppich] hat eine Geschichte, Euer Lordschaf, denken Sie nur, und was für eine Geschichte! Der Kalif von Bagdad schenkte ihn Fatima, der dreizehnten Tochter Harun al Raschids, die man die «Blühende» und die «Duftende» nannte, er schenkte ihn ihr, weil er vor Liebe zu ihr entbrannte, aber Fatima hat den Teppich nie erhalten, denn die vierzig Räuber … Kennt seine Lordschaft die Geschichte von Ali Baba …?[39]

Und seine Taktik ist erfolgreich:

> Als der Dampfer später Sultanien verließ, lag tief unten in seinem Bug ein Teppichballen […]. Und seine Lordschaft stand am Schiffsgeländer und warf einen letzten Blick auf die Kuppeln und Minarette der Stadt. Er dachte […] an den Kalifen von Bagdad, an Fatima, die dreizehnte Tochter Harun al Raschids … Er dachte daran, was für eine hübsche Geschichte er also seinen Freunden erzählen würde, erfreut klatschte er in die Hände […] – und er lächelte.[40]

Ob seine Lordschaft dieser Geschichte tatsächlich Glauben schenkt, ist an dieser Stelle unerheblich. Er findet sie jedenfalls «poetisch» genug, um sie «zu Hause [seinen] Freunden zu erzählen».[41] Damit betitelt Max Kruse das vorherrschende Orientbild außerdem als Poesie und entlarvt es gekonnt als Fiktion.

Orientalistische Muster

Im Unterschied zu *Die Nacht der leuchtenden Pantoffeln*, deren Handlung vollständig in einer orientalischen Welt spielt, treffen in der *Löwe*-Serie Orient und Okzident aufeinander. Während auf dem okzidentalen Schauplatz, repräsentiert durch die Stadt «Irgendwo», Requisiten der Moderne anzutreffen sind, fehlen solche erwartungsgemäß in Sultanien gänzlich. Daraus ergibt sich zwangsläufig ein Gefälle, aus dem sich orientalistische Muster ergeben können. Tatsächlich tauchen in einzelnen Passagen der

39 Kruse: *Löwe gut – alles gut* [Anm. 1], S. 45.

40 Ebd., S. 46.

41 Ebd., S. 66.

Löwe-Serie Umgangsweisen auf, die an die koloniale Vergangenheit gemahnen. Dies ist bspw. in der gesamten Episode der Ankunft von Dok, Pips und Kim im Grand Hotel in Sultanien der Fall und verdichtet sich in der ebenfalls kolonialen Figur des Hotelboys: «Und Ali,[42] der die Koffer schleppte, hatte begeistert genickt und die weißen Zähne entblößt. So feine Gäste kamen nicht jeden Tag.»[43] Insgesamt umgibt die Neuankömmlinge aus «Irgendwo» eine Aura der selbstbewussten Überlegenheit, was sich auch in weiteren Schilderungen niederschlägt: «Lauter Leute in Nachthemden!»,[44] werden die Sultanier beschrieben, nur der Mann aus der Presse hat Beine, «die in richtigen Hosen stecken».[45]

Dieser Nimbus der Überlegenheit begegnet uns erneut im letzten Band der *Löwe*-Serie, als der Sultan und sein Kamel beim Versuch, die schöne Prinzessin Miriam zu retten, auf der Insel der Glücklichen in die Fänge eines verbrecherischen, drogenverabreichenden und Gitarre spielenden Sektenguru geraten und Dok, der (Tier-)Arzt, als einziger helfen kann. Im nicht durchdachten, überstürzten und naiven Handeln des Sultan auf der einen und der nach allen Regeln der Wissenschaft wohlüberlegten und durchgeplanten Herangehensweise des Dok[46] auf der anderen Seite spiegelt sich die landläufige Orient-Okzident-Dichotomie, die in einem Akt des Otherings dem einen Unfähigkeit, Zurückgebliebenheit und Passivität attestiert, um im selben Atemzug den anderen als fortschrittlich, kompetent und aktiv zu charakterisieren. Diese Dichotomie, die auch mit der Zuordnung modern vs. vormodern korrespondiert, zementiert das Dominanzgefälle zuungunsten des Orients. So sehr auch diese Passagen in milde Ironie getaucht sind, so erweisen sie sich doch als nicht unproblematisch.

42 In den anderen Ausgaben Totokatapi (siehe Anm. 23).

43 Kruse: *Sultan in der Grube* [Anm. 23], S. 18.

44 Ebd., S. 14.

45 Ebd., S. 17

46 Kruse: *Der dicke Löwe* [Anm. 30], S. 97 ff.

Die historischen Romane: *Der Ritter* (1988) und *Hazard. Der Spielmann* (1994)

In zwei der historischen Romane Max Kruses spielen orientalische Motive eine bedeutende Rolle. Bei dem Roman mit dem Titel *Der Ritter* handelt es sich um einen hybriden Text, der eine Mixtur aus historischen Ritteroman, Erziehungs- und Entwicklungsroman und Liebesroman darstellt. Im Zentrum der Handlung steht die Frage nach dem rechten Glauben, die mit der Forderung nach religiöser Toleranz und der Kritik an religiöser Unterdrückung einhergeht. Zum Inhalt: Während seines Aufenthalts in einer muslimischen Stadt im Heiligen Land sieht sich Leon, der Knappe des Königs, mit der Frage konfrontiert, welcher Glaube der rechte sei. Über das kulturell blühende maurische Spanien kehrt er, nun als junger Ritter, zurück in seine Heimat, wo er eben auf die Gewalt stößt, die er bereits im Heiligen Land von seinen christlichen Glaubensbrüdern erfahren musste. Als er sich in das jüdische Mädchen Miriam verliebt, verstärken sich seine Zweifel am intoleranten Christentum; eine Lösung findet er im toleranten maurischen Spanien.

Mit Blick auf die zentralen Werte der Toleranz sind neben dem Ich-Erzähler Leon de Fortis und seinem König vor allem folgende Figuren relevant: Zarissa, das sanftmütigen Mädchen in der muslimischen Stadt; der maurische Kalif und sein weiser jüdischer Leibarzt Hasdeu; der Jude Zamet und seine Tochter Miriam; Ahmed, der muslimische Sklave auf der Burg Fortis und Leons Freund, und Leons Widersacher, ein Ritter und ein Tempelritter. Die Problematik der religiösen Unterdrückung und der Ideale der Vernunft, der Toleranz und der religiösen Gleichberechtigung lässt sich an Konzeption und Handlungsweisen dieser Figuren ablesen.

Im Gegensatz dazu befasst sich *Hazard. Der Spielmann* nicht mit der Frage der religiösen Toleranz, sondern mit der Suche nach der Essenz des Lebens, das hier als Spiel aufgefasst wird. Der junge Hazard muss aufgrund mysteriöser Mordanschläge seine Heimat im Süden Frankreichs verlassen. «Auf der Suche nach dem begehrten Buch der Wahrheit gerät er in die Welt der Troubadoure und Gaukler und erobert das Herz so mancher Frau – bis er von Sarazenen in die Sklaverei verschleppt wird.»[47] Er findet in der muslimische Stadt das Buch der Wahrheit, entkommt der Sklaverei und findet, zurück in Südfrankreich, auch die Essenz seines Lebens. Der Roman ist in sieben Kapitel eingeteilt, von denen sich jedes mit einem neuen Spiel im Leben des jungen Helden befasst. Der Orient wird erst im siebten Kapitel zur Kulisse des Spiels als Sklave. Zu den zentralen Figuren dieses letzten Kapitels gehören der Sultan, der Emir, der ehemals jüdische, zum Islam konvertierte Badehausbesitzer Ibn Nabor und dessen Tochter Naemi sowie die christlichen Truppen, die die muslimische Stadt in Schutt und Asche legen.

Erscheint der Orient im Diskurs des Orientalismus «als das faszinierende Negativ des Okzidents»,[48] avanciert er in Max Kruses historischen Mittelalterromanen – insbesondere in *Der Ritter* – zur Utopie. Gehörten Brutalität und Tyrannei seit dem Mittelalter zum Bild des muslimischen Herrschers und seiner Truppen, so sind es bei Max Kruse die christlichen Ritter, die von keiner Schandtat zurückschrecken und rauben, vergewaltigen und morden.

> Ich kann es nur als das schlimmste Gemetzel bezeichnen, das ich bis dahin miterlebt hatte. Mit einer Gewalt und Roheit ohnegleichen schlugen die Nachrückenden alles nieder, was ihnen vor die Klinge kam.
>
> Die Steine der Gassen wurden glitschig vor Blut. Ich sah erschlagene Frauen und Kinder. Die Christen sprengten die Türen auf, die geschlossen werden konnten. Wer zu fliehen versuchte, wurde verfolgt und im Laufen getötet. Die Fußsoldaten brüllten und ihr Triumphgeschrei mischte sich mit gellenden Rufen. Es war eine gnadenlose Hetze.[49]

Diese skizzierte Rohheit und Brutalität kontrastiert mit der im Orient anzutreffenden Sanftmut, aufgeklärten Vernunft und zivilisierten Ordnung. Liebende Familien – wie im Falle von Zarissa in *Der Ritter* – oder prächtige Bauten – z. B. Bibliotheken:

---

47 Kruse, Max: *Hazard. Der Spielmann. Roman aus dem Mittelalter*. Heilbronn: Salzer, Klappentext.

48 Stiegler: *Theorien* [Anm. 9], S. 113.

49 Kruse, Max: *Der Ritter*. Würzburg: Arena 2002, S. 23, vgl. auch Kruse: *Hazard* [Anm. 49], S. 299 ff.

> Noch nie hatte er so viele Werke in einem einzigen Gebäude gesehen. [...] welcher Fülle sah er sich hier gegenüber! [...] Hazard sah nicht nur die Bücher der Muslime, sondern auch solche der Juden und der Christen, und noch weiter in die Zeit zurückgehend, solche aus Rom und Athen.[50]

– prägen das Bild. Dazu gesellt sich eine aufgeklärte Freude am Diskutieren und Disputieren, am fachlichen Austausch:

> Im nächsten Raum waren Studenten versammelt, die lebhaft miteinander diskutierten, Hazard glaubte seinen Ohren nicht zu trauen, denn sie zogen alle Religionen, das Judentum so gut wie das Christentum und sogar den Islam in Zweifel und machten sich über die Gebete, die Gebote, das Fasten, die Pilgerfahrten, den Ablaß und das Almosengeben lustig.[51]

Und es macht sich eine Toleranz breit, die sich vor allem Andersgläubigen gegenüber zeigt:

> «Aber», fragte ich, «[...] wie ist es möglich, dass bei Euch unter dem Schutz des Kalifen die Angehörigen aller Religionen frei leben können, dass der Kalif, der Herr aller Gläubigen, es duldet?», «Eben weil er der Herr aller Gläubigen ist», antwortet Hasdeu. «Alle verehren den gleichen Gott, die Juden, die Muslime, die Christen.»[52]

Dieser aufgeklärten Toleranz – «eine Stadt der Moscheen, Synagogen, Kirchen. Seite an Seite, Wand an Wand.»[53] – werden, insbesondere in *Der Ritter*, der Aberglaube und der religiöse Fanatismus des christlichen Mittelalters entgegengesetzt, was sich in der Hexenverbrennung und der Verfolgung von Juden zeigt.[54] So liegt es in der Logik der Handlung, dass der christliche Leon de Fortis in *Der Ritter* als Gesandter seines Königs auf den Hof des Kalifen, eines aufgeklärten Herrschers, wechselt, um Miriam zur Frau nehmen zu können, ohne dass diese ihren jüdischen Glauben aufgeben muss.

---

50 Ebd., S. 272 f.

51 Ebd., S. 273, vgl. auch Kruse: *Der Ritter* [Anm. 51], S. 89.

52 Ebd., S. 92.

53 Ebd., S. 83.

54 Ebd., S.130 ff. u. a.

Der hier präsentierte Orient ist von seinen düsteren Seiten – Triebhaftigkeit, Fanatismus, Zurückgebliebenheit, Passivität, Tyrannei – befreit.[55] Hier ist «das Leben in seiner buntesten Fülle»[56] anzutreffen. Diese Umdeutung des Orients, der eine ideale Kulisse für die Umsetzung der Lessing'schen Ringparabel abgäbe, liegt somit gänzlich in der Tradition von Lessing und dessen *Nathan der Weise.*[57] Die exotischen, faszinierenden Komponenten des europäischen Orientbildes bleiben jedoch auch in der Darstellung der Romane erhalten: Der beleibte Sultan im Hammam[58] in *Hazard. Der Spielmann* entspricht nahezu allen denkbaren Orientklischees. Gewürze, auch ein Bestandteil des europäischen Orientbildes, dürfen auch nicht fehlen: «[…] die Mahlzeiten, Gerichte einer Küche, die nicht nur aus Knoblauch und Paprikaschärfe bestand, sondern den Gaumen mit den zartesten Reizen kitzelte, mit Safran, Mandelduft und Rosenwasser.»[59]

Im Spannungsfeld von Stereotypie und Utopie

Bei der Auseinandersetzung mit den orientalischen Motiven in literarischen Werken dürfen die gattungstypischen Gestaltungsweisen des jeweiligen Werkes nicht außer Acht gelassen werden. So ist in dem – stereotyp anmutenden – Motiv des orientalischen Badehauses in *Hazard. Der Spielmann* mehr als nur ein Klischee zu sehen; vielmehr kommt ihm in der Symbolik des Romans eine tragende Rolle zu. Ähnliches gilt für die Frage, inwiefern die orientalischen Motive in der *Löwe-Serie* aufgrund ihrer Stereotypie zu verurteilen sind, ohne dabei die Gesetzmäßigkeiten des Schwankhaften oder die eingesetzten Techniken der Dekonstruktion zu berücksichtigen, die zum einen eine stereotype Darstellung erfordern und diese zum anderen augenzwinkernd zu dekonstruieren vermögen. Gleichzeitig ist augenfällig, dass orienta-

55 Gänzlich kann dies allerdings nicht eingehalten werden. Der Emir, der orientalische Widersacher des Sultan in *Hazard. Der Spielmann* z. B. verlangt nach der Tochter des Badehausbesitzers Ibn Nabor für seinen Harem. Der Harem galt wiederum als ein Indiz für die orientalische Lüsternheit und den entsprechenden Sittenverfall.

56 Kruse: *Der Ritter* [Anm. 51], S. 83.

57 Nur nehmen in *Der Ritter* drei Amulette die Stelle der drei Ringe ein.

58 Kruse: *Hazard* [Anm. 49], S. 269 u. a.

59 Kruse: *Der Ritter* [Anm. 51], S. 78.

lische Motive in den hier behandelten Werken Max Kruses alle Facetten westlicher Orientbilder abdecken, wobei der Schwerpunkt zum einen auf dem Exotisch-Märchenhaften, zum anderen auf dem Aufgeklärt-Utopischen liegt. Alles in allem erfährt der Orient bei Max Kruse – von einigen Ausnahmen abgesehen – insofern eine Aufwertung, als die bedrohlich wirkenden Facetten des bis heute vorherrschenden Orientbildes nicht oder nur am Rande zur Sprache gelangen, was sich sowohl in den Schwank- als auch in den historischen Romanen an der Figur des orientalischen Herrschers belegen lässt.

So konstituiert sich der Orient im Werk Max Kruses im Spannungsfeld einer märchenhaften Stereotypie und einer – nicht minder stereotypen – Utopie, teilweise jedoch begleitet von aufscheinenden orientalistischen Momenten, was mit Blick auf die lange Tradition des westlichen Orientalismus nicht verwunderlich sein dürfte.

Ritter und Spielmann. Die Mittelalterromane Max Kruses

Klaus Wolf, Augsburg

Die Romane Max Kruses, welche im Mittelalter spielen, fallen bei ihrem Erscheinen ungefähr mit einem regelrechten «Mittelalter-Boom» in den 80er Jahren des letzten Jahrhunderts zusammen. Das Mittelalter erfuhr beispielsweise im populären Sachbuch eine Auferstehung. Die Bestsellerlisten erklomm etwa Horst Stern mit seiner Biographie über den Staufer Friedrich II., welche durchaus literarisch ambitioniert war.[1] Dass der Autor gerade den polyglotten und religiös indifferenten, ja vom Papst mit Sanktionen überzogenen Staufer, welcher von Zeitgenossen als *stupor mundi* gerühmt wurde, zum Gegenstand seines mehrhundertseitigen erfolgreichen Unternehmens machte, begegnet so ähnlich auch bei Max Kruse, der Friedrich II. in seinen Mittelalterromanen thematisiert. Denn der Kinder- und Jugendbuchautor Max Kruse flicht in seine – in erster Linie an Erwachsene gerichteten – Mittelalterromane immer wieder die religiöse Thematik ein. Es wird zu zeigen sein, dass Max Kruse mit seiner religiös und weltanschaulich vermeintlich modernen Haltung – und das Beispiel Friedrichs II. illustriert dies – mitunter schon Anleihen im Mittelalter machen konnte.

Jedenfalls durfte Max Kruse für mittelalterliche Sujets seit den 80er Jahren des 20. Jahrhunderts auf ein erwartungsfrohes Publikum hoffen, das etwa durch die packenden und voluminösen biographischen Anverwandlungen Dieter Kühns zum Minnesänger Neidhart und mehr noch zum Dichterkomponisten Oswald von Wolkenstein ebenso solide wie kurzweilig mit dem Mittelalter in Bekanntschaft gebracht worden war.[2] Während der stellenweise

---

1 Vgl. Horst Stern: *Mann aus Apulien.* Die privaten Papiere des italienischen Staufers Friedrich II., römisch-deutscher Kaiser, König von Sizilien und Jerusalem, Erster nach Gott, über die wahre Natur des Menschen und der Tiere, geschrieben 1245–1250. München: Kindler 1986.

2 Vgl. Dieter Kühn: *Herr Neidhart.* Frankfurt/Main: Insel 1981 und Dieter Kühn: *Ich Wolkenstein. Eine Biographie.* Frankfurt/Main: Insel 1977.

urkomische Minnesänger Neidhart und das abenteuerliche Leben Oswalds von Wolkenstein schon vom biographischen Plot her den Bucherfolg geradezu garantierten, schaffte es auch sprödere Kost zu erheblichen Verkaufszahlen, wie beispielsweise Barbara Tuchman, welche in Gestalt des 14. Jahrhunderts eine für historische Laien eher unzugängliche Epoche einer großen Leserschaft nahebringen konnte.[3]

Zunehmend entpuppte sich seit den 80er Jahren des letzten Jahrhunderts für eine breitere Öffentlichkeit auch das Faktum, welches Max Kruse wiederholt mit seinen Mittelalterromanen thematisiert, dass von einem christlichen Glaubensmonopol schon im Mittelalter nicht die Rede sein kann, wenn ketzerische Strömungen wie die Katharer populärwissenschaftlich behandelt wurden.[4] Im Grunde genommen war sogar die von Horst Fuhrmann ausgesprochene «Einladung ins Mittelalter»[5] nicht einmal ein deutsches Phänomen, denn zuvor hatte schon die berühmte *Annales*-Schule in Frankreich das Mittelalter als äußerst vielgestaltige Epoche analysiert und popularisiert. Deren Vertreter erwarben (zumindest in Frankreich) hohes gesellschaftliches Prestige und wurden selbst zu Ratgebern für die Gegenwart, eine Rolle, der sich auch Max Kruse mit seinen Botschaften religiöser Toleranz gerade in seinen Mittelalterromanen verpflichtet sah.[6]

Dies ist der publizistische Hintergrund, vor dem die Mittelalterromane Max Kruses zu bewerten sind. Freilich greift Max Kruse hier nicht nur auf den Mittelalter-Boom des späten 20. Jahrhunderts zurück, wobei der Riesenerfolg von Umberto Ecos *Der Name der Rose*[7] Kruses Romanschaffen durchaus begleitet, sondern Kruse kann auf die bewährte Tradition des historischen Romans schon seit dem 19. Jahrhunderts aufbauen. Dies zeigt etwa Kruses Rezeption von Walter Scotts *Ivanhoe* im Roman *Der Ritter*, wobei das Vorbild aus dem 19. Jahrhundert vielfach modifiziert, gebrochen

3 Vgl. Barbara Tuchman: *Der ferne Spiegel. Das dramatische 14. Jahrhundert.* München: dtv 1982. – erstmals erschienen bei Alfred A. Knopf: New York 1978.

4 Vgl. Arno Borst: *Die Katharer.* Mit einem Nachwort von Alexander Patschovsky, 2. Aufl. Freiburg/Breisgau: Herder 1991.

5 Vgl. Horst Fuhrmann: *Einladung ins Mittelalter*, 4., durchgesehene Aufl. München: Beck 1989.

6 Vgl. Georges Duby: *Unseren Ängsten auf der Spur. Vom Mittelalter zum Jahr 2000.* Köln: DuMont 1996.

7 Vgl. Umberto Eco: *Der Name der Rose.* München: Hanser 1982.

und übertroffen wird.[8] Generell ist zu beobachten, dass Max Kruse das Mittelalter gerade nicht im Sinne von Walter Scott romantisierend abbildet und verklärt, sondern bei aller historischen Zuverlässigkeit brennende Fragen der Gegenwart, wie Kritik an politischen und religiösen Radikalismen, aufwirft, wie dies etwa auch Umberto Eco vor dem Hintergrund des Kalten Krieges und des politischen Terrorismus im Italien der 1970er Jahre tat.[9]

Die bisher angestellten mehr übergreifenden und rezeptionsorientierten Erwägungen zu den Mittelalterromanen Max Kruses sollen im Folgenden durch einige Einzelanalysen untermauert werden. Dabei ist es nicht nur ein deutsches, sondern ein europäisches Mittelalter, welches Max Kruse thematisiert. Denn die Trilogie *Der Morgenstern* spielt weitgehend auf dem Mittelmeer, welches Länder und Völker seit der Antike verband und nicht trennte. Auch wird die christliche Perspektive bei Kruse transzendiert. So zeigt der Teilroman *Ein Perlenmantel* ein positives Islambild: «Ihr wißt ja, daß die Christen nur eine Frau haben dürfen, anders als die Muslime. Natürlich haben sie oft Kinder außerhalb der Ehe, vor allem mit ihren Sklavinnen. Aber diese Frauen bleiben rechtlos, anders als die muslimischen Nebenfrauen.»[10] Utopisch wird dieser Roman freilich, wenn eine neue Koransure gefunden wird, welche die Einheit von Judentum, Christentum und Islam propagiert und die am Romanende allerdings verbrannt wird.[11] Einerseits klingt hier die wiedergefundene und verbrannte Poetik des Aristoteles über die Komödie im Rosenroman von Umberto Eco an, andererseits suchte der Piccolomini-Papst Pius II. in seinem Brief an Mehmet den Eroberer gerade die Übereinstimmungen zwischen Christentum und Islam hervorzuheben, und dies sogar kurz nach der Eroberung Konstantinopels, um die es ja in Kruses Roman als historischem Hintergrund auch geht.[12]

---

8 Vgl. Hans E. Giehrl: Wandel und Tradition im historischen Jugendbuch, dargestellt am Beispiel von Walter Scotts *Ivanhoe* und Max Kruses *Der Ritter.* In: *Abenteuer Buch.* Festschrift für Alfred Clemens Baumgärtner zur Vollendung seines 65. Lebensjahres. Hrsg. v. Otto Schober. Bochum: Kamp 1993, S. 117–125.

9 Vgl. Umberto Eco: *Nachschrift zum Namen der Rose.* München: Hanser 1984.

10 Max Kruse: *Der Morgenstern. Ein Perlenmantel.* Ravensburg: Ravensburger Taschenbuch 1995, S. 15–16.

11 Ebd. S. 188–189 und S. 219–220.

12 Vgl. Papst Pius II. an Sultan Mehmet II. Die Übersetzung der *Epistola ad Mahumetem* durch Michael Christan. Hrsg. v. Klaus Wolf und Jonas Göhler. Berlin/Boston: de

Während der mittelalterliche Orientroman durchaus realistisch daherkommt, arbeitet Max Kruses *Der Schattenbruder* mit einer gewissen dämonischen Düsternis im Stile Tolkiens. Dennoch wird in der Summe ein authentisches Mittelalter facettenreich geboten; beispielsweise wird das Phänomen Minnesang anzitiert: «Er spielte und sang. Was er sang, verstand Hetja nicht. Es waren Lieder in fremden Sprachen. Sprachen, die die Mutter früher gesprochen hatte. Doch von Liebe war die Rede, die der Spielmann Minne nannte. Er sang von Rittern, die am Zauber der Frauen litten, fast bis zum Tode.»[13] Auch die für Kruse interessante sozialkritische Helmbrecht-Thematik wird in einem Lied der Romanfigur des Spielmanns aufgegriffen.[14] Der Spielmann ist natürlich eine Anspielung auf den Autor Kruse selbst. Daneben werden die Jedermann-Thematik oder die Gattung Totentanz im Roman beinahe leitmotivartig gebraucht. Auch die Namensgebung ist anspielungsreich mittelalterlich, wenn ein Schmied «Meister Gumprecht»[15] genannt wird, was etymologisch und namenkundlich als «berühmter Kämpfer» aufzulösen ist. Wie Siegfried schmiedet der Protagonist Hetja sein Schwert selbst. Der Kaiser im Roman ist in seiner Falkenliebhaberei dem Staufer Friedrich II. und seinem Traktat *De arte venandi cum avibus* abgeschaut. Die «Schwarze Pest»[16] dagegen ist ein wenig der von Boccaccio gezeichneten Seuche des 14. Jahrhunderts anachronistisch angeglichen; freilich bedient sich Kruse hier des Kniffs der sagenhaften Verdichtung, wie ja schon das Nibelungenlied verschiedene Ereignisse aus diversen Epochen in einen einzigen konzisen Handlungsstrang zusammenführt.

Der Roman *Hazard der Spielmann* – man denkt durchaus an den Spielmann Volker des Nibelungenlieds – macht nun ein Alter Ego des Autors Kruse zum direkten Helden eines Mittelalterromans. Die fiktive Handlung spielt vor dem Hintergrund authentischer Milieuschilderungen.

Gruyter 2016 (= Veröffentlichungen des Grabmann-Institutes zur Erforschung der mittelalterlichen Theologie und Philosophie. Band 59).

13 Max Kruse: *Der Schattenbruder*. München: dtv 1994, S. 22.

14 Ebd. S. 113. – Zu Helmbrecht vgl. Theodor Nolte: Wernher der Gärtner. Helmbrecht, publiziert am 11.07.2012; In: *Historisches Lexikon Bayerns*, http://www.historisches-lexikon-bayerns.de/Lexikon/Wernher-der-Gärtner:-Helmbrecht (11.02.2021).

15 Kruse: *Der Schattenbruder* [Anm. 13], S. 182.

16 Ebd., S. 284.

Dies zeigt sich etwa im dichterisch nachempfundenen Totentanz.[17] Sogar Walther von der Vogelweide wird anzitiert: «In fremden Ländern bin ich viel gewesen…».[18] Dies ist eine Anspielung auf das berühmte *Preislied* Walthers von der Vogelweide. Die Beschreibung überlanger Gürtel am Frauengewand[19] im Roman zeigt, dass Max Kruse die Frauendarstellungen in den farbigen Miniaturen des Codex Manesse vor Augen hatte, wobei man Fragmente solcher Gürtel, auf welchen ein Minnegedicht stand, erst jüngst in Erfurt gefunden hatte.[20] Neben Minnesang kommen auch Artus, Isolde und der Liebestrank zu ihrem Recht in diesem Kunstroman Kruses, dessen letztes Kapitel mit dem Theaterkarren und der Musik signalisiert, dass alles in der Kunst endet. Wohlgemerkt, es sind die hier sachgerecht vorgestellten mittelalterlichen Künste, die zur Chiffre für Kruses Schaffen werden. Und diesem Muster folgt später Tanja Kinkel in ihrem Roman *Das Spiel der Nachtigall*, worin sie den Lebenslauf Walthers von der Vogelweide vor dem Hintergrund der Epoche des Richard Löwenherz nachzeichnet.[21]

Der Epoche des Richard Löwenherz war auch schon Walter Scotts *Ivanhoe* gewidmet, der von Max Kruse in seinem Roman *Der Ritter* anverwandelt und gesteigert wird.[22] Kruses Romanheld Leon ist, anders als bei Walter Scott, jedoch kein tendenziell unreflektierter Zeitgenosse der Kreuzzugsideen: «Unsere Schar war klein geworden. Waren wir noch ein Drittel, waren wir nur noch ein Viertel des stolzen Heeres, das aufgebrochen war, damals, vor Monaten, nachdem wir in heiliger Begeisterung das Kreuz

17 Vgl. Max Kruse: *Hazard der Spielmann.* Roman aus dem Mittelalter. Heilbronn: Bastei Lübbe 1994, S. 12–13.

18 Ebd. S. 18.

19 Ebd. S. 72.

20 Vgl. Klaus Wolf: Dietmar von Aist: Minnelieder. In: *Große Werke der Literatur Band XV.* Eine Ringvorlesung an der Universität Augsburg 2017/18. Herausgegen von Günter Butzer, Katja Sarkowsky und Hubert Zapf. Tübingen: Narr Francke Attempto 2020, S. 9–23.

21 Vgl. Tanja Kinkel: *Das Spiel der Nachtigall.* Roman, München: Knaur 2012.

22 Vgl. dazu Melanie Rossi: *Das Mittelalter in Romanen für Jugendliche. Historische Jugendliteratur und Identitätsbildung.* Frankfurt/Main: Peter Lang 2010 (= Kinder- und Jugendkultur, -literatur und -medien. Theorie – Geschichte – Didaktik. Band 64), S. 193–195.

Abb. 1: Cover von *Hazard*, 1994.

genommen hatten?»[23] Die Formulierung «das Kreuz nehmen» findet sich vielfach in der Gattung Kreuzlied des staufischen Minnesangs. Aber auch die scheinbare Modernität der durchaus symbolischen Handlung, in welcher der Romanheld, der junge Ritter Leon, um den Hals nicht nur ein Kreuz, sondern auch den Davidsstern und eine Koransure als Schmuckstücke trägt, und am Ende gar eine Jüdin heiratet (was so natürlich nicht bei Walter Scott anzutreffen ist), mag mitunter an Lessings *Nathan* erinnern, ist aber freilich

23 Max Kruse: *Der Ritter*. Nach Motiven von Sir Walter Scotts *Ivanhoe*. Würzburg: Arena 2002, S. 7–8.

schon bei Wolfram von Eschenbach angelegt, wenn sich etwa in der Doppelgestalt von Arabel/Giburc in einer einzigen Person Islam und Christentum ebenso konfliktträchtig vermischen wie in ihrem Bruder Rennewart.[24] Dass Max Kruse die mittelalterliche, genauer mittelhochdeutsche Literatur kannte, zeigt sich etwa auch in seinem indirekten Zitat von Walthers *Palästina-Lied.*[25] Jedenfalls ist der im hohen Mittelalter spielende *Ritter*-Roman bei Max Kruse nicht weniger historisch fundiert wie bei Walter Scott, nur gibt er eben Antworten auf die Fragen des späten 20. Jahrhunderts, ohne dabei in historisch fragwürdige Anachronismen zu verfallen.

Dies trifft ebenso auf den im 15. Jahrhundert spielenden Roman *La Primavera* zu. Hier führt Kruse kenntnisreich die Epoche der spätmittelalterlichen Reformkonzilien im Spannungsfeld von Mittelalter und gelehrtem bis humanistischem Aufbruch vor.[26] Die Leserschaft wird Zeuge zutreffend geschilderter mittelalterlicher geistlicher Schauspiele.[27] Dabei weiß Kruse sogar, dass ein neues, exaktes Verständnis von Zeit mit dem Aufkommen neuer mechanischer Turmuhren[28] im 15. Jahrhundert konstatiert werden kann, was mit Fortschritten sowohl in der universitären Astronomie wie im Uhrenbau zu tun hat.[29] In der Romanfigur des Senex spiegeln sich sowohl Nikolaus von Kues als auch Leonardo da Vinci. Dass Max Kruse ein gründlicher Kenner gerade dieser spätmittelalterlichen Epoche im Übergang zu Renaissance und Humanismus ist, stellte er auch als Sachbuchautor unter Beweis. Denn die Parallelen zwischen seinem Florenzroman *La Primavera*

---

24 Vgl. Joachim Bumke: *Wolfram von Eschenbach*, 8. Auflage Stuttgart: Metzler 2004.

25 Vgl. Kruse: *Der Ritter* [Anm. 23], S. 9.

26 Vgl. zur Epoche mit neuerer Forschung: *Reformen vor der Reformation.* Sankt Ulrich und Afra und der monastisch-urbane Umkreis im 15. Jahrhundert. Hrsg. v. Klaus Wolf und Gisela Drossbach. Berlin/Boston: de Gruyter 2018 (= Studia Augustana. Augsburger Forschungen zur europäischen Kulturgeschichte. Band 18).

27 Vgl. Max Kruse: *La Primavera. Ein historischer Roman.* Berlin: edition q 1991, S. 18–19. – Zum mittelalterlichen Schauspiel vgl. Ursula Schulze: *Geistliche Spiele im Mittelalter und in der Frühen Neuzeit.* Von der liturgischen Feier zum Schauspiel. Eine Einführung. Berlin: Erich Schmidt 2012.

28 Vgl. Kruse: *La Primavera* [Anm. 27], S. 65.

29 Ausführlich dazu Klaus Wolf: *Hof – Universität – Laien.* Literatur- und sprachgeschichtliche Untersuchungen zum deutschen Schrifttum der Wiener Schule des Spätmittelalters. Wiesbaden: Reichert 2006 (Wissensliteratur im Mittelalter. Band 45).

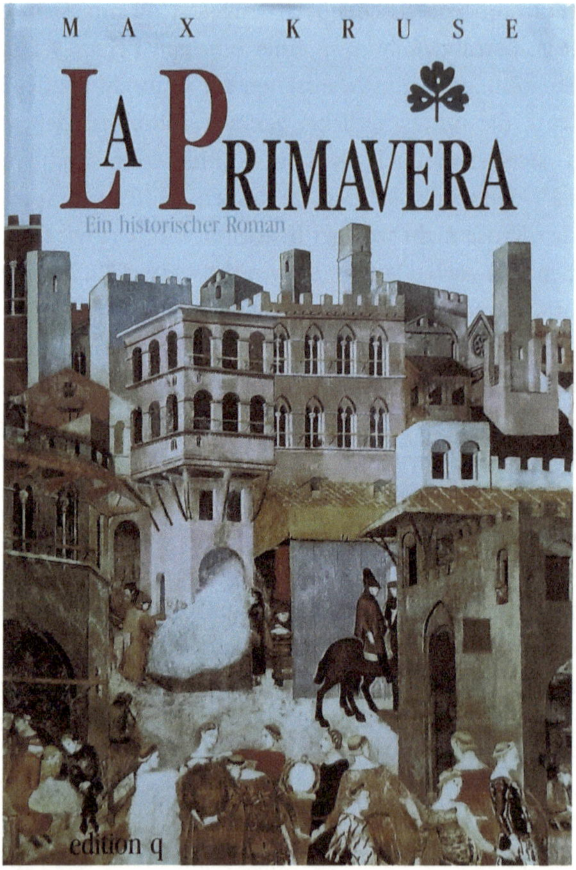

Abb. 2: Cover von *La Primavera*, 1991.

und seiner kunsthistorischen Abhandlung zur Stadt am Arno sind geradezu mit Händen zu greifen.[30] Jedenfalls darf die Leserschaft in diesem in Italien spielenden Roman wie auch in den anderen aus dem Mittelalter gespeisten Werken Max Kruses ein durchaus vor Mediävisten bestehen könnendes, solides Mittelalterbild erwarten.

Dies ist ein Kennzeichen aller guten, nicht trivialen Mittelalterromane. Deren Mehrwert gegenüber Sachbüchern zum Mittelalter beruht nämlich

30 Vgl. Max Kruse: *Spaziergang durch Raum und Zeit. Florenz und die Fresken des Benozzo Gozzoli*. Mit Federzeichungen von Shaofang Kruse. Lahr: SKV-Edition 1983.

nicht nur auf historiographischer Akribie, sondern auf der Fruchtbarmachung einer längst vergangenen Epoche für Antworten auf Fragen der jeweiligen Gegenwart. Zur Veranschaulichung sei hier auf den Roman *Rudolf von Schlüsselberg* aus der Feder von Joseph Bernhart verwiesen.[31] Der mit Thomas Mann in Münchner Salons am Vorabend des Ersten Weltkriegs verkehrende Theologe und Romancier schuf mit seinem Mittelalterroman – und dies im Gegensatz zum kriegsbegeisterten Thomas Mann – mitten im Ersten Weltkrieg geradezu einen Antikriegsroman. Vor dem Hintergrund des grassierenden Hurra-Patriotismus *anno 1914* ist der Ritterroman von Joseph Bernhart mit der Romanhandlung aus der Zeit der Kreuzzüge geradezu defätistisch.[32] Und einen solchen im Sinne des Militarismus defätistischen Antikriegsroman legte Max Kruse mit seinem erfolgreichen Buch *Don Blech und der goldene Junker* vor.[33] Durchaus ironisch ist darin «Siegfrieds Schwert Balmung»[34] anzitiert. Ebenso bediente sich Max Kruse für seinen *Don Blech* der europäischen Massengattung Ritterroman und ihrer ironischen Brechung im *Don Quixote.*[35] Darin gibt es viele Persiflierungen, bis hin zu Wagners *Lohengrin.* Die Ironisierung des Mittelalters und ritterlicher Kampfeslust dient freilich der konsequenten Absage an militärisches Heldentum jeglicher Couleur. In der Summe machte Max Kruse die Welt des Mittelalters fruchtbar für die anspruchsvollen Leser seiner und unserer Gegenwart. Aus der Sicht der Mediävistik gehören die Mittelalterromane Max Kruses zu den besten Vertretern ihrer Zunft.

31 Vgl. Joseph Bernhart: *Rudolf von Schlüsselberg. Eine Geschichte aus der Zeit der Kreuzzüge.* Mit einem Nachwort und Erläuterungen herausgegeben von Thomas Groll. Weißenhorn: Anton H. Konrad Verlag 2009.

32 Vgl. Klaus Wolf: Literarische Mittelalterrezeption bei Joseph Bernhart. Literaturgeschichtliche Überlegungen zum historischen Roman *Rudolf von Schlüsselberg.* In: *Jahrbuch des Vereins für Augsburger Bistumsgeschichte.* 43. Jg., 2009, S. 7–21.

33 Max Kruse: *Don Blech und der goldene Junker.* Illustrationen von Horst Lemke. Stuttgart/Wien/Bern: K. Thienemanns Verlag 1995.

34 Ebd. S. 148.

35 Vgl. Klaus Wolf: Ritterroman. In: *Enzyklopädie der Neuzeit.* Hrsg. von Friedrich Jaeger, Bd.11, Stuttgart/Weimar 2010, Sp. 295–297.

Die historischen Erzählungen und Romane Max Kruses. Eine Bibliographie

Caroline. Teil: [Bd. 1], *Die Verschwörung im Schloss.* München: F. Schneider 1982, 121 S.: Ill. Neuaufl. 1987. [unter dem Pseudonym Katharina Simon]

Caroline. Teil: Bd. 2., *Die brennende Stadt.* München: F. Schneider, 1983, 123 S.: Ill. Neuaufl. 1987. [unter dem Pseudonym Katharina Simon]

Caroline. Teil: Bd. 3., *Der Überfall auf die Mühle.* München: F. Schneider 1983, 122 S.: Ill. Neuauffl. 1987. [unter dem Pseudonym Katharina Simon]

Der Schattenbruder. Roman. Wien: Ueberreuter 1985. dtv. Lese Abenteuer 1994.

Caroline. Teil: Bd. 4., *Die Entführung aus Paris.* München: F. Schneider, 1987, 122 S. [unter dem Pseudonym Katharina Simon]

Der Morgenstern. Wien: Ueberreuter 1990. RTB 1994 (u.d.T. *Der weite Weg*), Arena Tb 2003 (u.d.T. *Die weite Fahrt*).

Caroline. Das Geheimnis der schönen Prinzessin. München: F. Schneider 1991. 379 S. [Neuaufl. der Bände 2–4]

Der Ritter. Ravensburg: Maier 1992. Würzburg: Arena Tb 2002.

Der Morgenstern. Die Insel der Ritter. Wien: Ueberreuter 1991, RTB 1995. Arena Tb 2003.

La Primavera: ein historischer Roman. Berlin: Ed. q 1991, 416 S. Tb.-Ausg. u. d.T. *Der Kronenkranich: Roman aus der italienischen Renaissance.* Bergisch Gladbach: Bastei-Verl. Lübbe 1999. 492 S.

Der Morgenstern. Ein Perlenmantel. Wien: Ueberreuter 1992. RTB 1995, Arena Tb 2004.

Anna zu Pferde. München: F. Schneider 1992. dtv junior 2006.

Caroline. Die Entscheidung. München: F. Schneider 1993. 185 S.

Hazard, der Spielmann: Roman aus dem Mittelalter. Heilbronn: Eugen Salzer 1994, 316 S.; Tb.: Bergisch Gladbach: Bastei-Verl. Lübbe 1997.

Der Auserwählte: Animurs Geschichte. Mödling b. Wien: Verl. St. Gabriel 1995.

Der Humanismus des Professor Tibatong

Gerhard Lauer, Basel

Max Kruse war Humanist, nicht in dem gewöhnlichen, eher unverbindlichen Gebrauch des Worts, sondern in einem weltanschaulich bestimmten Sinn. Von diesem Humanisten Max Kruse und seiner Weltanschauung ist hier zu berichten und damit zugleich von den weitgehend unbeachtet gebliebenen philosophischen Werken des Autors. Sie zu kennen, ist nicht zwingend erforderlich, um den Kinderbuchautor zu verstehen, aber zum Verständnis des Gesamtwerks und des schriftstellerischen Anspruchs des Autors Max Kruse sind sie wesentlich. Warum, das wird die folgende Abhandlung zu zeigen versuchen. Dazu erläutere ich zunächst die philosophischen Schriften Max Kruses und ordne sie dann in die philosophiegeschichtliche Entwicklung des weltanschaulichen und religionskritischen Denkens seit dem 19. Jahrhundert ein. In einem dritten Abschnitt verknüpfe ich den Autor der weltanschaulichen Bücher mit dem Autor der Kinderbücher in der Absicht zu zeigen, dass Max Kruse deshalb ein so guter Autor für Kinder war, weil er die Eigengesetzlichkeit der Kinderliteratur verstanden hat.

Die Terrasophie des Professor Kruse

Mehr als 120 Kinderbücher listet das Werksverzeichnis Max Kruses auf, 26 Werke für Erwachsene, das sind Romane und Reiseberichte, aber auch Gedichtsammlungen und autobiographische Schriften, und zwei umfangreichere philosophische Texte und ein Sachbuch für Jugendliche in zwei Bänden.[1] Schon das bloße Verhältnis der Zahlen unterstreicht, dass Max Kruse ein Autor der Kinderliteratur war. Das philosophische Werke ist daher die Ausnahme und gehört werkbiographisch zu seinen späten Schriften, die er im hohen Alter zwischen 2005 und 2015 geschrieben und veröffentlicht hat. Ihnen voraus geht das Sachbuch der Weltgeschichte *Im weiten Land der*

---

1 Vgl. das Werkverzeichnis im Anhang dieses Bandes.

Zeit für Jugendliche von 1997/98 und der Renaissance-Roman *La Primavera* (1991), der 1997 unter dem Titel *Der Kronenkranich* neu aufgelegt wurde.

Das Sachbuch erzählt die Geschichte von drei Jugendlichen, die angeleitet von einem Weißen namens Senex in einem wunderlichen Freizeitpark eine Zeitreise unternehmen, um die Stationen vom Urknall über die ersten Menschen, die Hochkulturen und die Geschichte des Abendlandes von der Antike bis zur Gegenwart im Zeitraffer zu erleben.[2] Das folgt soweit ähnlich angelegten weltgeschichtlichen Sachbüchern bis auf den auffälligen Umstand, dass Kruses Buch von dem sonst üblichen gleichmässigen Interesse für die verschiedenen Epochen an einer Stelle abweicht. Das Mittelalter und die eng mit ihm verbundene christliche Tradition wird in Kruses Darstellung prononciert abgewertet. Das mittelalterliche Europa habe unter der Herrschaft der Kirche einem Hexenkessel geglichen. Diesem dunkel gezeichneten Mittelalter stellt er programmatisch die lichten historische Persönlichkeiten der beginnenden Neuzeit gegenüber, Kopernikus, Galileo, da Vinci und Kolumbus. Damit folgt Kruses Kulturgeschichte der Menschheit einem dezidiert wertenden Schema, das viel vom Licht des Fortschritts seit Renaissance und Aufklärung erzählt und vor dem christlichen Mittelalter als einer Epoche der Unfreiheit des Menschen warnt. In den 90er Jahren des 20. Jahrhunderts muss eine solche Geschichtskonstruktion eher irritieren, gemahnt sie doch an überholte Vorstellungen des Renaissancismus und einer Fortschrittsgeschichte, die erst das dunkle Mittelalter als Epoche erfunden hat. Kruse ist sie jedoch genau diese renaissancistische Geschichtsphilosophie ein Anliegen.

Eine ähnliche Dichotomie der Wertungen, hier die dunkle Macht von Kirche und Religion, dort das Licht der den Menschen in den Mittelpunkt der Welt rückenden Renaissance, bestimmt auch den Handlungsaufbau des Renaissance-Romans.[3] Erzählt wird in *La Primavera* eine Romeo und Julia-Geschichte, die Geschichte zweier Liebender aus miteinander verfeindeten Familien entlang der Gegensätze von Jugend und Alte, Glaube und Zweifel, sinnlicher Kunst und sinnenfeindlicher Kirche. Der Roman ist trotz der schematischen Anlage nicht in einem aufdringlichen Ton verfasst, sondern folgt den Mustern des historischen Romans, seinem Reichtum an Handlung

2 Max Kruse: Im weiten Land der Zeit. Bd. 1: Vom Urknall bis Galileo. Bd. 2: Von Galileo bis heute. München: Bertelsmann 1997 und 1998.

3 Max Kruse: La Primavera. Ein historischer Roman. Berlin: Edition Q 1991.

und historischem Kolorit. Auch hier verwendet Kruse das historische Fortschrittsschema demonstrativ, wenn auch funktional eingebunden in die narrative Dramatisierung der Handlung. Dem Leser muss das kompositorische Prinzip des renaissancistischen Schemas nicht weiter auffallen und die Werbung des Bastei-Lübbe-Verlag, bei dem 1997 der Roman unter dem Titel *Der Kronenkranich* wiederaufgelegt wurde, verweist nicht auf das das implizite Wertungsschema.[4] Aber die Anlage des Romans ist kein Zufall, sondern hat viel mit dem Thema zu tun, mit dem sich Max Kruse in seinen letzten Lebensjahren so auffällig befasst hat, der humanistischen Weltanschauung. Sie war das bestimmende Thema seines letzten Lebensjahrzehnts.

In den letzten Jahren vor seinem Tod schreibt Kruse zwei umfangreiche populär-philosophischen Werke, die in verschiedenen Auflagen alle im freigeistigen Angelika Lenz-Verlag zwischen 2007 und 2010 erschienen sind. Unter dem Pseudonym Friedhelm Schenitz schreibt Kruse zunächst eine mehr als vierhundert Seiten umfassende Kritik des Christentums *En(t)dzauberung. Herbst des Religionszeitalters.*[5] Die religionskritischen Überlegungen werden als eine fiktive Korrespondenz zwischen einem alten, ebenso kauzigen wie eigenwilligen Professor Kasimir Nepomuk an eine nicht näher umrissene, junge Briefpartnerin Yü-Ling inszeniert und spielt in einer kosmischen Zukunft im Jahr 2251 bzw. 349 nach der neuen Zeitrechnung. Denn nach einer in den Briefen nur als Hintergrund umrissenen historischen Entwicklung, ist die Menschheit ihrer selbst bewusst geworden und hat den Fanatismus der Religionen und Bekenntnisse überwunden. Angedeutet wird, dass es, nachdem der amerikanische Präsident von Islamisten in Geiselhaft genommen wurde, zu einem globalen Glaubenskrieg gekommen sei, bei dem zwei Drittel der Weltbevölkerung ausgelöscht wurde und sich die Natur viele, von den Menschen verlassene Räume rückerobert habe. Das überlebende Drittel der Menschheit hat aus der Geschichte gelernt und sich zu einer Globalunion vereint, die in einem ewigen Frieden lebt, die Hetze des ökonomischen Profitstrebens in eine «atmende Ökonomie»[6] mit mässiger,

4 Neuausgabe Max Kruse: *Der Kronenkranich.* Bergisch-Gladbach: Bastei-Lübbe 1997.

5 Friedhelm Schenitz [d. i. Max Kruse]: *En(t)dzauberung. Herbst des Religionszeitalters.* Antworten auf verloren gegangene Briefe. Neustadt am Rübenberge: Lenz 2007.

6 Ebd., S. 35.

auf die einfachen Bedürfnisse des Menschen ausgerichtete Marktwirtschaft verwandelt hat, sich vegetarisch ernährt, und sich der Relativität aller Überzeugungen bewusst ist. Aus dieser utopischen Zukunft sind die Briefe geschrieben.

Inhaltlich gehen die Briefe ohne systematischen Anspruch die klassischen Felder der Religionskritik durch, das ohne eifernden Ton, wenn auch mit doch fester Überzeugung von der Richtigkeit der neuen Weltordnung. Diese Briefe aus der Zukunft beschreiben weitgehend gelassen im Ton das Phänomen des Glaubens als eine Wunderlichkeit vergangener Zeiten, wie unwahre Behauptungen Macht über die Menschen gewinnen konnten, benennt die Widersprüche im Alten und Neuen Testament, verweist auf die Ungereimtheiten und unbewiesenen Behauptungen in den Überlieferungen der Evangelien über das Leben Jesu, beschreibt den Aufstieg der Kirche als Institution der bloßen Macht und geht in den abschliessenden Kapiteln auf Fragen nach dem Tod und dem Misslingen aller Gottesbeweise ein. Die Gegenbriefe fehlen und so setzen die Briefe von der Insel Madeira in die irgendwo in Asien liegende Sonnenstadt der Briefempfängerin stets mit einer Evokation einer positiven Naturerfahrung ein, bevor der Professor grundsätzlicher wird, etwa gleich zu Beginn:

> Welch ein Gegensatz – welch ein Kontrast der Lebensart und Anschauungen. Ich vermute, Sie zielen vor allem auf das Christentum. Das wäre auch nicht falsch, denn der Gott der Christen ist der des alten [sic!] Testaments, er ist auch der Gott der Juden und des Islam. Diese drei Wüstenreligionen, die sich auf Lehrer, Heilige und Verkünder berufen, die von der Welt und vom Universrum nicht die geringste Ahnung gehabt haben, entsprachen sich auch in ihrer Intoleranz, ihrem Doktrinarismus, ihrem Dogmatismus und ihrer Behauptung, jeweils allein im Besitz der Wahrheit zu sein. Ich verstehe das an dieser Stelle noch nicht einmal als Vorwurf. Jede Religion ist dogmatisch, sie muss dogmatisch sein, um ihren Anspruch als Heilsgewissheit erheben zu können. Allerdings bestand das Dilemma der Religionen ja schon immer darin, dass sie ihren Glauben einerseits absolut und als Wahrheit bezeichneten, aber andererseits das völlig Unvernünftige verkündeten.[7]

Die vorausgegangenen zweitausend Jahre des Christentums sind im Rückblick nur eine sonderbare Episode in der kosmischen Menschheitsgeschichte, ein Relikt in einer Zeit der Zukunft, die fast alle Grenzen überwunden hat,

---

7 Ebd., S. 7.

längst im Weltraum siedelt, das freie Denken eines Epikurs zum Maßstab nimmt und weiß, das Vernunft ist «immer atheistisch» ist.[8] Die Briefe wechseln rasch die Themen, sprechen mal über die kulturelle Überlegenheit Griechenland gegenüber Judäa, erinnern an die öffentlichen Todesdrohungen gegen Salman Rushdie, loben die Aufklärung und berichten von der Ermordung des niederländischen Filmeregisseurs und Politikers Theo van Gogh. Eingestreut werden die verschiedenen religionskritische Topoi von der Religion als Rauschmittel, den biblischen Geschichten als blosse Legenden, der unsicheren Überlieferung über das Leben Jesu, denen das Lob der Epikureer, Stoiker oder der vorantiken Schule des chinesischen Mohismus entgegengestellt wird. Dazwischen werden die Einsichten der religionskritischen Klassiker wie Feuerbach, Voltaire oder Nietzsche zitiert. Kruse stellt mit dieser lockeren Anlage keinen systematischen Anspruch; vielmehr springt er im Duktus einer Blütenlese mal zu Dante, spricht dann über Horkheimer, wechselt zu Gedanken über die Bilder Canalettos und räsoniert über die Frage, wieviel besser es der Menschheit erginge, wenn sie statt sich mit der Erbsündenlehre zu beschäftigen, den Tod als nüchterne Tatsache der Natur hinzunehmen gelernt hätte. Angedeutet wird dieser glückliche Tod im Einklang mit der Natur, wenn erwähnt wird, dass der Briefschreiber und bekennende Atheist Kasimir Nepomuk nach einem erfüllten Leben durch einen Blitzschlag stirbt. Die Briefe, so die Fiktion des Buchs, sind posthum herausgegeben.

Kruses Buch ist kein Manifest, aber ein «ein parteisches Buch»[9], halb gelehrt und halb naiv parlierend und stellenweise unentschieden, wo es erzählen und wo es verkünden will, ob es als Buch eines Weisen oder nur eines «alten Erdlandstreichers, eines Lebenstrunkenen»[10] aufgefasst werden soll, wie er sich selbst charakterisiert. Zu dem stärker bekennenden Duktus des Buchs zählt sein Schluss, ein Langgedicht in schlichten, sentenzenhaften Verszeilen über hundert Seiten, aufgezeichnet von einem nicht näher beschriebenen alten Weisen namens Joanno Bertoldo. Es schlägt einen religiösen Ton an, in der Absicht die Religion zu widerlegen:

8 Ebd., S. 41.

9 Ebd., S. 403.

10 Ebd., S. 11.

Absurd, einen Gott zu erfinden,
weil wir ohne ihn nicht leben können.
Ein erfundener Gott ist ein Popanz.
Gott ist nicht, war nie und wird nie sein.
Damit müssen wir leben, nur das heißt: in Würde leben![11]

Wer in Betracht zieht, dass Max Kruse dieses Buch wenige Jahre vor seinem Tod geschrieben hat, spürt die existentielle Selbstversicherung dieser Zeilen. Über die letzten Fragen wenigstens näherungsweise Gewissheit zu erlangen, das ist hier die Absicht; aber auch andere von diesen Einsichten zu überzeugen, machen dieses Buch aus. Der Bekenntnis- und ja, auch der Bekehrungscharakter dieses langen Schlusskapitels geht auch aus dem Umstand hervor, dass eben dieses Kapitel als ein eigenes Buch 2008 unter dem Titel *Gott oder Nichtgott das ist hier die Frage* im selben Verlag erschienen ist, jetzt aber nicht unter einem Pseudonym, sondern unter dem Namen Max Kruse.[12] Im selben Jahr erschien dann auch noch der übrige Teil des Buchs, die Briefe des Professor Kasimir Nepomuk unter dem Titel *Antworten aus der Zukunft*,[13] jetzt auch unter dem Namen des tatsächlichen Verfassers Max Kruse. Ein Buch zunächst unter einem Pseudonym herauszubringen und es ein Jahr später unter dem richtigen Autorenname mit einem veränderten Titel wiederaufzulegen, unterstreicht einmal mehr, wie wichtig diese Bekenntnisse in Briefen Max Kruse gewesen sein mussten. Sie sind Max Kruses Alterswerk.

Die Bedeutung der philosophischen Selbstversicherung für Max Kruse unterstreicht eines seiner letzten Bücher überhaupt, die fiktive Vorlesungsreihe *Besen, Besen, seid's gewesen.*[14] *Eine Vorgeschichte der Aufklärung*, 2010 ebenfalls im Angelika Lenz-Verlag erschienen. Für dieses Buch wählt Kruse eine ähnliche, nur angedeutete narrative Einkleidung wie schon für das vorausgegangene Buch *Herbst des Religionszeitalters*, nur dass anstelle eines

11 Ebd., S. 310.

12 Max Kruse: *Gott oder Nichtgott das ist hier die Frage*. Reflexionen. Neustadt am Rübenberge: Lenz 2008.

13 Max Kruse: *Antworten aus der Zukunft: ein Weg zu neuer Humanität*. Neustadt am Rübenberge: Lenz 2008.

14 Max Kruse: *Besen, Besen, seid's gewesen. Eine Vorgeschichte der Aufklärung*. Neu-Isenburg: Lenz 2010.

fingierten Briefwechsels die Fiktion einer Vorlesungsreihe genutzt wird. Auch hier wird eine Perspektive des Rückblicks aus der Zukunft auf die vergangene Geschichte der Erde gewählt, und auch hier ist es ein alter, etwas eigenwilliger Professor der jungen Studenten auf einem anderen Planeten, der keine Religion mehr kennt, über das wunderliche Leben auf der früheren Erde aufklärt. «Terrasophie»[15] nennt der alte Weise diese, seine Wissenschaft. Und sein Name ist «S-Urk» für «Kruse» rückwärts gelesen und etwas asiatisiert. Die Vorlesung über die Menschenkunde des Professor Kruse mit gelegentlichen studentischen Zwischenrufen folgt dem geschichtsphilosophischen Aufriss seines vorangegangenen Buchs. Zunächst spricht er allgemein über die Eigenheiten der Menschen und seiner unverbesserlichen Neigung zum Irrglauben, dann über die Frühgeschichte des Menschen, betont anschliessend den Gegensatz zwischen der griechischen Philosophie und dem christlichen Glauben in Judäa, um dann Aufklärung im überhistorischen Sinn bei Pythagoras beginnend in der Aufklärung des 18. Jahrhunderts kulminieren zu lassen. Entlang einer Reihe bedeutender Philosophen entfalten die Vorlesung eine Fortschrittserzählung hin zum «Licht der Humanität».[16] Ihr gegenüber steht das betrügerische Werk der Religionen, die aber nun nach einer nicht näher umrissenen Katastrophe überwunden sind. Daher kann der Professor am Ende gelassen schliessen: «Nun schwieg Professor S-Urk endgültig und verließ, begleitet vom Beifall seiner Hörer, den Saal. Auch die Studenten strebten ins Freie – glücklich Kinder, die sich nicht als Ebenbild eines Gottes und Krone der Schöpfung empfanden, sondern als lebende Wesen unter lebenden Wesen, als bevorzugte Teile der sich unerschöpflich entwickelnden Natur.»[17]

Es ist einfach, die Thesen und historischen Konstruktionen, die auch diesem Buch Kruses zugrunde liegen, zu kritisieren, denn zu leicht gehen richtige Beobachtungen mit völlig abseitigen Behauptungen durcheinander, werden geschichtsphilosophische Modelle genutzt, die in den Geschichtswissenschaften keinen Halt haben und Biographien werden um wesentliche Teile verkürzt und auf die Fortschrittserzählung hingebogen, so dass eine wissenschaftliche Plausibilität des ganzen Buchs nicht behauptet werden

---

15 Ebd., S. 13.

16 Ebd., S. 209.

17 Ebd., S. 342.

kann. Aber offensichtlich ging es Max Kruse nicht um die Anerkennung der Wissenschaften. Seine geschichtsphilosophischen Veröffentlichungen sind vielmehr Bekenntnis und Predigt zugleich, adressiert ebenso an sich selbst wie an die Menschheit. Sie sind aus der Perspektive einer festen Überzeugung von der Richtigkeit der eigenen humanistisch-atheistischen Überzeugung geschrieben. Sie sind eine Selbstvergewisserung angesichts des bevorstehenden eigenen Todes, aber sie sind zugleich auch an die Welt gerichtet: «Leider verfügten die Erdmenschen in der Regel über ein außerordentlich geringes Wissen über die wesentlichen Zusammenhänge, was ja schließlich zu ihrem Untergang geführt hat. Man kann die Erdmenschen auch als die Lebewesen bezeichnen, denen immer wieder erklärt werden musste, wie man richtig lebt, wie man isst, putzt, redet, atmet, läuft, denkt.»[18] Diese richtige Erklärung zu geben, nicht weniger ist der Anspruch des späten Max Kruses. Der Professor Kruse erklärt sich und seinen Mitmenschen das gelingende Leben, im Ton belehrend, kaum erzählend, alles zweifellos ein Anliegen für Max Kruse, der sich mit diesem Spätwerk in eine lange Reihe der Religionskritik seit dem 19. Jahrhundert einreiht.

Max Kruse im Kontext der nachidealistischen Philosophie

Kruses Philosophie steht in der Tradition der Philosophie nach Hegel und nimmt vor allem deren religionskritische Argumente auf. In der Geschichte der Philosophie kommt es nach Hegels Tod 1831 zu einer folgenreichen Weichenstellung. Dass Philosophie die wesentliche Form der Wissenschaft sei, diese Auffassung beginnt sich im Laufe des 19. Jahrhunderts aufzulösen. Die idealistische Konzeption von Philosophie als Wissenschaft hat die Einheit von Sein und Denken, dem Wahren, Guten und Schönen vorausgesetzt, das den erkennenden Geist zu sich selbst zu führen vermag. Die nachidealistische Philosophie verliert aufgrund mehrerer Faktoren das Zutrauen in diese Einheit und formuliert sich nicht mehr als Systemphilosophie, sondern wesentlich als Kritik, die in ihrem Gesamtdeutungsanspruch der Wirklichkeit in Konkurrenz zu den aufkommenden modernen Wissenschaften steht. Ganzheitsvokabeln wie die des Lebens, der Lebensanschauung und

18 Ebd., S. 13.

der Weltanschauung haben Konjunktur[19] und werden teils auch als Modewörter kritisiert.[20] Im Wettbewerb mit der Szientifizierung der Wissenschaften, ihrer anonymisierten Professionalisierung, wertfreien Versachlichung und Anlage zu Großforschung versucht die Philosophie des 19. Jahrhundert die denkende Selbststätigkeit des Individuums durch einen Historismus wiederzugewinnen. Philosophie wird dabei zur Geschichte der Philosophie statt Systemphilosophie, die Untersuchungen der Werthaltungen und Weltanschauungen des Menschen zu einem ihrer prominenten Themen, institutionalisiert in den entstehenden Geisteswissenschaften und ihrem Programm einer verstehenden Anschauung der Geschichte von Weltanschauungen, die dem modernen Relativismus nicht zu entgehen vermögen.[21] Systematische Erklärungsansprüche werden privat und zugleich historisch relativiert. Das alles ist eine sehr deutsche Geschichte der Wissenschaften, in der Kruses späte Bücher zu verstehen sind.

Ein Ausweg aus dem Relativismus des Historismus ist der Versuch sich an eine Leitwissenschaft wie der Physik anzuhängen. Der Materialismus des 19. Jahrhundert ist ein solcher Versuch, der wissenschaftlichen Selbstverständigung mit einem die ganze Welt erklärenden Anspruch, wie sie es Hegels Philosophie vorgegeben hat. Materialismus als konsequenter Szientismus formuliert sich im 19. Jahrhundert wesentlich als Religionskritik, auch hier Hegels Philosophie folgend. Die Linkshegelianer wie David Friedrich Strauß oder Bruno Bauer ziehen aus Hegels Religionsphilosophie die Konsequenz einer grundlegenden Kritik am Christentum und an der Religion überhaupt. Während bei ihnen oder auch bei Max Stirner noch der einzelne Mensch Gegenstand der Kritik und die Historisierung des Leben Jesu eine exemplarische Kritik der Religion ist, wird bei Ludwig Feuerbach die Religionskritik anthropologisch gewendet und bei Friedrich Engels und Karl Marx dann zu einer Folge der gesellschaftlichen Verhältnisse erklärt. Sie alle gehen für ihr

19 Exemplarisch sei das immer wieder aufgelegte Buch genannt von Rudolf Eucken: *Die Lebensanschauungen der großen Denker*. Leipzig 1890, vgl. dazu Horst Thomé: Weltanschauung. In: *Historisches Wörterbuch der Philosophie*. Band 12, hg. von Gottfried Gabriel, Basel: Schwabe 2005, S. 453–460.

20 Vgl. z. B. Jacob Burckhardts Brief an Gottfried Kinkel (26. April 1844), abgedruckt in: *Basler Zeitschrift für Geschichte und Altertumskunde* 19 (1921), S. 276.

21 Vgl. Herbert Schnädelbach: *Philosophie in Deutschland 1831–1933*. Frankfurt/M.: Suhrkamp 1983.

Konzept des angemessenen Denkens davon aus, dass die Philosophie bei Hegel zu sich selbst gekommen sei und nichts wesentlich Neues gedacht werden könne, es vielmehr darum gehe, die Philosophie praktisch werden zu lassen. Ihr systematischer Metaanspruch wird aufrechterhalten, ohne dass er noch argumentativ eingeholt werden kann. Kritik ist das Substitut der Argumente. Philosophie hat ihre Berechtigung jetzt als Kritik und stellt so die Philosophie vom Kopf auf die Füße. Das formuliert eines der einflussreichsten philosophischen Veröffentlichungen des 19. Jahrhunderts sehr klar, Friedrich Albert Langes *Geschichte des Materialismus und Kritik seiner Bedeutung in der Gegenwart* 1875: «Der Bruch des deutschen Idealismus, den wir vom Jahre 1830 her datieren, ging allmählich in einen Kampf gegen die bestehenden Gewalten in Staat und Kirche über, bei der philosophische Materialismus zunächst hier eine untergeordnete Rolle spielte, während doch der ganze Charakter der Zeit sich zum Materialismus hinzuneigen begann.»[22] Dass die Geschichte unaufhaltsam in Richtung einer Materialismus fortschreite und dabei die überkommenen Instanzen der menschlichen Ordnungen, insbesondere die Religion aufhebt, gehört zum Credo der Linkshegelianer. Aus ihr entsteht die Gesellschaft der Zukunft und mit ihr kommt der Geist zu sich selbst.

Max Kruse steht in dieser Tradition des Linkshegelianismus, ohne selbst deshalb Philosoph im disziplinären Sinn des Worts zu sein oder es sein zu wollen. Sehr wohl stellt er aber einen grundsätzlichen Anspruch an sein Denken über den Menschen und seine Geschichte. Mit Hegel nimmt er an, dass die Geschichte eine Richtung hat, die des zu sich selbst kommenden Geistes, mit den Linkshegelianern ist er davon überzeugt, dass diese Selbsttätigkeit des Geistes aus der Geschichte abgelesen werden können und diese Geschichte wesentlich eine Geschichte der Überwindung der den Geist einengenden Institutionen sei, vor allem der Religion im Allgemeinen und des Christentums im Besonderen. Die Geschichte ist daher eine Geschichte der Freiheit und die Utopie des harmonische mit sich selbst identischen Menschen der Punkt, von dem aus Kruse seine Briefe und Vorlesungen schreibt. Er ist der Hegel aus der Zukunft.

22 *Friedrich Albert Langes Geschichte des Materialismus und Kritik seiner Bedeutung in der Gegenwart.* II. Buch, 1875, hrsg. und eingeleitet von Alfred Schmidt, Frankfurt 1974, S. 529.

Eng mit dem Materialismus des 19. Jahrhundert verknüpft ist die Rezeption des Darwinismus, das nicht ohne Widersprüche. Denn die Evolutionstheorie bietet zwar eine radikale Ausdehnung der Temporalisierung aller Erkenntnisse auf die Geschichte der Erde an, zugleich kennt sie kein historisches Ziel. Sie ist im vielen ein Gegenprogramm zum Historismus und seinem Hegelianischen Erbe von der zielgerichteten Selbstentfaltung des Geistes. Daher wird die Evolutionstheorie von Teilen der Linkshegelianer wie gerade von Marx und Engels abgelehnt, von anderen aber in den Materialismus integriert. Die vielgelesene Schrift des Theologen David Friedrich Strauß *Der alte und der neue Glaube* von 1872 ersetzt die christliche Vorstellung der Schöpfung durch das Konzept der Evolution von Organismen. Strauß verstand sich selbst nicht mehr als Christ, sondern deutet die Evolution als eine «Werkstätte des Vernünftigen und Guten».[23] Das ist in Grundzügen dann auch das Programm Max Kruses.

Der Darwin-Schüler Ernst Haeckel ist der wohl wichtige Protagonist für dieses Programm, Hegelianismus, Materialismus und Evolutionstheorie zu vereinen. Sein in unzähligen Auflagen verbreitetes Buch *Welträtsel. Gemeinverständliche Studien über monistische Philosophie*, zuerst 1899 erschienen,[24] wird zur «Bibel» der Freidenker oder Freisinnigen und versteht sich dezidiert als neue Religion nach der Religion. Die Federführung für den am 11. Januar 1906 in Jena gegründete Deutschen Monistenbund lag nicht zufällig bei den beiden Biologen Ernst Haeckel und Wilhelm Breitenbach wie auch bei dem Bremer Reformtheologen Albert Kalthoff. Man verstand den Monismus ausdrücklich als eine Weltanschauung von kulturbildender Bedeutung in bewusster Konkurrenz zum Christentum,[25] wie auch ein historisches Detail unterstreicht: Während der Verfolgung in der Zeit des Nationalsozialismus

23 David Friedrich Strauß: *Gesammelte Schriften*. Hg. von Eduard Zeller, Bd. 6, Bonn 1876, S. 94.

24 Ernst Haeckel: *Die Welträtsel. Gemeinverständliche Studien über monistische Philosophie*. Bonn 1899.

25 Rosemarie Nöthlich / Heiko Weber / Uwe Hoßfeld / Olaf Breidbach / Erika Krausse (Hg.): *«Substanzmonismus» und/oder «Energetik». Der Briefwechsel von Ernst Haeckel und Wilhelm Ostwald (1910 bis 1918)*. Zum 100. Jahrestag der Gründung des Deutschen Monistenbundes. Berlin: Verlag für Wissenschaft und Bildung 2006, außerdem Heiko Weber / Maurizio Di Bartolo / Olaf Breidbach (Hg.): *Monismus um 1900. Organisation und Weltanschauung*. Stuttgart: Franz Steiner 2008.

wurde der Monistenbund als gottgläubig und offizielle Religion der Freidenker neben Protestantismus und Katholizismus betrachtet und unterdrückt. Die Publikation der naturhistorischen Schriften Goethes und die Renaissance der Naturphilosophie um 1900 allgemein oder auch die Entstehung der Lebensreformbewegung wie der Anthroposophie bis hin zur Anlehnung der Darstellung Darwins und Haeckels in der ikonographischen Tradition der Aposteldarstellung illustrieren den weltanschaulichen Anspruch des Monismus bis heute. Das ist der werkbiographische Hintergrund Max Kruses.

Urmel und die Evokids

Max Kruse hat ohne systematischen Anspruch das Ensemble an Überzeugungen des weltanschaulichen Materialismus übernommen, um auf die ihn bewegenden Fragen eine Antwort zu finden. Seine Einlassungen sind daher zugleich Privatreligion wie Weltanschauung mit universalem Anspruch, ebenso Religionskritik wie quasi-religiöse Überzeugung, Bekenntnis und Predigt in einem. Die wichtigsten Topoi der nachidealistischen Philosophie finden sich denn auch in seinen letzten Büchern, die ausgeprägte Kritik des Christentums, die Thematisierung der konfligierenden Werthaltungen auch gegenwärtig mit dem islamistischen Fundamentalismus, die historische und zugleich universell angelegte Selbstverständigung aus der Geschichte und das Zutrauen in die humane Selbstvollendung sowohl der Menschheit wie auch des eigenen, gelingenden Lebens.

Kruse hat in Interviews und dann auch in seiner 2011 erschienen Autobiographie *Im Wandel der Zeit: wie ich wurde, was ich bin* immer wieder betont,[26] wie sehr es sein großbürgerliches Elternhaus war, die berühmte Puppenmacherin Käte Kruse und der kaum weniger bekannte Bildhauer und Bühnenbildner Max Kruse, die vermögend, tolerant und den Ideen der Lebensreform zugeneigt waren, das den Kindern eine offene und tolerante Lebenssicht vermittelt hat. Der kleine Max besuchte den Kindergarten der mit der Lebensreform engverbundenen Odenwaldschule, wenn er auch als eher kränkliches Kind dann nicht dort zur Schule gehen konnte. Die

26 Max Kruse: *Im Wandel der Zeit: wie ich wurde, was ich bin.* Stuttgart, Wien: Thienemann 2011.

enge Verbindung von Lebensreform und freigeistiger Religionskritik hat Kruse nicht als dogmatische Verfestigung eines Sektierertums erfahrt, sondern als großherzige Neugierde auf die Welt und ihre Menschen. Sie gehört zu seiner Biographie, auf die er im Alter wieder zurückkommt. Im Rückblick ist seine Lebensgeschichte geradezu eine Bilderbuchkarriere der engen Verzahnung von Verbürgerlichung und Ästhetisierung der Lebenswelt, wie die Historiker den Prozess der kulturellen Vergesellschaftung seit dem 19. Jahrhundert beschreiben.[27] Schriftsteller zu werden, war für dieses Bürgertum eine Selbstverständlichkeit, genauer noch: es ist eine Weise der Verbürgerlichung selbst, auch dort, wo man sich in den Avantgarden und lebensreformerischen Bewegungen gegen das Bürgertum wendet. Gerade dort war man von der bürgerlichen Liberalität geprägt. Insofern gehört die Weltanschauung zur Biographie des Bürgers und Schriftstellers Max Kruse.

In einem Interview aus dem Jahr 2006 für die Zeitschrift des Humanistischen Verbands Deutschlands wurde Kruse darauf angesprochen, ob nicht seine Figur Urmel mit seiner freigeistigen Überzeugung in einem engeren Zusammenhang stünde. Kruse hat das zurückgewiesen und betont, warum weltanschauliche Debatten nicht in Kinderbücher gehören: «Nein, meine Kinderliteratur ist nicht atheistisch. Nur ist sie auch nicht fromm. Ich bin der Meinung, dass man in die Familie keinen Unfrieden tragen sollte. Die Geborgenheit der Kindheit sollte man bewahren, weil Kinder sich noch nicht mit ihren Eltern wirklich auseinandersetzen können. Ab der Pubertät kann und sollte man diese Fragen ansprechen.»[28] Die Idee für die Urmel-Figur kam ihm eingegeben, als er sich 1968 die erste Tiefkühltruhe gekauft hatte, so seine Selbstaussage. Erst mit seinem Jugendbuch *Im weiten Land der Zeit* schlägt Kruse für diese Altersgruppe bewusst das Thema Religionskritik an und kündigt in demselben Interview zwei weitere Bücher an, die für Erwachsene seine Weltsicht ausformulieren sollen, eben die Briefe und die Vorlesungen aus der Zukunft. Anlass waren hier die Anschläge vom 11. September 2001 und der wachsende Einfluss des Fundamentalismus auch in Europa. Hier versteht sich der Kinderbuchautor Max Kruse als Bürger, der seine Stimme gegen diese so fatalen Entwicklungen erhebt.

27 Thomas Nipperdey: *Wie das Bürgertum die Moderne fand*. Berlin 1988.

28 *Diesseits*. Zeitschrift des Humanistischen Verbands Deutschlands 77, 4 (2006), S. 24–26, http://pannwitzblick.com/infopool/weltan/human-vd/whsta169.html.

Wie wichtig Max Kruse im hohen Alter das Engagement für seine Weltanschauung war, verdeutlicht der letzte Band in der Reihe der Urmel-Bücher, denn er ist eng mit Kruses Eintreten für die freigeistige Giordano-Bruno-Stiftung verbunden. An die Stiftung, die den evolutionären Humanismus fördert und eine auf einem wissenschaftlichen Materialismus und Darwinismus aufbauende Weltanschauung verbreiten möchte, war Kruse selbst herangetreten und gehört dann ihrem Beirat mehrere Jahre lang an, wie übrigens auch Karin Duve. Für die Stiftung und ihr Anliegen hat sich Kruse in seinen letzten Lebensjahren nachdrücklich eingesetzt und noch die Traueranzeige zum Tod Max Kruses bittet um Spenden auf das Konto der Giordano-Bruno-Stiftung.

Wie wichtig die evolutionären Überzeugungen Max Kruse waren, verdeutlicht ein Projekt, das er 2013, zwei Jahre vor seinem Tod umgesetzt hat. Er überlässt der Giordano-Bruno-Stiftung die Nutzung seiner Urmel-Figur für das Projekt *Evokids – Evolution in der Grundschule* und schreibt 13 Jahre nach dem letzten Band in der Urmel-Reihe einen weiteren, zwölften Band *Urmel saust durch die Zeit*, wieder im Stuttgarter Thienemann Verlag erschienen.[29]

Erst in dem Band wird Urmel von einer Figur der Kinderliteratur zu einer didaktisch verwendeten Ikone für das neue, wissenschaftlich aufgeklärte Denken, das in Grundschulen vermittelt werden soll, eine Entscheidung, die in der Kritik nicht nur positiv aufgenommen wurde. Denn Kruse legt seine letzte Urmel-Geschichte jetzt ähnlich wie seine anderen späten Bücher an, als eine Zeitreise mit dem von Professor Tibatong gebauten Zeitgleiter. Urmel löst versehentlich den Zeitgleiter aus und findet sich mit den Figuren Tim, Wawa und Ping am Beginn der Evolution vor sieben Milliarden Jahren wieder, während Professor Tibatong die Zeitreisenden zurückzuholen versucht und Wutz vielfach in Ohnmacht fällt. Die Erfahrungen der Zeitreisenden und ihre Kommentierung durch Professor Tibatong strukturieren dieses letzte der Urmel-Bücher. Doch Stil und Themen weichen deutlich von den übrigen Bänden ab, wie die Leser kritisieren,[30] denn Kruses Religionskritik ist für ein Kinderbuch ungewöhnlich drastisch herausgestellt, wenn etwa von

29 Max Kruse: *Urmel saust durch die Zeit*. Stuttgart: Thienemann 2013.

30 Z. B. die Rezensionen auf Amazon, https://www.amazon.de/Urmel-saust-durch-die-Zeit/dp/3522183533.

Menschenopfern und Schlachten aus religiösen Glaubensvorstellungen die Rede ist. Gegen Kruse eigene Einsicht in die Eigenlogik der Kinderliteratur überformt eine weltanschauliche Pädagogik das zwölfte der Urmel-Bücher und unterstreicht einmal mehr die obsessive Beschäftigung der alten Max Kruse mit weltanschaulichen Fragen.

Die drastische Entscheidung Kruse wider sein eigenes Wissen um die Besonderheiten der Kinderliteratur hat auch mit der Einbindung des Buchs in das 2014 startende Projekt der Giordano-Bruno-Stiftung zu tun. *Evokids – Evolution in der Grundschule* stellt kostenfrei Lehrmaterialien für Kinder zwischen fünf und zehn Jahren zur Verfügung, um frühzeitig das Thema Evolution zu vermitteln.[31] Leitfigur ist Urmel, angeboten werden Arbeitsblätter, Grafiken und Bastelanleitungen zur Geschichte der Evolution, ihren Mechanismen und ihrer Wirksamkeit auf den Menschen, geeignet für kleine, aber auch grössere Unterrichtseinheiten. Damit verlässt Kruse sein literarisches Feld, wechselt in das von Pädagogik und Weltanschauung und gerät damit in die Schwierigkeiten, denen die Weltanschauungsliteratur im Allgemeinen und die Literatur des Naturalismus im Besonderen schon vor mehr als hundert Jahren ausgesetzt war. Literatur und Wissenschaften waren schon damals soweit auseinandergetreten, dass eine Literatur der Welträtsel selbst unvermeidlich zur Weltanschauung geworden ist.[32] Dagegen lebt die wunderliche Idee Hugh Loftings für seine *Story of Doctor Dolittle* von 1920, die Kruses Urmel-Geschichte ja Pate gestanden hat, gerade von seiner Distanz zum Realismus der Pädagogik. Die liebenswerten Figuren Loftings und Kruses mit ihren Eigenheiten stellt Fantasie und nicht den Ernst von Religionskriegen heraus. Sie sind darum wunderbare Literatur für kleine Leser.

Es führt daher kein Weg an der Einsicht vorbei, dass die obsessive Befassung mit Fragen der Evolution, Menschheitsgeschichte und Religionskritik den Kinderbuchautor Max Kruse von seinem Metier entfernt hat. Dass dies auch mit naheliegenden Fragen nach dem eigenen Sterben und einem möglichen assistierten Suizid zu tun haben dürfte, scheint an verschiedenen

31 Evokids – Evolution in der Grundschule, https://evokids.de.

32 Horst Thomé: Weltanschauungsliteratur. Vorüberlegungen zu Funktion und Texttyp. In: *Wissen in Literatur im 19. Jahrhundert.* Hrsg. von Lutz Danneberg und Friedrich Vollhardt. Berlin: de Gruyter 2002, S. 338–380.

Stellen durch. Aber über Kruse Motive und seine Überzeugungen steht uns kein Urteil zu, über seine Bücher jedoch schon. Wir sind seine Leser und werden es bleiben, aber wohl mehr der Bücher des Professors Tibatong.

Anhang

Auflagengeschichte und mediale Transpositionen ausgewählter Serien von Max Kruse

Studierende der Buchwissenschaft der LMU München

Inhalt

Die *Löwe*-Serie – Ausgaben und mediale Transpositionen 1952–2019[1]

Ausgaben

Der Löwe ist los! Eine Geschichte für grosse und kleine Leute. Gez. von Franziska Bilek. Freiburg i. Br. Klemm 1952, 43 S.

Kakadu in Nöten. Mit Bildern von Horst Lemke. Düsseldorf: Hoch Verlag 1958, 95 S.

Lizenz an: Berlin, Darmstadt, Wien: Dt. Buch-Gemeinschaft 1961. 95 S. Querformat.

Sultan in der Grube. Mit Bildern von Horst Lemke. Düsseldorf: Hoch Verlag 1959, 95 S.

Lizenz an: Berlin, Darmstadt, Wien: Dt. Buch-Gemeinschaft 1962. 95 S. Querformat.

Der Löwe ist los! Mit Bildern von Horst Lemke. Düsseldorf: Hoch Verlag 1960, 78 S.

Querformat. Neuausgabe von 1952.

Der Löwe ist los! Mit Bildern von Horst Lemke. Düsseldorf: Hoch Verlag 1965, 159 S.

Lizenz an: Stuttgart, Hamburg: Dt. Bücherbund 1965; Stuttgart: Europ. Bildungsgemeinschaft – Gütersloh: Bertelsmann – Wien: Buchgemeinschaft Donauland – Berlin, Darmstadt, Wien: Dt. Buch-Gemeinschaft 1971; Wien: Tosa 1991.

Kommt ein Löwe geflogen. Mit Bildern von Horst Lemke. Düsseldorf: Hoch Verlag 1966, 159 S.

Lizenz an Stuttgart, Hamburg: Dt. Bücherbund 1967; Stuttgart: Europ. Bildungsgemeinschaft – Gütersloh: Bertelsmann – Wien: Buchgemeinschaft Donauland – Berlin, Darmstadt, Wien: Dt. Buch-Gemeinschaft 1972; Wien: Tosa 1991.

Gut gebrüllt, Löwe. Mit Bildern von Horst Lemke. Düsseldorf: Hoch Verlag 1967, 158 S.

Lizenz an: Stuttgart, Hamburg: Dt. Bücherbund 1968; Berlin, Darmstadt, Wien: Dt. Buch-Gemeinschaft 1970; Stuttgart: Europ. Bildungsgemeinschaft – Gütersloh: Bertelsmann – Wien: Buchgemeinschaft Donauland – Berlin, Darmstadt, Wien: Dt. Buch-Gemeinschaft 1972; Zürich: Verl. am Wasser 1986; Wien: Tosa 1991.

Löwe gut, alles gut. Mit Bildern von Horst Lemke. Düsseldorf: Hoch Verlag 1969, 160 S.

Lizenz an Stuttgart, Hamburg: Dt. Bücherbund 1970; Stuttgart: Europ. Bildungsgemeinschaft – Gütersloh: Bertelsmann – Wien: Buchgemeinschaft Donauland – Berlin, Darmstadt, Wien: Dt. Buch-Gemeinschaft 1972.

Der dicke Löwe kommt zuletzt. Mit Bildern von Horst Lemke. Düsseldorf: Hoch Verlag 1970, 160 S.

Lizenz an Stuttgart, Hamburg: Dt. Bücherbund 1971; Stuttgart: Europ. Bildungsgemeinschaft – Gütersloh: Bertelsmann – Wien: Buchgemeinschaft Donauland – Berlin, Darmstadt, Wien: Dt. Buch-Gemeinschaft 1972.

****

1 Zusammengestellt von Patricia Klug, Kim Ketterle und Wentao Hu.

Der Löwe ist los! Mit Bildern von Horst Lemke. Stuttgart: Thienemann-Esslinger 1995, 158 S.

Lizenz an: München Juncker 2004 mit Computerspiel; Rheda-Wiedenbrück, Gütersloh: RM-Buch-und-Medien-Vertrieb 2006 Doppelband mit Kommt ein Löwe geflogen 159 S.

Kommt ein Löwe geflogen. Mit Bildern von Horst Lemke. Stuttgart: Thienemann-Esslinger 1995, 159 S.

Lizenz an: München Juncker 2004 mit Computerspiel.

Gut gebrüllt, Löwe. Mit Bildern von Horst Lemke. Stuttgart: Thienemann-Esslinger 1996, 158 S.

Löwe gut, alles gut. Mit Bildern von Horst Lemke. Stuttgart: Thienemann-Esslinger 1996, 159 S.

Der dicke Löwe kommt zuletzt. Mit Bildern von Horst Lemke. Stuttgart: Thienemann-Esslinger 1996, 159 S.

Der Löwe ist los! Mit Bildern von Horst Lemke. Stuttgart: Thienemann 2014, 158 S.: Ill. Sonderausgabe im Schuber. Meine schönsten Kinderbuchklassiker.

Der Löwe ist los. Ill. Horst Lemke. Koloriert v. Mathias Weber. Stuttgart: Thienemann-Esslinger 2015, 156 S. [Sonderausgabe]

Taschenbuchausgaben

Löwe in der Grube. Mit Bildern von Horst Lemke. Ravensburg: O. Maier 1966 (= Ravensburger Taschenbücher; Bd. 83), 119 S.; 4. Aufl. 1972.

Kakadu in Nöten. Ill. von Horst Lemke. Ravensburg. Otto Maier Verlag Ravensburg 1967 (= Ravensburger Taschenbücher; Bd. 87), 140 S.

Der Löwe ist los. Ill. Von Horst Lemke. München. Omnibus 2000, 158 S.

Kommt ein Löwe geflogen. Ill. Von Horst Lemke. München. Omnibus 2000 (= Omnibus; Bd. 26052), 158 S,

Gut gebrüllt, Löwe. Ill. Von Horst Lemke. München. Omnibus 2000 (= Omnibus; Bd. 26048), 158 S.

Löwe gut – alles gut. Ill. Von Horst Lemke. München. Omnibus 2000 (= Omnibus; Bd. 26049), 158 S.

Der dicke Löwe kommt zuletzt. Ill. Von Horst Lemke. München. Omnibus 2000 (= Omnibus; Bd. 26050), 158 S.

Der Löwe ist los. Ill. von Horst Lemke. Hamburg. Carlsen 2004 (Carlsen Taschenbuch; Bd. 321), 189 S.

Mediale Transpositionen

Verfilmungen

Max Kruse: Der Löwe ist los. Regie: Harald Schäfer. Produktion: Hessischer Rundfunk 1965.

Deutsche Erstausstrahlung: 21.11.1965 ARD. 5-tlg. Marionettenspiel aus der Augsburger Puppenkiste von Manfred Jenning nach den Büchern von Max Kruse.

Max Kruse: Kommt ein Löwe geflogen. Regie: Harald Schäfer. Produktion: Hessischer Rundfunk 1966.

Deutsche Erstausstrahlung: 27.11.1966 ARD. 4 tlg. Marionettenspiel aus der Augsburger Puppenkiste von Manfred Jenning nach dem Buch von Max Kruse.

Max Kruse: Gut Gebrüllt, Löwe! Regie: Harald Schäfer. Produktion: Hessischer Rundfunk 1967.

Deutsche Erstausstrahlung: 26.11.1967 ARD. 4 tlg. Marionettenspiel aus der Augsburger Puppenkiste von Manfred Jenning nach dem Buch von Max Kruse.

Max Kruse: Kommt ein Löwe geflogen. Augsburger Puppenkiste. Frankfurt am Main. hrMedia 2004 und 2005. (ein DVD-Video)

Max Kruse: Der Löwe ist los. Augsburger Puppenkiste. Frankfurt am Main. hrMedia [Nortorf]: Lighthouse Home Entertainment [Vertrieb] 2004. sowie 2005 (1 DVD-Video)

Max, Kruse: Gut gebrüllt, Löwe. Augsburger Puppenkiste. Frankfurt [Main]: hrMedia – [Nortorf]: Lighthouse Home Entertainment [Vertrieb] 2004 sowie 2005. (1 DVD-Video)

Kruse, Max. Augsburger Puppenkiste: Der Löwe ist los & Kommt ein Löwe geflogen. Frankfurt am Main. hr Media 2007. (DVD Box)

Kruse, Max. Kommt ein Löwe geflogen – Augsburger Puppenkiste. Hamburg: S.A.D. Home Entertainment GmbH 2008.

Kruse, Max. Gut gebrüllt. Löwe! – Augsburger Puppenkiste. Hamburg: S.A.D. Home Entertainment GmbH 2008.

Hörspiele

Kruse, Max. Der Löwe ist los. Mitwirkende Bernd Kohlhepp, Jürgen Treyz. Düsseldorf. Patmos 1995. 2018 von Deutsche Nationalbibliothek online neu erschienen (1 CD).

Kruse, Max. Der dicke Löwe kommt zuletzt. Regie: Hans-Joachim Herwald. Ms.: Susanne Schindler-Günther. Hamburg: Eastwest Records im Vertrieb von Karussell-Musik-und-Video-GmbH 1995 (1 Tonkassette), elektronische Reproduktion 2019.

Kruse, Max. Gut gebrüllt, Löwe. Regie: Hans-Joachim Herwald. Ms.: Susanne Schindler-Günther. Hamburg: Eastwest Records im Vertrieb von Karussell-Musik-und-Video-GmbH 1995 (1 Tonkassette), elektronische Reproduktion 2019.

Kruse, Max. Der Löwe ist los: Alle 3 Hörspiele. Mitverfasser: Bernd Kohlhepp, Jürgen Treyz. Frankfurt am Main. Fischer Sauerländer 2003 (mit CDs)

Kruse, Max. Kommt ein Löwe geflogen: ein Hörspiel mit der überarbeiteten Original-Tonspur der TV-Fassung des Hessischen Rundfunks. Fernseh-Drehbuch und Regie: Manfred Jenning. Hörbuch-Regie: Marlene Breuer. Erzählerin: Karin Dieck und die Original-Stimmen der Augsburger Puppenkiste. Frankfurt, M.: Hr media – [Nortorf]: Lighthouse Home Entertainment [Vertrieb] 2007. (2 CDs)

Kruse, Max. Augsburger Puppenkiste: Der Löwe ist los & Kommt ein Löwe geflogen. Frankfurt am Main: hr media 2007. (DVD Box)

Kruse, Max. Der Löwe ist los: ein Hörspiel mit der überarbeiteten Original-Tonspur der TV-Fassung des Hessischen Rundfunks. Fernseh-Drehbuch: Manfred Jenning. Hörbuch-Regie: Marlene Breuer. Erzählerin: Karin Dieck und die Original-Stimmen der Augsburger Puppenkiste. Frankfurt am Main. Lighthouse Home Entertainment 2007 (2 CDs).

Kruse, Max. Gut gebrüllt, Löwe!: ein Hörspiel mit der überarbeiteten Original-Tonspur der TV-Fassung des Hessischen Rundfunks. Fernseh-Drehbuch: Manfred Jenning. Hörbuch-Regie: Marlene Breuer. Erzählerin: Karin Dieck und die Original-Stimmen der Augsburger Puppenkiste. Frankfurt am Main. Lighthouse Home Entertainment 2007. (2 CDs)

Kruse, Max. Der Löwe ist los. Mitwirkende Bernd Kohlhepp, Jürgen Treyz, Karin Lorenz. Mannheim. Sauerländer Verlag 2011. (3 CDs)

Kruse, Max. Der Löwe ist los: Hörspiel mit vielen Liedern für Kinder ab 5. Bernd Kohlhepp, Jürgen Treyz. Leipzig, Frankfurt am Main. Deutsche Nationalbibliothek 2018.

Kruse, Max. Der Löwe ist los: ein Hörspiel mit der überarbeiteten Original-Tonspur der TV-Fassung des Hessischen Rundfunks. Fernseh-Drehbuch: Manfred Jenning. Hörbuch-Regie: Marlene Breuer. Erzählerin: Karin Dieck. Leipzig, Frankfurt am Main. Deutsche Nationalbibliothek 2019. (2 CDs)

Der dicke Löwe kommt zuletzt / Max Kruse. Regie: Hans-Joachim Herwald. Ms.: Susanne Schindler-Günther. Leipzig; Frankfurt am Main: Deutsche Nationalbibliothek 2019. (1 Tonkassette)

Müller, Brigitte. Ollies total verrückte Farm. Leipzig, Frankfurt am Main. Deutsche Nationalbibliothek 2019. Folge 6: Der Löwe ist los.

Kruse, Max. Gut gebrüllt, Löwe! ein Hörspiel mit der überarbeiteten Original-Tonspur der TV-Fassung des Hessischen Rundfunks. Fernseh-Drehbuch: Manfred Jenning. Hörbuch-Regie: Marlene Breuer. Erzählerin: Karin Dieck und die Original-Stimmen der Augsburger Puppenkiste. Leipzig, Frankfurt am Main: Deutsche Nationalbibliothek 2019. (2 CDs und 1 Tonkassette)

Kruse, Max. Kommt ein Löwe geflogen: ein Hörspiel mit der überarbeiteten Original-Tonspur der TV-Fassung des Hessischen Rundfunks. Fernseh-Drehbuch und Regie: Manfred Jenning. Hörbuch-Regie: Marlene Breuer. Erzählerin: Karin Dieck und die Original-Stimmen der Augsburger Puppenkiste. Leipzig; Frankfurt am Main: Deutsche Nationalbibliothek 2019. (2 CDs und 1 Tonkassette)

Computerspiele

Kruse, Max. Der Löwe ist los: CD-ROM für Kinder ab 6 Jahren. Unterföhring: Kirbati, Stuttgart: Thienemann 2000.

Kruse, Max. Kommt ein Löwe geflogen: CD-ROM für Kinder ab 6 Jahren. Unterföhring: Kirbati, Stuttgart: Thienemann 2000.

Musik

Kruse, Max. Der Löwe ist los: halt, halt, der Löwe ist los! Komponist: Sunny Skylar, Hal Dickinson, Andrew Ackers. Verfasser: Ralph Maria Siegel. München. Ed. Jupiter 1955.

Kruse, Max. Der Löwe ist los. Erste Hilfe. Verlag Teldec 1975? (1 Bildplatte)

Die *Urmel*-Serie – Ausgaben und mediale Transpositionen 1969–2021[1]

Erstausgaben der Folgen 1 bis 12[2]

Urmel aus dem Eis. Reutlingen: Ensslin & Laiblin 1969, 188 S. Illustrationen von Erich Hölle (81: Illustrationsdichte ca. 2,5, nicht-farbig, Vorsatzillustration als Doppeltafel, im Buch Vignette (offener Umriss); farbige Umschlagillustration). 1.–15. Tsd. gebundene Ausgabe.

Urmel fliegt ins All. Reutlingen: Ensslin & Laiblin 1970, 187 S. Illustrationen von Erich Hölle (Autopsie 4. Aufl. 1972: 189 S., 80 Ill.: Illustrationsdichte ca. 2,5, nicht-farbig, Vorsatzillustration als Doppeltafel, im Buch Vignette (offener Umriss), Vollbild (S. 6); farbige Umschlagillustration). 1.–20. Tsd. gebundene Ausgabe.

Urmel taucht ins Meer. Reutlingen: Ensslin & Laiblin 1970, 189 S. Illustrationen von Erich Hölle (nicht-farbig (vgl. vorherige sowie anschließende Folgen); farbige Umschlagillustration). 1.–15. Tsd. gebundene Ausgabe.

Urmel spielt im Schloß. Reutlingen: Ensslin & Laiblin 1972, 189 S. Illustrationen von Erich Hölle (Autopsie 5. Aufl. 1974 oder später: 189 S., 79 Ill.: Illustrationsdichte ca. 2,5, nicht-farbig, Vorsatzillustration als Doppeltafel (Figurenportraits), im Buch Vignette (offener Umriss, Ausnahme: S. 25 (begrenzender Rand)), Vollbild (S. 87, 143); farbige Umschlagillustration). 1.–15. Tsd. gebundene Ausgabe.

Urmel zieht zum Pol. Reutlingen: Ensslin & Laiblin 1972, 189 S. (inkl. ill. Werbung). Illustrationen von Erich Hölle (80 Ill.: Illustrationsdichte ca. 2,5, nicht-farbig, Vorsatzillustration als Doppeltafel, im Buch Vignette (offener Umriss); farbige Umschlagillustration). 1.–15. Tsd. gebundene Ausgabe.

---

1 Zusammengestellt von Jana Laura Kiener.

2 Max Kruses Kinderbuch-Serie *Urmel* erschien in zwölf Folgen zwischen 1969 und 2013. Sie richtet sich an sowohl Jungen als auch Mädchen im Alter von acht bis elf Jahren und handelt von den Abenteuern von Professor Habakuk Tibatong, seinem Ziehsohn Tim Tintenklecks und verschiedenen Tieren, denen er auf der Südseeinsel Titiwu mehr oder weniger erfolgreich das Sprechen beigebracht hat. Es handelt sich um eigenständige, in sich abgeschlossene Folgen, die jedoch Fortsetzungscharakter besitzen: Die erste Folge *Urmel aus dem Eis* führt die Figur des Urmel ein, die in einem Eisberg als Ei auf die Insel gelangt. Auch in späteren Folgen werden Figuren vorgestellt, die im weiteren Verlauf weiter relevant sind (Pandabär Babu, Nichte von Tibatongs Konkurrent Zwengelmann (Naftaline), Homo-Saurier Onkel Pitsch). Hinzu kommen kleine Anspielungen auf Ereignisse aus vorherigen Abenteuern. Insgesamt sind die einzelnen Titel aber auch unabhängig voneinander verständlich bzw. rezipierbar. Die *Urmel*-Serie ist im Prinzip unbegrenzt fortsetzbar und tendiert zur Endlosserie.

Urmel im Vulkan. Reutlingen: Ensslin & Laiblin 1973, 189 S. Illustrationen von Erich Hölle (nicht-farbig (vgl. vorherige Folgen); farbige Umschlagillustration). 1.–15. Tsd. gebundene Ausgabe.

Urmels toller Traum. Reutlingen: Ensslin & Laiblin 1974, 189 S. Illustrationen von Erich Hölle (nicht-farbig (vgl. vorherige Folgen); farbige Umschlagillustration). 1.–15. Tsd. gebundene Ausgabe.

Urmels grosser Flug. Reutlingen: Ensslin & Laiblin 1974, 189 S. Illustrationen von Erich Hölle (nicht-farbig (vgl. vorherige Folgen); farbige Umschlagillustration). 1.–15. Tsd. gebundene Ausgabe.

Urmel wird ein Star. Reutlingen: Ensslin & Laiblin. 1975, 185 S. Illustrationen von Erich Hölle (nicht-farbig (vgl. vorherige Folgen); farbige Umschlagillustration). 1.–15. Tsd. gebundene Ausgabe.

Der Thienemann Verlag setzt die Urmel*-Serie 24 Jahre später mit neuen Folgen fort. Nach Hölles Ableben 1993 werden die Illustrationen nach seinen Originalen angefertigt.*

Urmels Lichterbaum im Eismeer. Professor Habakuk Tibatongs Tier-Sprech-Schule. Stuttgart, Wien, Bern: Thienemann 1999, 158 S. Illustrationen von Roman Lang nach Orig. von Erich Hölle (farbige Umschlagillustration). gebundene Ausgabe.

Urmel fährt Ballon. Professor Habakuk Tibatongs Tier-Sprech-Schule. Stuttgart, Wien, Bern: Thienemann 2000, 141 S. Illustrationen von Roman Lang nach Orig. von Erich Hölle (farbige Umschlagillustration). gebundene Ausgabe.

13 Jahre später erscheint eine erstmals farbig illustrierte Urmel*-Folge, die Kruse nicht allein geschrieben hat. Nach Roman Lang arbeitet nun Günther Jakobs mit Hölles Figuren. Diese Folge erscheint als kleiner Führer durch das Projekt «Evo-Kids – Evolution in der Grundschule».*

Urmel saust durch die Zeit. Max Kruse unter Mitarbeit von Michael Schmidt-Salomon. Stuttgart, Wien: Thienemann 2013, 149 bzw. 176 S. (versch. Angaben). Illustrationen von Günther Jakobs nach den Figuren von Erich Hölle (farbig). gebundene Ausgabe.

Allographe Ausweitung der *Urmel*-Serie nach Kruses Tod

Wieland Freund (Hrsg.): *Alle lieben Urmel.* Neue Urmel-Geschichten. Stuttgart: Thienemann 2016, 220/224 S. (untersch. Angaben). Illustrationen von Günther Jakobs. gebundene Ausgabe.

Sammelband mit Urmel*-Geschichten von Martina Baumbach, Heinz Janisch, Sabine Ludwig, Salah Naoura, Annette Pehnt, Martina Wildner und Norbert Zähringer.*

Auflagen- und Ausgabengeschichte (Hardcover)

Folge 1

Urmel aus dem Eis. **Reutlingen: Ensslin & Laiblin.** 1. Aufl. 1969, 1.–15. Tsd., 188 S., 2., 3., 4. Aufl. 1969–1971, 16.–72. Tsd., 187 S., 5. Aufl. 1971, 73.–92. Tsd., 187 S., 6. Aufl. 1971, 93.–107. Tsd., 7. Aufl. 1972, 108.–122. Tsd., 8. Aufl. 1973, 123.–132. Tsd.

Urmel aus dem Eis. **Hamburg, Stuttgart, München: Deutscher Bücherbund** (nur für Mitglieder) 1971, 180 S. Illustrationen von Erich Hölle.

Urmel aus dem Eis. **Frankfurt a.M., Wien, Zürich: Büchergilde Gutenberg** (nur für Mitglieder) 1971, 180 S. Illustrationen von Erich Hölle.

Urmel aus dem Eis / Urmel fliegt ins All. Das grosse Urmel-Buch. **Reutlingen: Gryphius-Verlag** 1975, 320 S. Illustrationen von Erich Hölle.

Urmel aus dem Eis. Sonderausgabe. **Wien: Tosa-Verlag** 1986, 137 S. Illustriert.

Urmel aus dem Eis. **München: F. Schneider** 1987, 126 S. (mit Werbung). Illustrationen von Erich Hölle (neue Illustrationen. Weiterhin nicht farbig)

Im Vergleich mit Erstauflage bei Ensslin & Laiblin: starke Textbearbeitung und Kürzung, neue Kapitelüberschriften (kürzer, prägnanter), serifenlose Schrift von Times New Roman abgelöst; neue Illustrationen (auch Umschlagill.) von Erich Hölle, aber Motive wohl nach Vorbild der ersten Illustrierung, Streubilder mit begrenztem Rand, geringere Illustrationsdichte von ca. 3.

Urmel aus dem Eis. **Stuttgart, Wien: Thienemann.** 1. Aufl. 1995, 158 bzw. 160 S. (untersch. Angaben). Illustrationen von Erich Hölle; Aufl. 2005: Kolorierung von Roman Lang; Aufl. 2014: Sonderausgabe im Schuber mittlerweile in der 23. Aufl.

Zusätzliche Wiederauflage im Sammelband Das dicke Urmel-Buch. Urmel aus dem Eis / Urmel fliegt ins All. *Doppelband. Stuttgart, Wien: Thienemann. 2011, 328 S. Illustrationen von Erich Hölle u. Günther Jakobs (Umschlag); mittlerweile in der 14. Aufl.*

Urmel. Drei Kinderromane in einem Band. **Augsburg: Bechtermünz-Verlag.** 1999, 332 S.

Enthält die Folgen 1, 2 und 3. Cover zeigt Urmel-Marionette der Augsburger Puppenkiste.

Urmel aus dem Eis, **Stuttgart, Wien: Thienemann in der Thienemann-Esslinger Verlags GmbH** 2021, 160 S., mit farbigen Illustrationen von Günther Jakobs.

Folge 2

Urmel fliegt ins All. **Reutlingen: Ensslin & Laiblin.** 1. Aufl. 1970, 1.–20. Tsd., 187 S., 2. Aufl. 1970, 21.–40. Tsd., 187 S., 3. Aufl. 1972, 41.–55. Tsd., 4. Aufl. 1972, 56.–70. Tsd., 188 S., 5. Aufl. 1973, 71.–80. Tsd., 187 S.

Urmel fliegt ins All. **Frankfurt a.M., Wien, Zürich: Büchergilde Gutenberg** (nur für Mitglieder) 1972. 183 S., Illustrationen von Erich Hölle.

Urmel aus dem Eis / Urmel fliegt ins All. Das grosse Urmel-Buch. **Reutlingen: Gryphius-Verlag** 1975, 320 S. Illustrationen von Erich Hölle.

Urmel fliegt ins All. **München: F. Schneider** 1987. 122 S. Illustrationen von Erich Hölle (neue Illustrationen).

Urmel fliegt ins All. **Stuttgart, Wien: Thienemann.** 1. Aufl. 1995. 160 S. Illustrationen von Erich Hölle (nicht-farbig); mittlerweile in der 8. Aufl.

Im Vergleich mit Erstauflage bei Ensslin & Laiblin: vollständige Textübernahme, kein Inhaltsverzeichnis mehr, serifenlose Schrift von Times New Roman abgelöst, Titel und Autor auf dem Cover in verzierter Schrift, «Urmel» erscheint in grüner statt schwarzer Schrift; fast vollständige Illustrationsübernahme (nicht-farbig), leicht erhöhte Illustrationsdichte von ca. 2; Übernahme von farbiger Umschlagillustration und nicht-farbiger Vorsatzillustration.

Wiederauflage u. a. im Sammelband Das erste dicke Urmel-Buch *(Thienemann 2011).*

Urmel. Drei Kinderromane in einem Band. **Augsburg: Bechtermünz-Verlag.** 1999. 332 S.

Enthält Folge 1, 2 und 3. Cover zeigt Urmel-Marionette der Augsburger Puppenkiste.

Folge 3

Urmel taucht ins Meer. **Reutlingen: Ensslin & Laiblin** 1. Aufl. 1970, 1.–15. Tsd., 189 S., 2. Aufl. 1970/71, 16.–30. Tsd., 3. Aufl. 1971, 31.–45. Tsd., 4. Aufl. 1972, 46.–60. Tsd., 5. Aufl. 1973, 61.–70. Tsd., 198 S.

Urmel taucht ins Meer. **München: F. Schneider** 1988, 121 S. Illustrationen von Erich Hölle (neue Illustrationen! Weiterhin nicht farbig).

Urmel taucht ins Meer. **Stuttgart, Wien: Thienemann.** 1. Aufl. 1995. 158 S. Illustrationen von Erich Hölle.

Wiederauflage u. a. im Sammelband Das zweite dicke Urmel-Buch. Urmel taucht ins Meer / Urmel spielt im Schloss. *Stuttgart, Wien: Thienemann. 2012. 320 S. Illustrationen von Erich Hölle u. Günther Jakobs (Umschlag).*

Urmel. Drei Kinderromane in einem Band. **Augsburg: Bechtermünz-Verlag.** 1999, 332 S.

Enthält Folge 1, 2 und 3. Cover zeigt Urmel-Marionette der Augsburger Puppenkiste.

Folge 4

Urmel spielt im Schloß. **Reutlingen: Ensslin & Laiblin.** 1 Aufl. 1972, 1.–15. Tsd., 189 S., 2. Aufl. 1972, 16.–30. Tsd., 3. Aufl. 1972, 31.–40. Tsd., 4. Aufl. 1974, 41.–50. Tsd., 5. Aufl. 1974 oder später, 51.–65. Tsd.

Urmel spielt im Schloss. **München: F. Schneider** 1988. 121 S. Illustrationen von Erich Hölle (neue Illustrationen! Weiterhin nicht farbig).

Urmel spielt im Schloss. **Stuttgart, Wien: Thienemann.** 1. Aufl. 1995. 158 S. Illustrationen von Erich Hölle.

Wiederauflage u. a. im Sammelband Das zweite dicke Urmel-Buch *(Thienemann 2012).*

Folge 5

Urmel zieht zum Pol. **Reutlingen: Ensslin & Laiblin** 1. Aufl. 1972, 1.–15. Tsd., 189 S. (inkl. Werbung, die auch Urmel-Illustrationen enthält), 2. Aufl. 1972, 16.–30. Tsd., 184 S., 3. Aufl. 1973, 31.–45. Tsd.

Urmel zieht zum Pol. **München: F. Schneider** 1988, 119 S. Illustrationen von Erich Hölle (neue Illustrationen! Weiterhin nicht farbig).

Urmel zieht zum Pol. **Stuttgart, Wien: Thienemann.** 1. Aufl. 1995. 160 S,. Illustrationen von Erich Hölle.

Im Vergleich mit Erstauflage bei Ensslin u. Laiblin (Autopsie): vollständige Textübernahme, kein Inhaltsverzeichnis mehr, serifenlose Schrift von Times New Roman abgelöst, Titel und Autor auf dem Cover in verzierter Schrift; fast vollständige Illustrationsübernahme (nicht-farbig), leicht erhöhte Illustrationsdichte von ca. 2 (teilweise starke Verkleinerung der Illustration von Ensslin & Laiblin; Übernahme von farbiger Umschlagillustration und nicht-farbiger Vorsatzillustration.

Wiederauflage u. a. im Sammelband Das dritte dicke Urmel-Buch. Urmel zieht zum Pol / Urmel im Vulkan. *Stuttgart, Wien: Thienemann. 2013. 320 S. Illustrationen von Erich Hölle u. Günther Jakobs (Umschlag).*

Folge 6

Urmel im Vulkan. **Reutlingen: Ensslin & Laiblin.** 1. Aufl. 1973, 1.–15. Tsd., 189 S., 2. Aufl. 1973, 16.–25. Tsd., 187 S., 3., 4. Aufl. 1973 oder später, 5. Aufl. 1973 oder später.

Urmel im Vulkan. **München: F. Schneider.** 1988. 119 S. Illustrationen von Erich Hölle (neue Illustrationen! Weiterhin nicht farbig).

Urmel im Vulkan. **Stuttgart, Wien: Thienemann.** 1. Aufl. 1995. 158 S. Illustrationen von Erich Hölle.

Wiederauflage u. a. im Sammelband Das dritte dicke Urmel-Buch *(Thienemann 2013).*

Folge 7

Urmels toller Traum. **Reutlingen: Ensslin & Laiblin.** 1. Aufl. 1974, 1.–15. Tsd., 189 S.
Urmels toller Traum. **München: F. Schneider** 1989, 119 S. Illustrationen von Erich Hölle (neue Illustrationen! Weiterhin nicht farbig).
Urmels toller Traum. **Stuttgart, Wien: Thienemann** 1. Aufl. 1996. 158 S. Illustrationen von Erich Hölle.]

Wiederauflage u. a. im Sammelband Das vierte dicke Urmel-Buch. Urmels toller Traum / Urmels großer Flug. *Doppelband. Stuttgart: Thienemann 2014. 328 S. Illustrationen von Erich Hölle u. Günther Jakobs (Umschlag) (farbige Umschlagillustration, nicht-farbige Illustrationen im Buchblock: Übernahme aus Einzelbänden).*

Folge 8

Urmels grosser Flug. **Reutlingen: Ensslin & Laiblin.** 1. Aufl. 1974, 1.–15. Tsd., 189 S., 2. Aufl. 1974 oder später (mit ß im Titel).
Urmels grosser Flug. **München: F. Schneider** 1989, 118 S. Illustrationen von Erich Hölle (neue Illustrationen! Weiterhin nicht farbig).
Urmels großer Flug. **Stuttgart, Wien: Thienemann** 1. Aufl. 1996. 158 S. Illustrationen von Erich Hölle; mittlerweile in 3. Auflage.

Wiederauflage im Sammelband Das vierte dicke Urmel-Buch *(Thienemann 2014).*

Folge 9

Urmel wird ein Star. **Reutlingen: Ensslin & Laiblin.** 1. Aufl. 1975, 1.–15. Tsd., 185 S.
Urmel wird ein Star. **München: F. Schneider** 1989, 119 S. Illustrationen von Erich Hölle (neue Illustrationen! Weiterhin nicht farbig).
Urmel wird ein Star. **Stuttgart, Wien: Thienemann.** 1. Aufl. 1996. 158 S. Illustrationen von Erich Hölle; mittlerweile in 2. Auflage.

Wiederauflage auch im Sammelband Das fünfte dicke Urmel-Buch. Urmel wird ein Star / Urmel fährt Ballon. *Doppelband (Folge 9 und 11). Stuttgart: Thienemann. 2015. 284/288 S. (untersch. Angaben). Illustrationen von Erich Hölle (*Urmel wird ein Star*), Roman Lang (*Urmel fährt Ballon*) u. Günther Jakobs (Umschlag).*

Folge 10

Urmels Lichterbaum im Eismeer. Professor Habakuk Tibatongs Tier-Sprech-Schule. **Stuttgart, Wien, Bern: Thienemann.** 1. Aufl. 1999. 158 S. Illustrationen von Roman Lang nach Orig. von Erich Hölle.

Folge 11

Urmel fährt Ballon. Professor Habakuk Tibatongs Tier-Sprech-Schule. **Stuttgart, Wien, Bern: Thienemann.** 1. Aufl. 2000. 141 S. Illustrationen von Roman Lang nach Orig. von Erich Hölle.

Wiederauflage im Sammelband Das fünfte dicke Urmel-Buch *(Thienemann 2015).*

Folge 12

Urmel saust durch die Zeit. Max Kruse unter Mitarbeit von Michael Schmidt-Salomon. **Stuttgart, Wien: Thienemann.** 1. Aufl. 2013. 149/176 S. (versch. Angaben). Farbige Illustrationen von Günther Jakobs (nach den Figuren von Erich Hölle); mittlerweile in 3. Auflage.

Taschenbuchausgaben

Folge 1

Urmel aus dem Eis. Eine Geschichte für Kinder. **Zürich, Köln: Benziger** (bt-Kinder-Taschenbuch, Bd. 117). 1. Aufl. 1972. 191 S. Illustrationen von Erich Hölle.

Urmel aus dem Eis. Eine Geschichte f. Kinder. **München: Deutscher Taschenbuchverlag** (dtv junior, Bd. 7231). 1. Aufl. 1976, 1.–14. Tsd., 190 S. (ungekürzte Ausg.), Illustrationen von Erich Hölle, 2. Aufl. 1977, 15.–24. Tsd., 3. Aufl. 1978, 25.–31. Tsd., 4. Aufl. 1980, 32.–38. Tsd., 5. Aufl. 1982, 39.–45. Tsd., 6. Aufl. 1984, 46.–51. Tsd., 7. Aufl. 1985, 52.–57. Tsd., 8. Aufl. 1986, 58.–63. Tsd., 9. Aufl. 1987, 64.–69. Tsd., 10. Aufl. 1988, 70.–75. Tsd., 11. Aufl. 1989, 12. Aufl. 1989–91, 13. Aufl. 1991, 14. Aufl. 1992, 15. Aufl. 1993, 16. Aufl. 1994, 17. Aufl. 1994–96, 18. Aufl. 1996, Aufl. 1998: limitierte Sonderausg., bearb. Neuausg. nach den Regeln der Rechtschreibreform (dtv junior, Bd. 8466), 170 S., 26. Aufl. 2006: Filmcover, bearb. Neuausg. nach den Regeln der Rechtschreibreform, Aufl. 2019.

Folge 2

Urmel fliegt ins All. Eine Geschichte für Kinder. **Zürich, Köln: Benziger** (bt-Kinder-Taschenbuch, Bd. 143). 1. Aufl. 1973. 192 S., Illustrationen von Erich Hölle.

Vergleich mit Erstauflage bei Ensslin & Laiblin: vollständige Textübernahme, keine Kapitelzählung, daraus folgend verkürzte Kapitelüberschriften, serifenlose Schrift von Times New Roman abgelöst; teilweise Illustrationsübernahme (weiterhin nicht-farbig, geringere Illustrationsdichte von ca. 4,5, teils tauchen Illustrationen an anderer Stelle im Text auf), neue Titelillustration (auch von Erich Hölle): Raumanzug des Urmels orange statt grün.

Urmel fliegt ins All. Eine Geschichte für Kinder. **München: Deutscher Taschenbuchverlag** (dtv Junior, Bd. 7278). 1. Aufl. 1979. 189 S., Illustrationen von Erich Hölle.

Urmel fliegt ins All. **München: Omnibus** (Thienemann-Taschenbuch, Bd. 26132). 2001. 183 S., Illustrationen von Erich Hölle.

Folge 3

Urmel taucht ins Meer. **Zürich, Köln: Benziger** (bt-Kinder-Taschenbuch, Bd. 150). 1. Aufl. 1974. 201 S., Illustrationen von Erich Hölle.

Urmel taucht ins Meer. Eine Geschichte für Kinder. **München: Deutscher Taschenbuchverlag** (dtv Junior, Bd. 7305). 1. Aufl. 1977, 1.–20. Tsd., 201 S. (ungekürzte Ausg.), Illustrationen von Erich Hölle; 2. Aufl. 1979, 15.–21. Tsd., 3. Aufl. 1981, 22.–28. Tsd., 4. Aufl. 1984, 29.–34. Tsd., 5. Aufl. 1987, 35.–40. Tsd., 6. Aufl. 1988, 41.–45. Tsd., 7. Aufl. 1990, 8. Aufl. 1991, 9., 10., 11. Aufl. 1991–1999, 12. Aufl. 1999: bearb. Neuausg. nach den Regeln der Rechtschreibreform, 189 S., Aufl. 2019, 197 S.

Folge 4

Urmel spielt im Schloss. **Zürich, Köln: Benziger** (bt-Kinder-Taschenbuch, Bd. 171). 1. Aufl. 1975. 156 S., Illustrationen von Erich Hölle.

Urmel spielt im Schloss. Eine Geschichte für Kinder. **München: Deutscher Taschenbuch-Verlag** (dtv Junior, Bd. 7325). 1. Aufl. 1978, 1.–12. Tsd., 153 S. (ungekürzte Ausg.), Illustrationen von Erich Hölle, 2. Aufl. 1980, 13.–19. Tsd., 155 S., 3. Aufl. 1982, 20.–25. Tsd., 153 S.

Urmel spielt im Schloss. **München: Omnibus** (Thienemann-Taschenbuch, Bd. 26133). 2001. 184 S. (191 S. inkl. Werbung). Illustrationen von Erich Hölle.

Im Vergleich mit der Erstauflage bei Ensslin & Laiblin: nur geringfügige Textanpassung, serifenlose Schrift von Times New Roman abgelöst, kein Inhaltsverzeichnis mehr, Kapitelzählung wird im Taschenbuch erstmals beibehalten, Autorenportrait mit Foto (Frontispiz), Titel und Autor auf dem Cover in verzierter Schrift. Urmel erscheint in grüner statt schwarzer Schrift; fast vollständige Illustrationsübernahme (weiterhin nicht-farbig, Illustrationsdichte entspricht der von Ensslin & Laiblin: ca. 2,5), gespiegelte Umschlagillustration von Ensslin & Laiblin (Rückseite zeigt gleiche Urmel-Illustration ohne Schloss;), Übernahme der nicht-farbigen Vorsatzillustration (Figurenportraits) in den Buchblock (Doppeltafel).

Folge 5

Urmel zieht zum Pol. **München: Deutscher Taschenbuchverlag** (dtv Junior, Bd. 7434). 1. Aufl. 1981, 1.–15. Tsd., 187 S. (192 S. inkl. Werbung; ungekürzte Ausg.), Illustrationen von Erich Hölle; Umschlaggestaltung: Celestino Piatti (Umschlagbild: Erich Hölle; 2. Aufl. 1985, 16.–20. Tsd.

Im Vergleich mit Erstauflage bei Ensslin & Laiblin: vollständige Textübernahme, serifenlose Schrift von Times New Roman abgelöst, keine Kapitelzählung (daraus folgend verkürzte Kapitelüberschriften), Autorenportrait ohne Foto (Frontispiz); vollständige Illustrationsübernahme (weiterhin nicht-farbig, Illustrationsdichte ca. 2,5), neue Titelillustration (ähnliches Motiv, aber Urmel steht vor weißem Grund, trägt blauen statt orangenen Mantel), Übernahme der nicht-farbigen Vorsatzillustration (Figurenportraits) in den Buchblock (Doppeltafel).

Urmel zieht zum Pol. **München: Omnibus** (Thienemann-Taschenbuch, Bd. 26157). 2002. 186 S., Illustrationen von Erich Hölle.

Folge 6

Urmel im Vulkan. **München: Deutscher Taschenbuchverlag** (dtv Junior, Bd. 7465). 1. Aufl. 1982. 182 S. (ungekürzte Ausg.). Illustrationen von Erich Hölle.

Urmel im Vulkan. **München: Omnibus** (Thienemann-Taschenbuch, Bd. 26158). 2002. 183 S., Illustrationen von Erich Hölle.

Folge 7

Urmels toller Traum. **München: Omnibus** (Thienemann-Taschenbuch, Bd. 26159). 2002. 184 S., Illustrationen von Erich Hölle.

Folge 8

Urmels großer Flug. **München: Omnibus** (Thienemann-Taschenbuch, Bd. 26160). 2002. 187 S. Illustrationen von Erich Hölle,

Folge 9

Urmel wird ein Star. **München: Omnibus** (Thienemann-Taschenbuch, Bd. 26161). 2003. 188 S., Illustrationen von Erich Hölle.

Folge 10

Urmels Lichterbaum im Eismeer. **München: Omnibus** (Thienemann-Taschenbuch, Bd. 26162). 2003. 157 S., Illustrationen von Roman Lang nach Orig. von Erich Hölle.

Folge 11

Urmel fährt Ballon. **München: Omnibus** (Bd. 21332). 2004. 156 S., Illustrationen von Roman Lang nach Orig. von Erich Hölle.

Transpositionen in andere Buchgattungen

Ausgaben für Leseanfänger

Folge 1

Urmel / Bd. 1: *Urmel kommt zur Welt.* Nach *Urmel aus dem Eis* neu erzählt für jüngste Leser. Grossdruck-Ausg. **München: F. Schneider** (Reihe Benjamin). 1987. 58 S., Illustrationen von Erich Hölle.

Urmel / Bd. 1: *Urmel kommt zur Welt.* Nach *Urmel aus dem Eis* neu erzählt für Erstleser. Schreibschrift. **München: F. Schneider** (Reihe Benjamin). 1989. 58 S., Illustrationen von Erich Hölle.

Urmel kommt zur Welt. **Stuttgart, Wien, Bern: Thienemann** (Thienemanns ABC-Piraten). 2000. 47 S., Illustrationen von Roman Lang, gebundene Ausgabe.

Urmel kommt zur Welt. Lizenzausgabe. **Buxtehude: Verlag an der Este.** 2007. 47 S., Illustrationen von Roman Lang, gebundene Ausgabe.

Folge 2

Urmel / Bd. 2: *Urmel auf dem Mond.* Nach *Urmel fliegt ins All* neu erzählt für jüngste Leser. Grossdruck-Ausg. **München: F. Schneider** (Reihe Benjamin). 1987. 58 S., Illustrationen von Erich Hölle, gebundene Ausgabe.

Urmel / Bd. 2: *Urmel auf dem Mond.* Nach *Urmel fliegt ins All* neu erzählt für Erstleser. Schreibschrift. **München: F. Schneider** (Reihe Benjamin). 1989. 58 S., Illustrationen von Erich Hölle, gebundene Ausgabe.

Urmel auf dem Mond. **Stuttgart, Wien, Bern: Thienemann** (Thienemanns ABC-Piraten). 2001. 47 S., Illustrationen von Roman Lang, gebundene Ausgabe.

Urmel auf dem Mond. Lizenzausgabe. **Buxtehude: Verlag an der Este.** 2013, 47 S., Illustrationen von Roman Lang, gebundene Ausgabe.

Folge 3

Urmel / Bd. 3: *Urmel in der See.* Nach *Urmel taucht ins Meer* neu erzählt für jüngste Leser. Grossdruck-Ausg. **München: F. Schneider** (Reihe Benjamin). 1987, 58 S., Illustrationen von Erich Hölle, gebundene Ausgabe.

Urmel / Bd. 3: *Urmel in der See.* Nach *Urmel taucht ins Meer* neu erzählt für Erstleser. Schreibschrift. **München: F. Schneider** (Reihe Benjamin). 1990. 58 S., Illustrationen von Erich Hölle, gebundene Ausgabe.

Urmel in der See. **Stuttgart, Wien, Bern: Thienemann** (Thienemanns ABC-Piraten). 2001. 46 S., Illustrationen von Roman Lang, gebundene Ausgabe.

Urmel in der See. Lizenzausgabe. **Buxtehude: Verlag an der Este.** 2013. 46 S., Illustrationen von Roman Lang, gebundene Ausgabe.

Folge 4

Urmel / Bd. 4: *Urmels toller Streich.* Nach *Urmel spielt im Schloss* neu erzählt für jüngste Leser. Grossdruck-Ausg. **München: F. Schneider** (Reihe Benjamin). 1988. 58 S., Illustrationen von Erich Hölle, gebundene Ausgabe.

Urmel / Bd. 4: *Urmels toller Streich.* Nach *Urmel spielt im Schloss* neu erzählt für Erstleser. Schreibschrift. **München: F. Schneider** (Reihe Benjamin). 1990. 58 S., Illustrationen von Erich Hölle, gebundene Ausgabe.

Urmels toller Streich. **Stuttgart, Wien, Bern: Thienemann** (Thienemanns ABC-Piraten). 2002. 45 S., Illustrationen von Roman Lang, gebundene Ausgabe.

Urmels toller Streich. Lizenzausgabe. **Buxtehude: Verlag an der Este** 2008, 45 S., Illustrationen von Roman Lang, gebundene Ausgabe.

Folge 5

Urmel / Bd. 5: *Urmels neuer Freund.* Nach *Urmel zieht zum Pol* neu erzählt für Erstleser. Grossdruck-Ausg. **München: F. Schneider** (Reihe Benjamin). 1989. 58 S., Illustrationen von Erich Hölle, gebundene Ausgabe.

Urmels neuer Freund. **Stuttgart, Wien, Bern: Thienemann** (Thienemanns ABC-Piraten). 2002. 48 S., Illustrationen von Roman Lang, gebundene Ausgabe.

Urmels neuer Freund. Lizenzausgabe. **Buxtehude: Verlag an der Este.** 2008. Illustrationen von Roman Lang, gebundene Ausgabe.

Folge 6

Urmel / Bd. 6: *Urmels Feuerteufel.* Nach *Urmel im Vulkan* neu erzählt für Erstleser. Grossdruck-Ausg. **München: F. Schneider** (Reihe Benjamin). 1989. 58 S., Illustrationen von Erich Hölle, gebundene Ausgabe.

Urmels Feuerteufel. **Stuttgart, Wien, Bern: Thienemann** (Thienemanns ABC-Piraten). 2003. 45 S., Illustrationen von Roman Lang, gebundene Ausgabe.

Urmels Feuerteufel. Lizenzausgabe. **Buxtehude: Verlag an der Este.** 2008. 46 S., Illustrationen von Roman Lang, gebundene Ausgabe.

Sammelbände für Leseanfänger

Geschichten vom Urmel. Zum Vorlesen und für Leseanfänger bearbeitet. Enthält sechs Urmel-Geschichten. **Stuttgart: Thienemann.** 2004. 158/160 S. (untersch. Angaben), Illustrationen von Roman Lang (farbig), gebundene Ausgabe.

Geschichten vom Urmel. Zum Vorlesen und für Leseanfänger bearbeitet. Enthält sechs Urmel-Geschichten. Lizenzausgabe mit anderem Cover. **Frankfurt a. M., Wien, Zürich: Büchergilde Gutenberg** (nur für Mitglieder). 2004. 158 S., Illustrationen von Roman Lang (farbig), gebundene Ausgabe.

Geschichten vom Urmel. Zum Vorlesen und für Leseanfänger bearbeitet. Enthält sechs Urmel-Geschichten. Ungekürzte Lizenzausgabe (Titelillustration siehe Thienemann). **Rheda-Wiedenbrück, Gütersloh: RM-Buch-und-Medien-Vertrieb** (nur für Mitglieder). 2004, 158 S., Illustrationen von Roman Lang (farbig). gebundene Ausgabe, 2. Aufl. 2012.

Die besten Geschichten zum Selberlesen. Ich kann lesen! Enthält *Urmel auf dem Mond* (S. 112–151), sonst auch Geschichten von Michael Ende, Otfried Preußler und Astrid Henn. **Stuttgart: Thienemann.** 2019. 208 S., Urmel-Illustrationen von Roman Lang. gebundene Ausgabe, leicht veränderte Ausgabe 2019. 198 S.

Die tollsten Geschichten zum Selberlesen. Ich kann lesen! Enthält *Urmels Feuerteufel* (S. 168–201), sonst auch Geschichten von Michael Ende, Otfried Preußler u. a. **Stuttgart: Thienemann.** 2020. 208 S., Urmel-Illustrationen von Roman Lang (farbig). gebundene Ausgabe.

Bilderbücher

Folge 1

Urmel schlüpft aus dem Ei. **Stuttgart, Wien: Thienemann.** 2005. 24 S., Illustrationen von Roman Lang nach den Orig. von Erich Hölle. gebundene Ausgabe.

Urmel schlüpft aus dem Ei. **Hamburg: Carlsen** (Maxi-Pixi-Serie). 2009. 26 S. Illustrationen von Roman Lang nach Motiven von Erich Hölle (Titelillustration vgl. Thienemann 2005), geheftet.

Urmel schlüpft aus dem Ei. **Stuttgart: Thienemann.** 2011. 32 S., Illustrationen von Günther Jakobs nach Orig. von Erich Hölle (farbig). gebundene Ausgabe, seit 2016 auch als enhanced E-Book (SuperBuch), z. Z. in 11. Auflage.

Urmel schlüpft aus dem Ei. Ungekürzte Lizenzausgabe. **Rheda-Wiedenbrück, Gütersloh: RM-Buch-und-Medien-Vertrieb.** 2011. 26 S., Illustrationen von Günther Jakobs nach Orig. von Erich Hölle. gebundene Ausgabe.

Urmel schlüpft aus dem Ei. **Hamburg: Carlsen** (Pixi Bücher: aus der Pixi-Reihe 125: Dinosaurier; Pixi Bd. 1949). 2013. 24 S., Illustrationen von Roman Lang nach Motiven von Erich Hölle. geheftet, Sonderausgabe für den Bilderbuch-Klassiker Adventskalender 2016.

Urmel schlüpft aus dem Ei. Pappbilderbuch. **Stuttgart: Thienemann.** 2018. 16 ungezählte S., Illustrationen von Günther Jakobs (mit zahlreichen bunten und beweglichen Bildern). gebundene Ausgabe.

Urmel schlüpft aus dem Ei. Entdecken – Erzählen – Begreifen: Bilderbuchgeschichten für unser Erzähltheater. Kamishibai Bildkartenset. München: Don Bosco. 2019. 14 Blätter/15 S., Illustrationen von Günther Jakobs.

Günther Jakobs (Illustrationen), *Urmel schlüpft aus dem Ei.* Pappbilderbuch, **Stuttgart: Thienemann.** 2021, 16 ungez. S., Illustrationen von Günther Jakobs, gebundene Ausgabe.

Folge 2

Urmel fliegt zum Mond. **Stuttgart: Thienemann.** 2013/2014 (untersch. Angaben). 26/32 S., (untersch. Angaben). Illustrationen von Günther Jakobs nach den Figuren von Erich Hölle. gebundene Ausgabe.

Folge 3

Urmel taucht ins tiefe Meer. **Stuttgart: Thienemann.** 2016. 26/32 ungezählte S. (untersch. Angaben). Illustrationen von Günther Jakobs nach den Figuren von Erich Hölle. gebundene Ausgabe.

Sonstige Bilderbücher

Urmel und die Schweinefee. **Stuttgart, Wien: Thienemann.** 2006. 24 S., Illustrationen von Roman Lang nach den Orig. von Erich Hölle. gebundene Ausgabe.

Urmel und die Schweinefee. **Hamburg: Carlsen** (Maxi-Pixi-Serie). 2009. 26 S., Illustrationen von Roman Lang nach Motiven von Erich Hölle.

Urmel und die Schweinefee. **Stuttgart: Thienemann.** 2013. 28/32 S. (untersch. Angaben). Illustrationen von Günther Jakobs nach den Orig. von Erich Hölle. gebundene Ausgabe. mittlerweile verkauft in 3. Auflage.

Urmel ist ein Schatz. **Stuttgart, Wien: Thienemann.** 2008. 28 S., Illustrationen von Roman Lang nach den Orig. von Erich Hölle. gebundene Ausgabe.

Urmel ist ein Schatz. **Hamburg: Carlsen** (Maxi-Pixi-Serie). 2009. 26 S., Illustrationen von Roman Lang nach Motiven von Erich Hölle.

Urmel sucht den Schatz. **Stuttgart: Thienemann.** 2015. 28/32 S. (untersch. Angaben). Illustrationen von Günther Jakobs nach den Figuren von Erich Hölle. gebundene Ausgabe, mittlerweile in 3. Auflage.

Bilderbücher: Sammelbände

Meine liebsten Bilderbuchhelden. Enthält *Urmel schlüpft aus dem Ei*, daneben Geschichten von drei weiteren Autoren. **Stuttgart: Thienemann.** 2014. 136/144 S. (untersch. Angaben). Urmel-Illustrationen von Günther Jakobs. gebundene Ausgabe.

Meine größten Bilderbuchhelden. Enthält *Urmel sucht den Schatz*, daneben Geschichten von vier weiteren Autoren. **Stuttgart: Thienemann.** 2018. 144 S. Urmel-Illustrationen von Günther Jakobs. gebundene Ausgabe.

Bilderbuchgeschichten vom Urmel. Enthält *Urmel und die Schweinefee* und *Urmel sucht den Schatz.* **Rheinbreitbach: Ullmann Medien.** 2018. 50/64 ungezählte S. (untersch. Angaben). Illustrationen von Günther Jakobs (durchgehend vielfarbig). gebundene Ausgabe.

Urmel. Alle Bilderbuchgeschichten. Enthält alle Teile. **Stuttgart: Thienemann.** 2019. 144 S., Illustrationen von Günther Jakobs. gebundene Ausgabe, mittlerweile in 5. Auflage.

Buch zum Film / zur TV-Serie

Fernsehfilmverbuchung

Urmel aus dem Eis. Nach d. gleichnamigen Fernsehfilm d. Augsburger Puppenkiste neu erzählt. **Stuttgart, Zürich: Delphin-Verlag.** 1972. 20 ungezählte S., Fotos von Hans u. Christine Meile (z. T. farbig), 2. Aufl. 1973 [Fotobilderbuch].

Augsburger Puppenkiste – Band 3. Urmel aus dem Eis / Die Museumsratten / Tim besucht den Meerkönig. Brönner Bildergeschichten. **Frankfurt am Main: Brönner Verlag Breidenstein.** 1972. 32 S., Fotos von Hans u. Christine Meile (farbig, Softcover [Fotobilderbuch].

Urmel aus dem Eis. Die Geburt des Urmel. Augsburger Puppenkiste Band 3. **Erlangen: Pestalozzi Verlag.** 1973. 16 S., Fotos von Hans u. Christine Meile (farbig). Heft (16,5 x 11,6 cm) [Fotobilderbuch].

Urmel. Drei Kinderromane in einem Band. **Augsburg: Bechtermünz-Verlag.** 1999. 332 S. [enthält Folge 1, 2 und 3].

Kinofilmverbuchung

Urmel aus dem Eis. Eine Geschichte f. Kinder. Buch zum Film. Bearb. Neuausg. nach den Regeln der Rechtschreibreform. **München: Deutscher Taschenbuchverlag** (dtv Junior). 2006. 170 S., Illustrationen von Erich Hölle. Mittlerweile in 26. Auflage.

Urmel aus dem Eis. Mini-Bücher 1–4 (Willkommen auf Titiwu! / Die große Suche / Rette sich, wer kann! / Echte Freunde). Geschichte: Carola von Kessel in einer Bearb. des Kino-Orig. **Stuttgart: Kids & Concepts** (Nelson Mini-Bücher) 2007. je 16/20 S. (untersch. Angaben). Fotos aus dem Kinofilm (durchgehend farbig illustriert) [Fotobilderbuch].

Fernsehserienverbuchung (Bilderbücher)

Urmel auf dem Piratenschiff. Nacherzählt von Christian Matzerath. Das Buch zur TV-Serie. **Ravensburg: Ravensburger Buchverl.** 1996, 26 S. Illustrationen von Laurie Sartin. gebundene Ausgabe.

Urmel und das Geheimnis der Blume. Nacherzählt von Christian Matzerath. Das Buch zur TV-Serie. **Ravensburg: Ravensburger Buchverl.** 1996, 26 S., Illustrationen von Laurie Sartin. gebundene Ausgabe.

Urmel allein auf hoher See. Nacherzählt von Christian Matzerath. Das Buch zur TV-Serie. **Ravensburg: Ravensburger Buchverl.** 1996, 26 S., Illustrationen von Laurie Sartin. gebundene Ausgabe.

Urmel hat Geburtstag. Nacherzählt von Christian Matzerath. Das Buch zur TV-Serie. Ravensburg: **Ravensburger Buchverl.** 1996, 26 S., Illustrationen von Laurie Sartin. gebundene Ausgabe.

Urmel macht Geschichten. Sammelband. Nacherzählt von Christian Matzerath. Das Buch zur TV-Serie. **Ravensburg: Ravensburger Buchverl.** 1996, 26 S., Illustrationen von Laurie Sartin. gebundene Ausgabe.

Dramenfassungen

Manfred Jenning: *Urmel aus dem Eis.* **Augsburger Puppenkiste**/Marionettentheater. Musik: Hermann Amann. 1969.

Manfred Jenning: *Urmel spielt im Schloss.* **Augsburger Puppenkiste**/Marionettentheater. Basiert auf *Urmel spielt im Schloss* und *Urmels toller Traum.* Musik: Hermann Amann. 1974.

Frank Pinkus: *Urmel aus dem Eis.* **Musical** für grosse und kleine Kinder nach dem Kinderbuch von Max Kruse. Musik: Ines Lange u. Jan-Henning Preuße; Textdichter: Max Kruse. Norderstedt: Vertriebsstelle und Verl. Dt. Bühnenschriftsteller und

Bühnenkomponisten. 1993/1996 (untersch. Angaben). 64 S.; Personenreduzierte Fassung/Kleine Version 2002. 54 S.

Frank Pinkus: *Urmel taucht ins Meer.* **Kindermusical** nach dem Buch von Max Kruse. Musik: Ines Lange u. Jan-Henning Preuße. Norderstedt: Vertriebsstelle und Verl. Dt. Bühnenschriftsteller und Bühnenkomponisten. 1997. 72 S.

Ensemble der Augsburger Puppenkiste unter Federführung von Klaus Marschall: *Urmels große Reise* (freie Konzeption nach der Reihe von Max Kruse). Augsburger Puppenkiste/Marionettentheater. Tourneestück in offener Spielweise. 2009.

Zwischenbemerkung

Nachdem die ersten neun Folgen der Kinderbuchserie bei Ensslin & Laiblin erschienen waren, übernahm Mitte der 1990er Jahre Thienemann die Lizenz für die Geschichten um das Urmel und sorgte mit erneuter Publikation der einzelnen Folgen sowie deren Bearbeitungen für Leseanfänger und Bilderbuchversionen für einen zweiten Höhepunkt der Reihe (zweiter *Urmel*-Boom).

Sowohl die Thienemann-, als auch die dtv-Ausgaben, die den Erstauflagen der Bücher bei Ensslin & Laiblin folgten, aber auch die bei Thienemann erschienenen neuen Titel bestätigen die Feststellung von Hans Ries, dass «I[llustrationen] zum Teil über Jahrzehnte hin in Auflagen und Neuausgaben beibehalten [werden], wobei sie auch Abänderungen in Bildmotiv und Gestaltung, in Abfolge, Rahmung, Umriß und Format erfahren können.»[3] Erich Hölles Illustrationen zum Urmel-Universum wurden nach seinem Tod lange Zeit als Originalvorlagen herangezogen. Erst Günther Jakobs passt das Urmel und seine Freunde bildlich an Illustrationen aus Kinderbüchern des 21. Jahrhunderts an (Kolorierung und Verniedlichung/Verwässerung), soweit es sich um Bücher für eine jüngere Zielgruppe handelt.

Max Kruses Zusammenarbeit mit dem Schneider Verlag, dessen Hauptvertriebsweg der Beibuchhandel in Gestalt von Kaufhäusern, dem Papier- und Schreibwarenhandel sowie Supermärkten war, dürfte seinem Ansehen nicht genutzt haben. Publikationen des Schneider Verlags, die sich an Käufer richteten, die sonst nicht in eine Buchhandlung gehen, wurden nicht in Büchereien aufgenommen.

3 Ries, Hans: Illustration im Kinder- und Jugendbuch. In: Doderer, Klaus (Hrsg.): Lexikon der Kinder- und Jugendliteratur. Erg. Bd., Weinheim, Basel: Beltz 1982, S. 308.

Transpositionen in andere Medien

Verfilmungen

Puppenspiel-/Theater-Aufzeichnungen

Urmel aus dem Eis. Aufzeichnung des Marionettenspiels der Augsburger Puppenkiste. 1969. 115 Min. Frankfurt a. M.: Hessischer Rundfunk (hr Media) / Ufa Kids. Regie: Harald Schäfer. Drehbuch: Manfred Jenning.

Erstausstrahlung im ARD, Deutsches Fernsehen: 1. Folge *Der Eisberg* So., 23.11.1969, 14:45–15:15 Uhr, 2. Folge *Der Schuss* So., 30.11.1969, 14:45–15:15 Uhr, 3. Folge *Das Abenteuer* So., 07.12.1969, 14:45–15:15 Uhr, 4. Folge *Die Rettung* So., 14.12.1969, 13:15–13:45 Uhr. Erstmalige DVD-Veröffentlichung: 2004; DVD-Veröffentlichung «in Bild und Ton remastered» 2016.

Urmel spielt im Schloss. Aufzeichnung des Marionettenspiels der Augsburger Puppenkiste. 1974. 114 Min. Hessischer Rundfunk (hr Media) / Ufa Kids. Regie und Drehbuch: Manfred Jenning.

vierteiliges Marionettenspiel: Teil 1 u. 2 fußen *auf Urmel spielt im Schloss* (Folge 4), 3. u. 4. Episode auf *Urmels toller Traum* (Folge 7); Fortsetzung von *Urmel aus dem Eis.*

Erstausstrahlung im ARD, Deutsches Fernsehen: 1. Folge *Naftaline* So., 08.12.1974, 14:50–15:20 Uhr, 2. Folge *Zwengelmann* So., 15.12.1974, 13:15–13:45 Uhr, 3. Folge *Der tolle Traum* So., 22.12.1974, 14:40–15:10 Uhr, 4. Folge *Ausgeträumt* So., 29.12.1974, 14:45–15:15 Uhr. Erstmalige DVD-Veröffentlichung: 2004; DVD-Veröffentlichung «in Bild und Ton remastered» 2016.

DVD-Kollektionen (Erstveröffentlichungen)

Augsburger Puppenkiste. Max Kruse Jubiläums-Edition. Enthält *Urmel aus dem Eis, Don Blech und der goldene Junker* und *Gut gebrüllt, Löwe!* 2011. 395 Min. S.A.D. Home Entertainment GmbH. DVD (3 Disks).

Augsburger Puppenkiste. Jubiläums-Fan-Box [Limited Edition]. Zum 60-jährigen Jubiläum der Augsburger Puppenkiste im TV. Enthält neben *Urmel aus dem Eis* und *Urmel spielt im Schloss* zahlreiche andere Klassiker. Dez. 2013. 914 Min. S.A.D. Home Entertainment GmbH. DVD (11 Disks).

Urmel aus dem Eis / Urmel spielt im Schloss. Augsburger Puppenkiste. 2016. 230 Min. Ufa Kids. In Bild und Ton remastered. Blu-ray.

Sonderedition Metall-Dose in Ei-Form 2017 auf DVD (2 Disks).

Augsburger Puppenkiste Klassiker Kollektion. Enthält neben *Urmel aus dem Eis* und *Urmel spielt im Schloss* noch zwei *Jim Knopf-* und zwei *Sams*-Abenteuer. 2017. 555 Min. Ufa Kids. In Bild und Ton remastered. DVD (5 Disks).

Special Edition Holzkiste 2017 auf Blu-ray (3 Disks).

Urmel aus dem Eis. 2005. Fernsehfilm in zwei Teilen. Theater-/Comedy-Produktion. Mit Hörbuchsprecher Dirk Bach, Barbara Schöneberger, Mirja Boes, Guido Cantz und Michael Kessler.

Erstausstrahlung als Fernsehfilm in zwei Teilen am Sa., 17.12.2005 (20:15–22:10 Uhr) und So., 18.12.2005 (20:15–22:05 Uhr) auf Sat.1; Erstausstrahlung in der Filmfassung am Sa., 07.04.2007 (20:15–23:00 Uhr) auf Sat.1.

Animation und Zeichentrick

Urmel. Zeichentrickfernsehserie. 1995–1997. 1 Staffel, 26 Episoden von je 25 Min. München: CMS Your Family Entertainment. Regie: Gerd Hahn, William Speers, Anthony Power, Phil Cruden.

Erstausstrahlung von 12.10.1996 (Folge 1) bis 05.04.1997 (Folge 26) in Das Erste (wöchentlich neue Folge), auch gezeigt bei *Käpt'n Blaubär Club, Tigerenten Club, Ferienfieber.* In verschiedenen DVD-Ausgaben herausgebracht: 2 x 13 Folgen (Sammelbox 1: 2008, Sammelbox 2: 2009; je 3 Disks; München: CMS Your Family Entertainment), *Urmel* 1–4 (Urmel 1. Von Schätzen und Entführungen; Urmel 2. Faule Tricks auf hoher See; Urmel 3. Da brennt doch was an!; Urmel 4. Titiwus Sherlock Urmel; je 3 Folgen (nicht chronologisch); Ötztal: MCP Sound & Media AG. 2000/2001), 2 x 6 Folgen (nicht chronologisch, teilweise schon auf anderen DVDs; 2006 (*Urmel 1 + 2.* Ötztal: MCP Sound & Media AG, vgl. 2000)/2014 (*Urmel. Abenteuer auf Titiwu 1.* Concorde Home Entertainment.

Urmel aus dem Eis. Eiszeit war gestern! Kinostart: 03.08.2006. 87 Min. Animations- und Zeichentrickfilm. Warner Bros. Entertainment. Regie: Holger Tappe.

Erstmalige DVD-Veröffentlichung: 2008. Vertrieb auch in Sammelbox: *Urmel aus dem Eis & Oh wie schön ist Panama.* 2011. Animations- und Zeichentrickfilm. Warner Home Video. DVD (2 Disks)

Urmel voll in Fahrt. Fortsetzung von *Urmel aus dem Eis.* Kinostart: 01.05.2008. 84 Min. Animations- und Zeichentrickfilm. Constantin Film AG. Regie: Reinhard Klooss, Holger Tappe.

Erstmalige DVD-Veröffentlichung: 2008.

TV-Serie: Sampler

Fröhliche Weihnachten. Enthält Urmel-Folge 22 *Winterspeck.* 1998 (Produktion)/2010 (Erscheinungstermin). 150 Min. Hamburg: WVG Medien GmbH/München: CMS Your Family Entertainment.

Halloween Edition. Enthält Urmel-Folge 25 *Geisterstunde.* 2009. 125 Min. München: CMS Your Family Entertainment.

Bilderbuchverfilmung

Urmel schlüpft aus dem Ei. Die schönsten Bilderbuch-Filme. Enthält *Urmel schlüpft aus dem Ei, Urmel ist ein Schatz* u. *Urmel und die Schweinefee* (Illustrationen Roman Lang nach Orig. von Erich Hölle) sowie drei Folgen *Max und Marie.* In Deutsch und Englisch (Sprecher: Wolf Frass (dt.), Richard Ryan-Graves (engl.)). 2011/2017. 45 Min. Hamburg: Childertainment GmbH & Co. KG (pikcha.tv).

Theateraufführungen

Aufführungen von *Urmel aus dem Eis* nach der Bühnenbearbeitung von Frank Pinkus 1993/96 (Datum der Premiere)

27.11.20 Weyher Theater, 28844 Weyhe

20.11.20 Theaterverein Rellingen von 1929 e. V., 25462 Rellingen

01.02.20 Theater- und Film e. V. Holzwurm, 69469 Weinheim

08.12.19 Volksspielbühne Hans Sachs, 21031 Hamburg

26.11.19 Stadttheater Pforzheim, 75172 Pforzheim

24.11.19 Alpener Laienspiel, 46519 Alpen

27.07.19 Illenau Theater Achern e. V., 77855 Achern

29.05.19 Hans-Furler-Gymnasium, 77704 Oberkirch

13.04.19 Theaterverein Sulmtal, 74182 Obersulm-Sülzbach

31.03.19 Dramatische Vereinigung Köln-Worringen e. V., 50769 Köln

30.03.19 Kinder- und Jugendtheater Fliegenpilz, 42329 Wuppertal

12.01.19 Komödien-Bühne Heerdt, 40549 Düsseldorf

16.12.18 Amateurtheater Wiesloch «Die Maske» e. V., 69168 Wiesloch

15.12.18 LSK-Theater Mainburg, 84048 Mainburg

15.12.18 Theater- und Heimatverein Fidelio e. V. 1919, 56218 Mülheim-Kärlich

08.12.18 Möllner Sportvereinigung von 1862 e. V., 23879 Mölln

07.12.18 Theater 47 / VB Jenfeld, 22885 Barsbüttel

01.12.18 Kleine Bühne Schwalm-Eder e. V., 34576 Homberg

24.11.18 Theatergesellschaft Preziosa, 45886 Gelsenkirchen-Ückendorf

16.11.18 Jugendbühne Ostfildern, 73760 Ostfildern

13.08.18 Kolpingsfamilie Wattenscheid Höntrop, 44869 Wattenscheid-Höntrop

13.06.18 Kardinal-von-Galen-Gymnasium, 47623 Kevelaer

02.06.18 Burgspielschar Burgholzhausen, 61381 Friedrichsdorf

11.12.17 Theaterensemble Syke, 28857 Syke [bei Bremen]

26.11.17 Kinder spielen für Kinder, 21220 Seevetal [Harburg bei Hamburg]

24.11.17 Pinneberger Bühnen, 25421 Pinneberg

18.11.17 Theater in der Au e. V., 82061 Neuried

16.09.17 Sinnvoll unterwegs e. V., 35764 Sinn

17.04.17 Häwwich Theater, 76891 Busenberg

01.04.17 Akademie für Darstellende Kunst Bayern gGmbH, 93047 Regensburg

03.12.16 Kolpingfamilie Olching, 82140 Olching

20.11.16 Kaufunger Kindertheater e. V., 34260 Kaufungen

13.11.16 Kleinkunstbuehne K3 e. V., 72474 Winterlingen

11.11.16 Kultur- und Carnevalverein Bingenheim e. V., 61209 Echzell

05.07.16 Theaterwerkstatt Achkarren, 79206 Breisach

04.06.16 Bernd-Alois-Zimmermann-Musikschule, 50374 Erftstadt

15.05.16 Freilichtbühne Werne, 59368 Werne

24.01.16 Niels-Stensen-Gymnasium, 21077 Hamburg

05.12.15 Das Brettken am Drögen Pütt, 58769 Nachrodt

05.12.15 Theater Schwarzenbek, 21493 Schwarzenbek

20.11.15 Mendener Amateur Theater e. V., 58710 Menden

11.07.15 Kindertheaterprojekt Wetzlar, 35578 Wetzlar

04.07.15 Freilichtbühne Nördlingen Alte Bastei, 86720 Nördlingen

04.07.15 Waldbühne Otternhagen e. V., 31535 Neustadt am Rübenberge

25.10.11 Konzertdirektion Bingel GmbH, 77652 Offenburg

04.02.09 Theaterverlag Marabu, CH-8022 Zürich

08.03.00 Theaterverlag Marabu, CH-8022 Zürich

u. v. m.

Aufführung von *Urmel taucht ins Meer* nach der Bühnenbearbeitung von Frank Pinkus 1997

März 2007: Theatergruppe des Kindergartens St. Lambertus Birgelen (Bühne des Forums der Betty-Reis-Gesamtschule Wassenberg)

Aufführungen von *Urmel aus dem Eis* nach der Bühnenbearbeitung von Frank Pinkus 2002 (Datum der Premiere)

02.06.21 Theater Schloss Maßbach GmbH, 97711 Maßbach → ausstehend

21.11.20 Theater Ansbach, 91522 Ansbach → ausstehend

24.11.19 Theaterclub Felde e. V., 27339 Riede-Felde

02.12.18 Statt-Theater Vegesack e. V., 28759 Bremen

08.06.18 Papageno-Theater, 60323 Frankfurt am Main

01.12.17 Niederdeutsche Bühne Brake, 26919 Brake

29.06.17 Quasi-So-Theater, 49477 Ibbenbüren

27.08.15 Papageno-Theater, 60323 Frankfurt am Main

22.11.14 Das kleine Hoftheater e. V., 22111 Hamburg-Horn

19.11.14 Theater der Stadt Trier, 54290 Trier

20.11.13 Theater Ulm, 89073 Ulm

16.11.13 Moni Rummel, 64295 Darmstadt

16.11.13 Niederdeutsche Bühne Flensburg, 24937 Flensburg

10.11.13 Theater Oberhausen, 46045 Oberhausen

18.05.13 Papageno-Theater, 60323 Frankfurt am Main

01.12.12 Städtische Bühne Lahnstein, 56112 Lahnstein

14.10.12 Westfälisches Landestheater, 44575 Castrop-Rauxel

u. v. m.

Aufführung von Urmels große Reise der Augsburger Puppenkiste 2009:
Premiere am 05. 06. 2009 anlässlich der Sonderausstellung «60 Jahre Augsburger Puppenkiste» in Bad Kreuznach.
Oktober 2009: Puppenkiste reist auf Einladung der Augsburger Partnerstädte Amagasaki und Nagahama nach Japan.
2010: Auftritte u. a. in Singapur, Malaysia sowie Portugal (zumindest 2009 in Planung); Präsentation bei «klapps»-Puppenspieltagen in Augsburg.
[http://www.augsburger-puppenkiste.de/01-theater/01-spitalgasse/06-projekte/index.shtml]

Selbstständige Inszenierungen nach Kruses *Urmel aus dem Eis* (Datum der Premiere)

04.07.21 Theater Fritz und Freunde, 80687 Augsburg → ausstehend

10.11.20 Die Complizen – Figuren, Theater, Musik, 59423 Unna → ausstehend

31.10.20 Zürcher Märchenbühne GmbH, CH-8022 Zürich → ausstehend

01.12.19 TiC-Theater gGmbH, 42349 Wuppertal → erneute Aufnahme zum 29.11.20 (ausstehend)

29.11.19 Emmerthaler Elterntheater, 31860 Emmerthal

23.11.19 Kellertheater Hamburg e. V., 20355 Hamburg

16.11.19 Württembergische Landesbühne Esslingen, 73728 Esslingen

04.05.19 Kindertheater Keutschach, AT-9073 Viktring

05.12.18 Theater zwischen Ebbe und Flut, 25938 Wyk auf Föhr

05.08.18 Theatersommer Ludwigsburg, 71638 Ludwigsburg

03.06.18 Theaterbande-Phoenix, 33829 Borgholzhausen

26.01.18 Bad Camberger Festspiele e. V., 65520 Bad Camberg

02.12.17 Heidenheimer Volksschauspiele, 89522 Heidenheim

10.11.17 Theaterfroynde, 28215 Oyten

30.09.17 Die Complizen – Figuren, Theater, Musik, 30539 Hannover

11.03.17 Amateurtheater St. Amandus Datteln von 1956 e. V., 45711 Datteln

22.01.17 Landestheater Niederbayern, 94032 Passau

04.12.16 Landestheater Niederbayern, 94315 Straubing

27.11.16 Landestheater Niederbayern, 84036 Landshut

28.11.14 Autostadt GmbH, 38440 Wolfsburg

16.11.13 Theater Bielefeld, 33602 Bielefeld

u. v. m.

Inszenierung von Urmel fliegt ins All (1970, Folge 2):
Christian Berg: Urmel fliegt ins All. Mitmachmusical. Musik: Tobias Künzel
Premiere am 28.04.2005 in Hamburg, Deutschlandtournee ab Herbst 2005 [https://www.vvb.de/news/showNews?nid=49]

Hörspiele

Urmel auf dem Eis. Ein abenteuerliches Hörspiel mit Musik u. lustigen Liedern nach d. gleichnamigen Jugendbuch. **Hamburg: Fontana.** 1972/1973. Hörspielfassung, Regie u. Produktion: Egon L. Frauenberger. Sprecher: Fritz Strassner u. a. Musik: Thaddäus Droll u. a. 1 Schallplatte.

Urmel aus dem Eis. Hörspielfassung u. Regie: Egon L. Frauenberger. **München: F. Schneider** (Schneider Ton). 1987. 1 Kompaktkassette.

Urmel aus dem Eis. Ein abenteuerliches Hörspiel mit Musik und lustigen Liedern. Nach dem gleichnamigen Jugendbuch. **Quickborn: BMG Deutschland** (Europa Mini). 2004. Hörspiel und Produktion: E. L. Frauenberger. Erzähler: Fritz Straßner. Mitwirkende: Hans Bergmann, Bernd-Holger Bonsels u. v. a. 1 CD; auch als digitale Übertragung. Enthalten auch in: *Urmel. 3 x spannende und lustige Hörspiele.* **Quickborn: BMG Deutschland** (Europa x 3). 2004. CD.

Urmel aus dem Eis. Ein Hörspiel mit der überarbeiteten Original-Tonspur der TV-Fassung des Hessischen Rundfunks. Fernseh-Drehbuch: Manfred Jenning. Erzählerin: Karin Dieck und die Original-Stimmen der Augsburger Puppenkiste. Hörbuch-Regie: Marlene Breuer. Augsburger Puppenkiste. **Frankfurt a. M.: Hr media**; Notorf: Lighthouse Home Entertainment [Vertrieb]. 2007 (Produktion: 1969). 2 CDs + Booklet; bereits 2001 als Tonkassette (2 Kassetten); auch elektronische Reproduktion bzw. digitale Übertragung.

Urmel. Das Original-Hörspiel. *Urmel aus dem Eis.* **Köln: EMI** (Happy Kids. Hörspielklassiker). 2008. Hörspiel von Egon L. Frauenberger, mit Musik und schönen Liedern.

Hörspiel-Autor, Regie, Produktion und künstlerische Gesamtleitung: Egon L. Frauenberger. Sprecher: Fritz Straßner u. a. 1 CD; auch als digitale Übertragung.

Urmel aus dem Eis. Ein Hörspiel mit der überarbeiteten Original-Tonspur der TV-Fassung des Hessischen Rundfunks von 1969. Lizenzausgabe. Red.-Bearb.: Dorothee Meyer-Kahrweg. Hörbuch-Regie: Marlene Breuer. Erzählerin: Karin Dieck und die Orig.-Stimmen der Augsburger Puppenkiste. Augsburger Puppenkiste. **Köln: Random House Audio**; Hamburg: Edel: Kultur. 2013. 2 CDs (ca. 115 Min.).

Urmel aus dem Eis. Augsburger Puppenkiste. Mit den Original-Stimmen der Augsburger Puppenkiste. Bearbeitung: Dorothee Meyer-Kahrweg. **München: Universum Film GmbH** (Universum Kids). 2018. 2 CDs + Booklet

Urmel aus dem Eis. Das bekannte Stück der Augsburger Puppenkiste auf Schweizerdeutsch. Dialektfassung: Erich Vock. **Zürich: Tudor Recording AG.** Produktionsjahr unbekannt; auf Tonkassette und CD.

Vom Schweizer-Radiosender DRS erschienen in den 1990ern in der Bearbeitung von Isabel Schärer unter der Regie von Esther Gemsch auch Urmel-Hörspiele auf Kassette. Diese werden hier nicht umfänglich aufgelistet, da der deutsche Buchmarkt im Fokus steht.

Urmel fliegt ins All. Ein abenteuerliches Hörspiel mit Musik u. lustigen Liedern nach d. gleichnamigen Jugendbuch. **Hamburg: Phonogram/Fontana.** 1972/1975 [letztere in Dt. Nationalbibliothek mit Fragezeichen versehen]. Hörspielfassung, Regie u. Produktion: Egon L. Frauenberger. 1 Schallplatte.

Urmel fliegt ins All. Hörspielfassung u. Regie: Egon L. Frauenberger. **München: F. Schneider** (Schneider Ton). 1987. 1 Kompaktkassette.

Urmel fliegt ins All. Ein abenteuerliches Hörspiel mit Musik und lustigen Liedern. Nach dem gleichnamigen Jugendbuch. **Quickborn: BMG Deutschland** (Europa Mini). 2004. Hörspiel und Produktion: E. L. Frauenberger. Erzähler: Fritz Straßner. Mitwirkende: Hans Bergmann, Bernd-Holger Bonsels u. v. a. 1 CD; auch als digitale Übertragung. Enthalten auch in: *Urmel. 3 x spannende und lustige Hörspiele.* **Quickborn: BMG Deutschland** (Europa x 3). 2004. CD.

Urmel. Das Original-Hörspiel. *Urmel fliegt ins All.* **Köln: EMI** (Happy Kids. Hörspielklassiker). 2008. Hörspiel von Egon L. Frauenberger, mit Musik und schönen Liedern. Hörspiel-Autor, Regie, Produktion und künstlerische Gesamtleitung: Egon L. Frauenberger. Sprecher: Fritz Straßner u. a. 1 CD; auch als digitale Übertragung.

Urmel taucht ins Meer. Ein abenteuerliches Hörspiel mit Musik u. Liedern nach d. gleichnamiges Jugendbuch. **Hamburg: Phonogram Gesellschaft** (Fontana Special). 1974/1975 [letztere in Dt. Nationalbibliothek mit Fragezeichen versehen]. Text, Musik u. Regie: Egon L. Frauenberger. Sprecher: Fritz Strassner, Bernd-Holger Bonsels, Hans Bergmann u. a. 1 Schallplatte.

Urmel taucht ins Meer. Hörspielfassung u. Regie: Egon L. Frauenberger. **München: F. Schneider** (Schneider Ton). 1987. 1 Kompaktkassette.

Urmel taucht ins Meer. Ein abenteuerliches Hörspiel mit Musik und lustigen Liedern. Nach dem gleichnamigen Jugendbuch. **Quickborn: BMG Deutschland** (Europa Mini). 2004. Hörspiel und Produktion: E. L. Frauenberger. Erzähler: Fritz Straßner. Mitwirkende: Hans Bergmann, Bernd-Holger Bonsels u. a. 1 CD; auch digitale Übertragung. Enthalten auch in: *Urmel. 3 x spannende und lustige Hörspiele.* **Quickborn: BMG Deutschland** (Europa x 3). 2004. CD.

Urmel. Das Original-Hörspiel. *Urmel taucht ins Meer.* **Köln: EMI** (Happy Kids. Hörspielklassiker). 2008. Hörspiel von Egon L. Frauenberger, mit Musik und schönen Liedern. Hörspiel-Autor, Regie, Produktion und künstlerische Gesamtleitung: Egon L. Frauenberger. Sprecher: Fritz Straßner u. a. 1 CD; auch als digitale Übertragung.

Urmel spielt im Schloss. Ein abenteuerliches Hörspiel mit Musik u. Liedern nach d. gleichnamigen Jugendbuch. **Hamburg: Phonogram Gesellschaft** (Fontana Special). 1974. Musik, Liedertexte, Hörspielfassung, Regie u. Produktion: Egon L. Frauenberger]. 1 Schallplatte; auch erhältlich als Tonkassette.

Urmel spielt im Schloss. Hörspielfassung u. Regie: Egon L. Frauenberger. **München: F. Schneider** (Schneider Ton). 1987. 1 Kompaktkassette,

Urmel spielt im Schloss. Ein abenteuerliches Hörspiel mit Musik und lustigen Liedern. Nach dem gleichnamigen Jugendbuch. **Quickborn: BMG Deutschland** (Europa Mini). 2004. Hörspiel und Produktion E. L. Frauenberger. Erzähler: Fritz Straßner; Mitwirkende: Hans Bergmann, Bernd-Holger Bonsels u. a. 1 CD.

Urmel spielt im Schloss. Ein Hörspiel mit der überarbeiteten Original-Tonspur der TV-Fassung des Hessischen Rundfunks. Augsburger Puppenkiste. **Frankfurt a. M.: Hr media**; Notorf: Lighthouse Home Entertainment [Vertrieb]. Fernseh-Drehbuch und Regie: Manfred Jenning. Erzählerin: Karin Dieck und die Original-Stimmen der Augsburger Puppenkiste. Hörbuch-Regie: Marlene Breuer. 2007. 2 CDs + Booklet.

Urmel. Das Original-Hörspiel. *Urmel spielt im Schloss.* **Köln: EMI** (Happy Kids. Hörspielklassiker). 2008. Hörspiel von Egon L. Frauenberger, mit Musik und schönen Liedern. Hörspiel-Autor, Regie, Produktion und künstlerische Gesamtleitung: Egon L. Frauenberger. Sprecher: Fritz Straßner u. a. 1 CD; auch als digitale Übertragung.

Urmel zieht zum Pol. **Hamburg: Phonogram (Fontana).** 1976 [in Dt. Nationalbibliothek mit Fragezeichen versehen]. 1 Schallplatte.

Urmel zieht zum Pol. Hörspielfassung u. Regie: Egon L. Frauenberger. **München: F. Schneider** (Schneider Ton). 1987. 1 Kompaktkassette – als Schneider-Kassette Teil 7 der Urmel-Reihe (eigentlich Buchfolge 5).

Urmel zieht zum Pol. Ein abenteuerliches Hörspiel mit Musik und lustigen Liedern. Nach dem gleichnamigen Jugendbuch. **Quickborn: BMG Deutschland** (Europa Mini).

2004. Hörspiel und Produktion E. L. Frauenberger. Erzähler: Fritz Straßner; Mitwirkende: Hans Bergmann, Bernd-Holger Bonsels u. a. 1 CD; auch digitale Übertragung.

Urmel. Das Original-Hörspiel. *Urmel zieht zum Pol.* **Köln: EMI** (Happy Kids. Hörspielklassiker). 2008. Hörspiel von Egon L. Frauenberger, mit Musik und schönen Liedern. Hörspiel-Autor, Regie, Produktion und künstlerische Gesamtleitung: Egon L. Frauenberger. Sprecher: Fritz Straßner u. a. 1 CD; auch als digitale Übertragung.

Urmels toller Traum. Ein märchenhaftes Hörspiel mit Musik u. lustigen Liedern. **Hamburg: Phonogram Gesellschaft** (Fontana Special). 1975. Hörspielfassung, Regie u. Produktion: Egon L. Frauenberger. 1 Schallplatte; auch erhältlich als Tonkassette

Urmel's toller Traum. Hörspielfassung u. Regie: Egon L. Frauenberger. **München: F. Schneider** (Schneider Ton). 1987. 1 Kompaktkassette, als Schneider-Kassette Teil 6 der Urmel-Reihe (eigentlich Buchfolge 7)

Urmels toller Traum. Ein Hörspiel. **Hamburg: MusiCassetten- und Schallplatten-Karussell.** 1981 [in Dt. Nationalbibliothek mit Fragezeichen versehen]. 1 Schallplatte; auch erhältl. als Tonkassette

Urmel toller Traum. Ein abenteuerliches Hörspiel mit Musik und lustigen Liedern. Nach dem gleichnamigen Jugendbuch. **Quickborn: BMG Deutschland** (Europa Mini). 2004. Hörspiel und Produktion E. L. Frauenberger. Erzähler: Fritz Straßner; Mitwirkende: Hans Bergmann, Anke Syring u. a. 1 CD [http://d-nb.info/972523375]; auch digitale Übertragung.

Urmel. Das Original-Hörspiel. *Urmels toller Traum.* **Köln: EMI** (Happy Kids. Hörspielklassiker). 2008. Hörspiel von Egon L. Frauenberger, mit Musik und schönen Liedern. Hörspiel-Autor, Regie, Produktion und künstlerische Gesamtleitung: Egon L. Frauenberger. Sprecher: Fritz Straßner u. a. 1 CD; auch als digitale Übertragung.

Urmel's Hochzeitsfest. Hörspielfassung u. Regie: Egon L. Frauenberger. **München: F. Schneider** (Schneider Ton). 1987. 1 Kompaktkassette – als Schneider-Kassette Teil 5 der Urmel-Reihe (keine eigene Buchfolge).

Urmels Hochzeitsfest. Ein abenteuerliches Hörspiel mit Musik und lustigen Liedern. Ein Abenteuer aus dem Jugendbuch *Urmels toller Traum* [Folge 6]. **Quickborn: BMG Deutschland** (Europa Mini). 2004. Hörspiel und Produktion E. L. Frauenberger. Erzähler: Fritz Straßner; Mitwirkende: Hans Bergmann, Bernd-Holger Bonsels u. a. 1 CD; auch digitale Übertragung.

Urmel. Das Original-Hörspiel. *Urmels Hochzeitsfest.* **Köln: EMI** (Happy Kids. Hörspielklassiker). 2008. Hörspiel von Egon L. Frauenberger, mit Musik und schönen Liedern. Hörspiel-Autor, Regie, Produktion und künstlerische Gesamtleitung: Egon L. Frauenberger. Sprecher: Fritz Straßner u. a. 1 CD; auch als digitale Übertragung.

Urmel im Vulkan. Hörspielfassung u. Regie: Egon L. Frauenberger. **München: F. Schneider** (Schneider Ton). 1988. 1 Kompaktkassette – als Schneider-Kassette Teil 8 der Urmel-Reihe (eigentlich Buchfolge 6).

Urmel's grosser Flug. Hörspielfassung u. Regie: Egon L. Frauenberger. **München: F. Schneider** (Schneider Ton). 1988. 1 Kompaktkassette – als Schneider-Kassette Teil 9 der Urmel-Reihe (eigentlich Buchfolge 8).

Urmel wird ein Star. Hörspielfassung u. Regie: Egon L. Frauenberger. **München: F. Schneider** (Schneider Ton). 1988. 1 Kompaktkassette – als Schneider-Kassette Teil 10 der Urmel-Reihe (eigentlich Buchfolge 9).

Hörspiele zum Kinofilm

Urmel aus dem Eis. Das Original-Hörspiel zum Kinofilm. inkl. Demo-Version des PC-Games Urmel aus dem Eis Partyspiel! **Hamburg: Edel-Media-und-Entertainment-GmbH** (Edel Kids). 2006. Sprecher: Domenic Redl u. a. 1 CD-ROM + Beilage.

Urmel voll in Fahrt. Das Original-Hörspiel zum Kinofilm. **Hamburg: Edelkids GmbH.** 2008. Sprecher: Anke Engelke, Oliver Kalkofe, Wigald Boning u. a. Hörspielbearb.: Dieter Koch. Regie und Produktion: Reinhard Klooss/Holger Tappe. Drehbuch: Oliver Huzly. 1 CD.

Hörbücher

Urmel aus dem Eis. Erzählt von Dirk Bach. Regie: Karin Lorenz. **Düsseldorf: Patmos.** 2002. 2 CDs + Faltblatt; auch als digitale Übertragung. Auch enthalten in: *Die Urmel-Box.* Jubiläumsed., autoris. Lesefassung. 3 Abenteuer erzählt von Dirk Bach. Enthält *Urmel aus dem Eis / Urmel spielt im Schloss / Urmel fliegt ins All.* Musik: Hermann Amann. Bearb. und Regie: Karin Lorenz. **Düsseldorf: Patmos.** 2006. 6 CDs + Booklet.

Urmel aus dem Eis. **Frankfurt am Main: Fischer Sauerländer.** 2002 (bereits 2. Aufl.!). CD.

Urmel aus dem Eis. Lesung mit Musik. Sprecher: Dirk Bach. Regie: Karin Lorenz. **Mannheim: Sauerländer** (Sauerländer audio; Argon Sauerländer Audio ein Imprint von Argon Verlag). 2011 (3. Aufl.). 2 CDs (ca. 151 Min.). Auch enthalten in: *Die Urmel-Box:* 3 Abenteuer. Enthält *Urmel aus dem Eis / Urmel spielt im Schloss / Urmel fliegt ins All.* Lesung mit Musik. Erzählt von Dirk Bach. Bearb. und Regie: Karin Lorenz. **Mannheim: Sauerländer** (Sauerländer audio). 2011. 6 CDs (ca. 450 Min.).

Urmel aus dem Eis. Gelesen von Dirk Bach. **Köln: Random House Audio** (Abenteuer Hören). 2005. 2 CDs; auch als digitale Übertragung.

Urmel fliegt ins All. Für alle Kinder, Junggebliebenen und Fans ab 6 Jahren. Erzählt von Dirk Bach. **Düsseldorf: Patmos.** 2004. 2 CDs + Booklet. Auch enthalten in: *Die Urmel-Box* (**Patmos** Jubiläumsausgabe 2006), siehe oben.

Urmel taucht ins Meer. Erzählt von Dirk Bach. Bearb. und Regie: Karin Lorenz. **Düsseldorf: Patmos.** 2003. 2 CDs + Booklet.

Die Urmel-Box 2. 3 Abenteuer erzählt von Dirk Bach. Enthält *Urmel taucht ins Meer / Urmel zieht zum Pol / Urmels großer Flug*. Lesung mit Musik. **Frankfurt am Main: Fischer Sauerländer** (Argon Sauerländer Audio ein Imprint von Argon Verlag). 2013. 6 CDs.

Urmel spielt im Schloss. Erzählt von Dirk Bach. Bearb. und Regie: Karin Lorenz. **Düsseldorf: Patmos.** 2004. 2 CDs + Beilage. Auch enthalten in: *Die Urmel-Box* (**Patmos** Jubiläumsausgabe 2006), siehe oben.

Mein Urmel-Koffer: 3 Hörbücher auf 6 CDs. Genehmigte Sonderausgabe [vgl. *Die Urmel-Box*, Patmos 2006, Sauerländer 2011]. Gelesen von Dirk Bach. Bearb. und Regie: Karin Lorenz. **Potsdam: Tandem-Verlag.** 2014. 6 CDs (ca. 422 Min.).

CD 1/2: Urmel aus dem Eis [auch als Einzelpublikation]
CD 3/4: Urmel spielt im Schloss [auch als Einzelpublikation]
CD 5/6: Urmel fliegt ins All [auch als Einzelpublikation]

Urmel zieht zum Pol. Für alle Kinder, Junggebliebenen und Fans ab 6 Jahren. Erzählt von Dirk Bach. Bearb. und Regie: Karin Lorenz. **Düsseldorf: Patmos.** 2005. 2 CDs + Booklet; auch als digitale Übertragung.

Urmels großer Flug. Für alle Kinder, Junggebliebenen und Fans ab 6 Jahren. Erzählt von Dirk Bach. Bearb. und Regie: Dirk Kauffels. **Düsseldorf: Patmos.** 2006. 2 CDs; auch als digitale Übertragung.

Urmel saust durch die Zeit. Ungekürzte Lesung. Gelesen von Rufus Beck. Regie: Rufus Beck. **Hamburg: Hörbuch Hamburg (Silberfisch).** 2013. 3 CDs (ca. 205 Min.); auch als mp3.

Alle lieben Urmel. Neue Urmel-Geschichten von Wieland Freund, Sabine Ludwig, Salah Naoura und Annette Pehnt. Sprecher: Gustav Peter Wöhler. Gekürzte Lesung. **Hamburg:** Hörbuch Hamburg HHV GmbH / **Silberfisch Hörbuch Hamburg.** 2016. 2 CDs; auch als mp3. Auch enthalten in: *Mein kunterbunter Hörbuchkoffer*. **Hamburg:** Hörbuch Hamburg HHV GmbH / **Silberfisch Hörbuch Hamburg.** 2017. 5 CDs; auch als digitale.

Hörbücher zu den Bilderbüchern

Urmel schlüpft aus dem Ei und andere Geschichten. Enthält alle fünf Bilderbuchteile von Thienemann. **Berlin: Universal Music Group**. 2016. Sprecher/innen: Erzähler Tomas Karallus und 11 weitere. Hörspielbearbeitung: Daniela Wakonigg. 1 CD + 1 Booklet.

Urmel schlüpft aus dem Ei und andere Geschichten. Enthält alle fünf Bilderbuchteile von Thienemann. Gekürzte Ausgabe. **Santa Monica: Karussell.** 2016. Sprecher/innen: Erzähler Tomas Karallus und 11 weitere. Hörspielbearbeitung: Daniela Wakonigg. Online-Ressource (mp3).

Urmel schlüpft aus dem Ei. Ungekürzte Ausgabe. Gelesen von Julian Horeyseck. **Hamburg: Kids Audio.** 2019. Online-Ressource (mp3).

Urmel fliegt zum Mond. Ungekürzte Ausgabe. Gelesen von Julian Horeyseck. **Hamburg: Kids Audio.** 2019. Online-Ressource (mp3)

Urmel taucht ins tiefe Meer. Ungekürzte Ausgabe. Gelesen von Julian Horeyseck. **Hamburg: Kids Audio.** 2019. Online-Ressource (mp3).

Urmel und die Schweinefee. Ungekürzte Ausgabe. Gelesen von Julian Horeyseck. **Hamburg: Kids Audio.** 2019. Online-Ressource (mp3).

Urmel sucht den Schatz. Ungekürzte Ausgabe. Gelesen von Julian Horeyseck. **Hamburg: Kids Audio.** 2019. Online-Ressource (mp3).

Spieleversionen

Klassische Spiele

Urmel aus dem Eis. Das Spiel zum Film. **Brettspiel.** 2006. Huch & Friends. Autor: Klaus Zoch. Ab 5 Jahren. Für 3 bis 6 Spieler.

Urmel aus dem Eis. **Puzzle** (Bilder entstammen dem Animationsfilm). 2006. SpielSpass. 4 Sets je 2 in 1, 2 x 26 bzw. 2 x 48 Teile. Ab 4 Jahren.

Malbuch

Urmel. Das Malbuch. 2005. **Hamburg: Carlsen** (Maxi-Pixi Nr. 12). Illustrationen von Roman Lang nach Motiven von Erich Hölle. 25 S.

Computerspiele

Urmels großer Flug. **Jump-'n'-Run-Computerspiel.** 1996. **Sunflowers Kids Interactive Entertainment Software**; Entwickler: Armin Grimm (Programm), Andreas Adamek (Grafik), Mark Yates (Animation), Alexander Röder (Musik); basiert auf Darstellung aus TV-Serie; Gamifizierung der Fernsehserie.

Urmel aus dem Eis. Computerspiel. 2006. **Modern Games**; basiert auf Darstellung aus Animationsfilm; Gamifizierung Animationsfilm.

Urmel. Das Partyspiel. Computerspiel. 2008 (*Urmel aus dem Eis* von 2006 enthält schon Demo-Version vom Partyspiel). **Avanquest Software**; basiert auf Darstellung aus dem Animationsfilm; Gamifizierung Animationsfilm.

Urmels Filmstudio. Computerspiel. o. J. BANDAI NAMCO Entertainment; basiert auf Darstellung aus TV-Serie; Gamifizierung der Fernsehserie; Neuauflage des Trickfilmstudios.

Lieder/Musical

Urmel-Lied-Mix. Titel in unterschiedl. Versionen. Dolls United. Hamburg, München: BMG Ariola. 1995. 1 Compact Disc + Beilage.

Urmel aus dem Eis. Die original Songs der Bühnenfassung; aus dem Musical für grosse und kleine Kinder (Frank Pinkus 1993/96). Leuchtende Augen. Seevetal-Hittfeld: Depro-Multimedia-Produktionen; Hamburg: Indigo, Vertrieb. 1999. 1 Compact Disc + Beilage.

Urmel fliegt ins All. Das Musical. Berlin: Universal Music Entertainment (Karussell; Regie: Christian Berg; Musik: Tobias Künzel; 1 CD + Beiheft.

Urmel: Abenteuer-Lieder. 18 Lieder aus 7 Hörspielen im Original mit allen Texten und Playbacks. Hamburg: Universal Music. 2001. Hohenbrunner Lieder-Rassel-Bande. Gesang: Hagmüller, Christa; Römer, Iris; Instrumentalmusik: Schmid, Thomas; Goltz, Michael; Schmidt, Elmar. 1 Compact Disc + Beiheft.

Urmel aus dem Eis. Die Noten zur Bühnenfassung. Die Original-Songs der Bühnenfassung des Musicals für grosse und kleine Kinder (Frank Pinkus 1993/96). Hamburg: Karisma-Verlag. 2002. Bearbeitung: Anne Striepe, Christof Osburg. Einfache Version. 11 S.

Urmel aus dem Eis. Meine schönsten Insel-Lieder. Original Soundtrack. Edel Kids. 2006. Musik: Jim Dooley.

Urmel voll in Fahrt. Original Soundtrack. Hamburg: Königskinder-Schallpl.; München: Königskinder Music. 2008. Musik: Jim Dooley; Symfonický orchester Slovenského rozhlasu; 1 CD + Beilage.

Die *Don Blech*-Serie – Ausgaben und mediale Transpositionen 1971–2013[1]

Ausgaben

Don Blech und der goldene Junker. Ill. Horst Lemke, 11 ganzseitige Illustrationen, 25 Vignetten, s/w. Düsseldorf: Hoch, 1971, 159 S.; 1.–10. Tsd.

Don Blech und der glutrote Vogel. Ill. Horst Lemke, 17 ganzseitige Illustrationen, 20 Vignetten, s/w. Düsseldorf: Hoch, 1972, 159 S.; 1.–10. Tsd.

Don Blech und der silberne Regen, Ill. Horst Lemke, 8 ganzseitige Illustrationen, 27 Vignetten, s/w. Düsseldorf: Hoch, 1973, 158 S.; 1–10 Tsd.

Don Blech. Ill. Horst Lemke. Stuttgart, Hamburg, München: Dt. Bücherbund, 1973, 319 S.

Enthält: Don Blech und der goldene Junker, Don Blech und der glutrote Vogel.

Don Blech und der goldene Junker. Ill. Horst Lemke. Stuttgart, Wien: Thienemann, 1995, 159 S.

Don Blech auf der Didnik-Insel. Ill. Horst Lemke. Umschlag: Sophie Schmid. Stuttgart, Wien: Thienemann, 2002, 120 S.

Don Blech in Gurkonien. Ill. Horst Lemke. Umschlag: Sophie Schmid. Stuttgart, Wien: Thienemann, 2002, 122 S.

Don Blech bei den Wattels. Ill. Horst Lemke. Umschlag: Sophie Schmid. Stuttgart, Wien: Thienemann, 2003, 123 S.

Taschenbuchausgaben

Don Blech und der goldene Junker. Ill. Horst Lemke. Umschlag: Sophie Schmid. 11 ganzseitige Illustrationen, 25 Vignetten, s/w. München: Omnibus (= Omnibus; 26028), 2000, 158 S.

Don Blech und der glutrote Vogel. Ill. Horst Lemke. Umschlag: Sophie Schmid. 17 ganzseitige Illustrationen, 20 Vignetten, s/w. München: Omnibus (= Omnibus; 26029), 2000, 158 S.

Don Blech und der silberne Regen. Ill. Horst Lemke. Umschlag: Sophie Schmid. 8 ganzseitige Illustrationen, 27 Vignetten, s/w. München: Omnibus (= Omnibus; 26030), 2000, 158 S.

---

1 Zusammengestellt von Anja Zimmermann.

Mediale Transpositionen

Hörspielfassungen auf Kassette

Don Blech und der goldene Junker. Reihe: In Stadt u. Land aus d. Fernsehen bekannt! Buch: Max Kruse, Hörspielfass. u. Regie: Manfred Jenning, Frankfurt (Main): Walt-Disney Musikverlag Ges., 1974.

Don Blech und der glutrote Vogel. Buch: Max Kruse, Hörspielass. u. Regie: Manfred Jenning, Frankfurt (Main): Walt-Disney Musikverlag Ges., 1974.

Rundfunk-Hörspiele

Don Blech und der goldene Junker. Ein Hörspiel mit der überarbeiteten Original-Tonspur der TV-Fassung des Hessischen Rundfunks. Fernseh-Drehbuch: Manfred Jenning, Sprecher: Karin Dieck und die Original-Stimmen der Augsburger Puppenkiste, Hörbuch-Regie: Marlene Breuer, Frankfurt (Main): Hr media, Vertrieb: Lighthouse Home Entertainment, Produktionsjahr: 1973, Erscheinungsdatum: 2007 (CDs).

Don Blech und der goldene Junker. Ein Hörspiel mit der überarbeiteten Original-Tonspur der TV-Fassung des Hessischen Rundfunks. Fernseh-Drehbuch: Manfred Jenning, Sprecher: Karin Dieck und die Original-Stimmen der Augsburger Puppenkiste, Hörbuch-Regie: Marlene Breuer, Leipzig, Frankfurt am Main: Deutsche Nationalbibliothek, Produktionsjahr: 1973, Erscheinungsdatum: 2019 (Elektronische Reproduktion).

Hörbuchproduktionen

Don Blech und der goldene Junker. Lesung von Max Kruse. Hamburg: Karussell-Musik-und-Video-GmbH, 1997 (Tonkassette).

Don Blech und der glutrote Vogel. Lesung von Max Kruse, Hamburg: Karussell-Musik-und-Video-GmbH, 1997 (Tonkassette).

Don Blech und der goldene Junker. Don Blech und der glutrote Vogel. Gelesen von Max Kruse. Hamburg: Karussell-Musik-und-Video-GmbH, 1997 (Tonkassetten).

Puppenspielverfilmungen und deren Ausstrahlung im Fernsehen

Don Blech und der goldene Junker. Hohlkopf und Scheppertonne. Augsburger Puppenkiste. ARD, 1973.

Don Blech und der goldene Junker. Die Didniks. Augsburger Puppenkiste. ARD, 1973.

Don Blech und der goldene Junker. Nassi. Augsburger Puppenkiste. ARD, 1973.

Don Blech und der goldene Junker. Ein Fest. Augsburger Puppenkiste. ARD, 1973.

Don Blech und der goldene Junker. Ein Fest. Augsburger Puppenkiste. KIKA, 1998.

Don Blech und der goldene Junker. Hohlkopf und Scheppertonne. Augsburger Puppenkiste. KIKA, 1999 (08:30 und 12:15).

Don Blech und der goldene Junker. Die Didniks. Augsburger Puppenkiste. KIKA, 1999 (08:30 und 12:15).

Don Blech und der goldene Junker. Nassi. Augsburger Puppenkiste. KIKA, 1999 (08:30 und 12:15).

Don Blech und der goldene Junker. Ein Fest. Augsburger Puppenkiste. KIKA, 1999 (08:30 und 12:15).

Don Blech und der goldene Junker. Hohlkopf und Scheppertonne. Augsburger Puppenkiste. KIKA, 2001.

Don Blech und der goldene Junker. Die Didniks. Augsburger Puppenkiste. KIKA, 2001.

Don Blech und der goldene Junker. Nassi. Augsburger Puppenkiste. KIKA, 2001

Don Blech und der goldene Junker. Ein Fest. Augsburger Puppenkiste. KIKA, 2001.

Don Blech und der goldene Junker. Hohlkopf und Scheppertonne. Augsburger Puppenkiste. Das Erste, 2004.

Don Blech und der goldene Junker. Die Didniks. Augsburger Puppenkiste. Das Erste, 2004.

Don Blech und der goldene Junker. Nassi. Augsburger Puppenkiste. Das Erste, 2004.

Don Blech und der goldene Junker. Ein Fest. Augsburger Puppenkiste. Das Erste, 2004.

Don Blech und der goldene Junker. Hohlkopf und Scheppertonne. Augsburger Puppenkiste. hr fernsehen, 2004.

Don Blech und der goldene Junker. Die Didniks. Augsburger Puppenkiste. hr fernsehen, 2004.

Don Blech und der goldene Junker. Nassi. Augsburger Puppenkiste. hr fernsehen, 2004.

Don Blech und der goldene Junker. Ein Fest. Augsburger Puppenkiste. hr fernsehen, 2004.

Don Blech und der goldene Junker. Hohlkopf und Scheppertonne. Augsburger Puppenkiste. Das Erste, 2005.

Don Blech und der goldene Junker. Die Didniks. Augsburger Puppenkiste. Das Erste, 2005.

Don Blech und der goldene Junker. Nassi. Augsburger Puppenkiste. Das Erste, 2005.

Don Blech und der goldene Junker. Ein Fest. Augsburger Puppenkiste. Das Erste, 2005.

Don Blech und der goldene Junker. Hohlkopf und Scheppertonne. Augsburger Puppenkiste. KIKA, 2013.

Puppenspielverfilmungen im Vertrieb auf DVDs, durch Netflix u. a.

Don Blech und der goldene Junker. Augsburger Puppenkiste. Duisburg: atlas Film, 1075 (16 mm).

Don Blech und der goldene Junker. Augsburger Puppenkiste. Duisburg: atlas Film, 1979 (VHS.)

Don Blech und der goldene Junker. Folge 1: Hohlkopf und Scheppertone; Die Didniks. Augsburger Puppenkiste. Frankfurt (Main): Sony Music Entertainment, 1998 (Videokassette).

Don Blech und der goldene Junker. Folge 2: Nassi; Ein Fest. Augsburger Puppenkiste. Frankfurt (Main): Sony Music Entertainment, 1998 (Videokassette).

Don Blech und der goldene Junker. Augsburger Puppenkiste. Frankfurt (Main): Lighthouse Home Entertainment, 2004 (DVD).

Die Augsburger Blechbüchse. Frankfurt (Main): Lighthouse Home Entertainment, Reihe: Die Augsburger Blechbüchse, 2005 (DVD, Special Edition).

Don Blech und der goldene Junker. Augsburger Puppenkiste. München: Terzio, 2006 (DVD).

Augsburger Puppenkiste. Karstadt-Jubiläumsausgabe. Lighthouse Home Entertainment: 2006 (DVD).

Augsburger Puppenkiste. Räuber – Burgen – Gespenster. S.A.D. Home Entertainment GmbH, 2008 (DVD).

Stars an Fäden. Hamburg: S.A.D. Home Entertainment, 2008 (DVD).

Don Blech und der goldene Junker. Augsburger Puppenkiste. S.A.D. Home Entertainment GmbH, 2010 (DVD).

Don Blech und der goldene Junker. Augsburger Puppenkiste. Burgrieden: S.A.D Home Entertainment, 2011 (DVD).

Augsburger Puppenkiste. Max Kruse Jubiläums-Edition. S.A.D Home Entertainment GmbH, 2011 (DVD).

Musiktonträger

Don Blech und der goldene Junker. Disney, 1974? (Schallplatte)

Don Blech und der glutrote Vogel. Disney, 1974? (Schallplatte)

Blechbüchse roll! Künstler: Dolls United, Hamburg: eastwest records GmbH, 1995 (Vinyl).

Gut gebrüllt! Künstler: Dolls United, Hamburg: eastwest records GmbH, 1995 (MC).

Die schönsten Originallieder der Augsburger Puppenkiste. 40 Lieder aus TV-Produktionen von 1961–1995. Arnsberg: macht die Musik Verlag, 1995 (MC).

Die schönsten Originallieder der Augsburger Puppenkiste. Arnsberg: macht die Musik Verlag, 1995 (CD).

Blechbüchse roll! Künstler: Dolls United, Hamburg: eastwest records GmbH, 1995 (CD).

Gut gebrüllt! Künstler: Dolls United, Hamburg: eastwest records GmbH, 1995 (CD).

Die Jubiläums-Kassette 50 Jahre Augsburger Puppenkiste. Arnsberg: macht die Musik Verlag, 1998 (MC).

Die Jubiläums-CD 50 Jahre Augsburger Puppenkiste. Arnsberg: macht die Musik Verlag, 1998 (CD).
Die großen Songs der Augsburger Puppenkiste. Köln: Lübbe Audio, 2013 (CD).

Spieleversionen

Puzzle Augsburger Puppenkiste. Don Blech und der goldene Junker. MB International BV under Berne & Universal Copyright Convention, 1990.

Auch bei den intramedialen Transpositionen ist der erste Band der Reihe am häufigsten zu sehen. Dieser wurde von der Augsburger Puppenkiste verfilmt und erlangte so die größte mediale Aufmerksamkeit. Um den Band detailgetreuer produzieren zu können, erschienen hier sogar vier Folgen. Interessant ist, dass Don Blech scheinbar sogar die Musikindustrie beeinflusst hat. Auch die Ausstrahlungen im Fernsehen beweisen die Beliebtheit des ersten Teils. Vereinzelt gibt es vom zweiten Band Hörspielfassungen und Hörbuchproduktion, der dritte Band wurde diesbezüglich jedoch vollkommen vernachlässigt.

Dem breiten Angebot an Medienformaten zufolge lässt sich der Erfolg von Don Blech und der goldene Junker abschließend als hoch einschätzen, während die beiden weiteren Bände sich scheinbar einer geringeren Beliebtheit erfreuten.

Die *Lord Schmetterhemd*-Serie – Ausgaben und mediale Transpositionen 1974–2010[1]

Ausgaben

Lord Schmetterhemd. Besuch aus dem Jenseits. Illustriert von Erich Hölle. 37 halbseitige s/w-Illustrationen. Düsseldorf: Hoch Verlag, 1974. 158 S.

Lord Schmetterhemd. Der tödliche Colt. Illustriert von Erich Hölle. Düsseldorf: Hoch Verlag, 1975, 158 S.

Lord Schmetterhemd. Der Geist des Großen Büffels. Illustriert von Erich Hölle. Düsseldorf: Hoch Verlag, 1976, 126 S.

Lord Schmetterhemd im wilden Westen. Gütersloh: Bertelsmann; Stuttgart: Europäische Bildungsgemeinschaft; Wien: Buchgemeinschaft Donauland; Zug/Schweiz: Buch- u. Schallplattenfreunde; Berlin, Darmstadt, Wien: Dt. Buch-Gemeinschaft 1979, 224 S.

Doppelband: Besuch aus dem Jenseits/Der tödliche Colt. Erschienen im Jahr der Erstausstrahlung der Puppenspieladaption.

Lord Schmetterhemd. Spuk im Wilden Westen. Illustriert von Erich Hölle. 35 halb- und ganzseitige Illustrationen. Einbandgestaltung von Roman Lang, Stuttgart, Wien: Thienemann, 2001, 271 S.

Enthält alle drei Teile.

Taschenbuchausgaben

Lord Schmetterhemd. Besuch aus dem Jenseits. Illustriert von Erich Hölle. 37 halbseitige s/w-Illustrationen. Ravensburg: O. Maier, 1979 (= RTB; Bd. 585; Märchenhafte und fantastische Geschichten), 140 S.

Lord Schmetterhemd. Der tödliche Colt. Ravensburg: O. Maier 1979 (= RTB; Bd. 586; Märchenhafte und fantastische Geschichten), 125 S.

Lord Schmetterhemd. Der Geist des Großen Büffels. Illustriert von Erich Hölle Ravensburg: Maier 1979 (= RTB; Bd. 587; Märchenhafte und fantastische. Geschichten), 107 S.

1 Zusammengestellt von Sandra Andres.

Mediale Transpositionen

Hörspiel

Lord Schmetterhemd. Besuch aus dem Jenseits. Hörspiel, LP. Köln: EMI Electrola/Walt Disney Musikverlag, 1975, 36 Minuten; Regie: Manfred Jenning, Mitwirkende: Gunda M. Jentsch, Margot Schellemann, Sylvia Witschel, Arno Bergler, Gerd Jentsch, Gotthard Ebert, Hanns Marschall, Walter Schellemann, Sepp Wäsche.

Lord Schmetterhemd im wilden Westen. Hörspiel, 2 CDs. Düsseldorf: Patmos, 2006, 166 Minuten; Regie: Felix Partenzi, Gelesen von Siemen Rühaak, Marie Bäumer, Samuel Weiss, Horst Mendroch u. v. a., ab 5 Jahren.

Puppenspielverfilmungen und deren Ausstrahlung im Fernsehen

1979 wurde die Buchserie als vierteiliges Puppenspiel der Augsburger Puppenkiste als TV-Produktion des hessischen Rundfunks adaptiert und im ARD ausgestrahlt. Dabei wurde der erste Band inhaltlich in zwei Episoden aufgeteilt.

Chronik der TV-Ausstrahlungen:

02.12.1979	ARD	1	Besuch aus dem Jenseits
09.12.1979	ARD	2	Der große Kojote
16.12.1979	ARD	3	Der tödliche Colt
23.12.1979	ARD	4	Der Geist des großen Büffels
06.01.1981	hr fernsehen	1	Besuch aus dem Jenseits
13.01.1981	hr fernsehen	2	Der große Kojote
20.01.1981	hr fernsehen	3	Der tödliche Colt
27.01.1981	hr fernsehen	4	Der Geist des großen Büffels
07.06.1984	hr fernsehen	1	Besuch aus dem Jenseits
14.06.1984	hr fernsehen	2	Der große Kojote
21.06.1984	hr fernsehen	3	Der tödliche Colt
28.06.1984	hr fernsehen	4	Der Geist des großen Büffels
22.07.1986	WDR	1	Besuch aus dem Jenseits
15.07.1986	WDR	2	Der große Kojote
29.07.1986	WDR	3	Der tödliche Colt
05.08.1986	WDR	4	Der Geist des großen Büffels

31.05.1987	BR	1	Besuch aus dem Jenseits
07.06.1987	BR	2	Der große Kojote
14.06.1987	BR	3	Der tödliche Colt
21.06.1987	BR	4	Der Geist des großen Büffels
10.07.1989	WDR	1	Besuch aus dem Jenseits
11.07.1989	WDR	2	Der große Kojote
17.07.1989	WDR	3	Der tödliche Colt
18.07.1989	WDR	4	Der Geist des großen Büffels
02.04.1992	WDR	1	Besuch aus dem Jenseits
09.04.1992	WDR	2	Der große Kojote
16.04.1992	WDR	3	Der tödliche Colt
23.04.1992	WDR	4	Der Geist des großen Büffels
12.07.1993	hr fernsehen	1	Besuch aus dem Jenseits
19.07.1993	hr fernsehen	2	Der große Kojote
26.07.1993	hr fernsehen	3	Der tödliche Colt
02.08.1993	hr fernsehen	4	Der Geist des großen Büffels
16.03.1994	WDR	1	Besuch aus dem Jenseits
23.03.1994	WDR	2	Der große Kojote
30.03.1994	WDR	3	Der tödliche Colt
06.04.1994	WDR	4	Der Geist des großen Büffels
21.08.1995	SWR	1	Besuch aus dem Jenseits
22.08.1995	SWR	2	Der große Kojote
23.08.1995	SWR	3	Der tödliche Colt
24.08.1995	SWR	4	Der Geist des großen Büffels
04.08.1996	NDR	1	Besuch aus dem Jenseits
11.08.1996	NDR	2	Der große Kojote
18.08.1996	NDR	3	Der tödliche Colt
25.08.1996	NDR	4	Der Geist des großen Büffels
13.10.1996	ARD	1	Besuch aus dem Jenseits
20.10.1996	ARD	2	Der große Kojote
27.10.1996	ARD	3	Der tödliche Colt
03.11.1996	ARD	4	Der Geist des großen Büffels
10.03.1997	KiKA	1	Besuch aus dem Jenseits
11.03.1997	KiKA	2	Der große Kojote
12.03.1997	KiKA	3	Der tödliche Colt
13.03.1997	KiKA	4	Der Geist des großen Büffels

25.11.1999	KiKA	1	Besuch aus dem Jenseits
26.11.1999	KiKA	2	Der große Kojote
29.11.1999	KiKA	3	Der tödliche Colt
30.11.1999	KiKA	4	Der Geist des großen Büffels
19.05.2001	KiKA	1	Besuch aus dem Jenseits
20.05.2001	KiKA	2	Der große Kojote
26.05.2001	KiKA	3	Der tödliche Colt
27.05.2001	KiKA	4	Der Geist des großen Büffels)

Die Puppenspieladaption der Augsburger Puppenkiste ist außerdem auf DVD erschienen:

Lord Schmetterhemd, Augsburger Puppenkiste, 2005, 111 Minuten; Regie: Manfred Jenning, Mitwirkende: Gunda M. Jentsch, Margot Schellemann, Sylvia Witschel, Arno Bergler, Gerd Jentsch, Gotthard Ebert, Hanns Marschall, Walter Schellemann, Sepp Wäsche.

Eine weitere Auflage ist 2010 erschienen.

Die *Kasper Lari*-Serie – Ausgaben und mediale Transpositionen 1976–2007[1]

Es handelt sich um fünf in sich abgeschlossene Folgen, deren gemeinsamer Nenner die menschgewordene Glockenspielfigur Kasper Lari ist, um dessen Abenteuer es geht. Aufgeteilt ist die Serie in zwei Teile: Die ersten beiden Folgen erzählen die Menschwerdung des Krachmooser Glockenspielkaspers nach 300 Jahren Gefangenschaft im Glockenturm und dessen Abenteuer in der modernen Großstadt. Zwei Jahre später erschien die dreiteilige Kasper Lari-Abenteuer-Reihe. Hier steht nicht mehr der Kontrast zwischen der 300 Jahre alten Kasperfigur und der modernen Großstadt im Vordergrund; die aberwitzigen und absurden Abenteuer der Titelfigur haben mit der Kapitalismuskritik der ersten beiden Folgen nichts mehr zu tun.

Ausgaben

Kasper Laris neue Kleider. Illustrationen von Erich Hölle. Bayreuth: Loewes Verlag, 1976, 155 S., 39 Illustrationen: schwarz/weiß.

Während die Illustrationen im Inneren des Buches ausnahmslos schwarze Tusche-Zeichnungen sind, finden sich auf dem Umschlag – Cover und Rückseite – zwei mit Aquarell und Buntstift kolorierte Illustrationen der Titelfigur, in denen die charakteristische Kleidung Kasper Laris deutlich zu erkennen ist. Ein großflächiges und detailliertes Frontispiz rahmt den Haupttitel gekonnt ein, auch das Impressum ist durch eine Vignette künstlerisch eingerahmt. Das Buch endet mit einer halbseitigen Illustration, die das Ende des «ersten Teils» verkündet. – Im Textteil finden sich sieben ganzseitige Vollbilder, ein zweiseitiges Vollbild in der Mitte des Buches sowie vier Vollbilder mit einer Fortsetzung der Zeichnung als Vignette auf der gegenüberliegenden Buchseite. Die Zeichnungen im Textteil verdeutlichen die Schwierigkeiten des menschgewordenen Glockenspielkaspers in der modernen Großstadt.

Kasper Lari in der Klemme. Illustrationen von Erich Hölle. Bayreuth: Loewes Verlag 1976, 157 S., 40 Illustrationen in schwarz/weiß.

Die Ausstattung dieser Ausgabe ist identisch mit der im ersten Teil der Kasper-Serie. Auf dem Umschlag zeigt sich Lari in zeitgenössischem Anzug auf grünem Einband. Er schaut auf ein «Spiegelbild» seiner selbst in klassischer Kasperleuniform, was den Kontrast beider Welten hervorhebt. Allein die traditionelle Kopfbedeckung verrät, dass auch in Hans Lari der Geist des Glockenturmkaspers steckt. Auf der Rückseite findet sich passend zum Inhalt des Klappentextes ein Kosmetikkoffer abgebildet, geht

---

1 Zusammengestellt von Jessica Taso.

es doch im zweiten Teil der Reihe vor allem darum, wie gekonnt der Kasper in den Alltag der kapitalistischen 1970er Jahre ein- und untertauchen kann. Im Textteil finden sich 12 ganzseitige Vollbilder, zwei Vollbilder, die sich auf einen kleinen Teil der gegenüberliegenden Seite ausbreiten sowie 25 Vignetten. Da beide Folgen im selben Jahr erschienen sind, ist davon auszugehen, dass sie von Beginn an als zusammenhängende Folgen geplant waren, weswegen Design, Anzahl der Illustrationen und Aufmachung einander ähneln.

Kasper Laris Abenteuer. Die Zaubertaube. Illustrationen von Erich Hölle. München/Wien: Franz Schneider Verlag, 1979, 105 S. Illustrationen in schwarz/weiß.

Kasper Laris Abenteuer. Die Räuberbande. Illustrationen von Erich Hölle. München/Wien: Franz Schneider Verlag, 1980, 105 S., Illustrationen in schwarz/weiß.

Kasper Laris Abenteuer. Das Spukschloß. Illustrationen von Erich Hölle. München/Wien: Franz Schneider Verlag, 1981, 101 S., 23 Illustrationen in schwarz/weiß.

Die dreiteilige Abenteuer-Reihe aus dem Franz Schneider Verlag baut lose auf den Geschehnissen der ersten beiden Folgen auf. Sie unterscheidet sich von den ersten beiden Folgen nicht nur dem Umfang und dem Design nach, sondern auch durch die Illustrationen. Hatte der Kasper dort noch das charakteristische Kaspergesicht mit breitem Lachen, einer markant spitzen Nase und roten Backen und Nasenspitze, so scheinen seine Geschichtszüge zumindest auf dem Cover der Schneider-Bücher sanfter und menschlicher, die Haare weniger struppig. Angekündigt wird damit eine mehr realistische Abenteuerserie mit gruseligen Anteilen. – Die Serie hat keine weiteren Auflagen erlebt.

Die schönsten Geschichten vom Kasper Lari. Illustrationen von Ingrid Kellner. München: Franz Schneider Verlag, 1990 (= Benjamin-Vorlesebuch), 139 S., 68 farbige Illustrationen.

Es handelt es sich um eine modernisierte Version der ersten Folge Kasper Laris neue Kleider. Abweichend von der Erstfassung gehen der eigentlichen Geschichte ein Vorwort und drei einführende Kapitel voraus. Mit der Erzählung Kasper Lari wacht wieder auf beginnt die Wiedergabe der 17 Kapitel der ersten Folge in 18 kurzen Geschichten. Während einzelne Passagen unverändert aus dem Original übernommen wurden, sind weite Teile des Textes umgeschrieben. Bei der Sammlung handelt es sich um ein Vorlesebuch für das Vorschulalter, während vor allem die Abenteuer-Reihe für Zweit- bis Drittklässler ausgerichtet war.

Die Abenteuer des Kasper Lari. Wiesbaden: Marix Verlag, 2007, 141 S.; Illustrationen von Karl-H. Volkmann: 57 farbige Illustrationen (gezeichnet und koloriert)

Es handelt sich um eine Neuausgabe der Sammlung von 1990, die sich allein durch die Neugestaltung und insbesondere durch die Illustrationen Karl-H. Volkmanns von dem Sammelband aus dem Franz Schneider Verlag unterscheidet.

Mediale Transpositionen

Dramatisierungen

Kasper Laris neue Kleider zu finden: Ein Spiel für Kinder in drei Akten. Norderstedt: Vertriebsstelle und Verlag Deutscher Bühnenschriftsteller und Bühnenkomponisten GmbH o. J.

Behrend, Katrin (Hrsg.): Kugel, Kiste, Lumpengesindel und Co. 8 Stücke für Kinder, die gerne Theater spielen wollen und manchmal nicht wissen, wo, wie und was … München: Ellermann, 1982, 135 S.; Zeichnungen und Tipps fürs Bühnenbild von Marcel Keller.

Enthält acht Bühnenstücke von verschiedenen Autor:innen anhand von Zeichnungen und Tipps fürs Bühnenbild erklärt. Darunter Max Kruses Kasper Lari als Hutverkäufer.

Hörspielfassungen

Kasper Lari in der Klemme (lustiges Hörspiel). Hörspielbearbeitung und Regie: Kurt Vethake. Musik: Peter-Rudolph Heinen. Text des Kasper Lari-Liedes: Kurt Vethake. Sänger des Kasper Lari-Lieds: Norman Ascot. Spielzeit: 61:50 min. RCA Schallplatten GmbH 1978

Sprecher: Erzähler: Peter Schiff; Kasper Lari: Folker Bohnet; Großmutter: Ursula Kessler; Fee Zimberimbimba: Regine Mahler; Doktor Melchior Kognitor: Tobias Pagel; Amalie Flohordner, Haushälterin: Gerda Meissner u. v. a.

Verfilmungen

Kasper Laris Abenteuer. Serie in 6 Teilen von Armin Maiwald nach Max Kruse. *Sendetermine: 17. 12. 1977 (Die Sendung mit der Maus); 11.9.–26. 9. 1979.*

Ein Zauberer hat aus einer Holzpuppe den Menschen Kasper Lari (Folker Bohnet) gemacht. Der Wissenschaftler Dr. Kognitor (Heinz Balk) will ihm jeglichen Spaß austreiben und das Lachen verbieten. Das lässt der Menschgewordene aber nicht mit sich machen. Die 25-minütigen Folgen liefen zweimal pro Woche nachmittags. Aktuell ist die Serie weder in der Mediathek der Öffentlich-Rechtlichen Sendeanstalten abrufbar noch auf DVD erhältlich.

Folge 1: Die Galgenfrist

Nachdem Kasper Lari in dem 300 Jahre alten Glockenspiel von Krachmoos zum Leben erwacht ist, versucht er nun, sich in dieser Welt zurechtzufinden.

Folge 2: Schönheitspflege

Endlich hat Kasper Lari Arbeit gefunden. Als Vertreter einer Kosmetikartikelfabrik reist er durch die Lande. Und gleich bei seiner ersten Kundin kommt es zu Schwierigkeiten.

Folge 3: Die Holzfigur

Kasper Lari darf keine Figur im Krachmooser Glockenspiel mehr sein. Der Bürgermeister will es so. Also muss Kasper Lari versuchen, sich in unserer Welt zurechtzufinden.

Folge 4: Geisterstunde

Kasper Lari macht Quatsch, wo er steht und geht. Aber ein Wissenschaftler namens Dr. Kognitor will ihm das austreiben. Niemand soll mehr lachen! Das lässt Lari doch nicht zu, oder?

Folge 5: Auf dem Bahnhof

Folge 6: Die große Rede

Kasper Lari hat sich als Dr. Kognitor verkleidet, fährt auf den Kongress zur Förderung der Ernsthaftigkeit und hält dort eine flammende Rede für den Spaß. Doch was wird passieren, wenn der echte Dr. Kognitor von diesem Scherz erfährt.

Publikations- und mediale Verwertungsgeschichte der *Caroline*-Serie 1982–2007[1]

Ausgaben

Katharina Simon[2] (d.i. Max Kruse): *Caroline. Die Verschwörung im Schloss.* München: Franz Schneider 1982, 121 S., Titelbild: Ulrike Heyne Neuaufl.: 1987[3].

Katharina Simon (d.i. Max Kruse): *Caroline. Die brennende Stadt.* München: Franz Schneider 1983, 123 S., Titelbild: Ulrike Heyne. Neuaufl.: 1987.

Katharina Simon (d.i. Max Kruse): *Caroline. Der Überfall auf die Mühle.* München: Franz Schneider 1983, 122 S., Titelbild: Ulrike Heyne. Neuaufl.: 1987.

Katharina Simon (d.i. Max Kruse): *Caroline. Die Entführung aus Paris.* München: Franz Schneider 1987, 122 S., Titelbild: Ulrike Heyne. Neuaufl. 1987.

Caroline. Das Geheimnis der schönen Prinzessin. München: Franz Schneider 1991, 379 S., Titelbild: Ulrike Heyne.

Enthält: *Die brennende Stadt* (1983), *Der Überfall auf die Mühle* (1983) und *Die Entführung aus Paris* (1987)

Caroline. Die Entscheidung. München: Franz Schneider 1993, 185 S., Titelbild: Ulrike Meyne.

Caroline. Die Verschwörung im Schloss. München: Egmont Franz Schneider 2006, 160 S., Titelbild: Silvia Christoph.

Caroline. Die brennende Stadt. München: Egmont Franz Schneider 2006, 160 S., Titelbild: Silvia Christoph.

Caroline. Der Überfall auf die Mühle. Köln: Schneiderbuch Egmont 2007, 157 S., Titelbild: vmtl. Silvia Christoph.

Caroline. Die Entführung aus Paris. Köln: Schneiderbuch Egmont, 2007, 155 S., Titelbild: vmtl. Silvia Christoph.

Caroline. Die Entscheidung. Köln: Schneiderbuch Egmont, 2007, 186 S., Titelbild: vmtl. Silvia Christoph.

---

1 Zusammengestellt von Ronja Hannah Keil.

2 Katharina Simon ist der Mädchenname Käthe Kruses, der Mutter von Max Kruse. Man war der Auffassung, eine Abenteuerreihe für Mädchen sei erfolgreicher, wenn sie einer Autorin zugeschrieben wurde (Vgl. Clarissa: Clarissas Krambude: Autoren erzählen von ihren Pseudonymen. Neckenmarkt: Novum Pro, 2011. S. 109.) *Caroline. Das Geheimnis der schönen Prinzessin*" erschien 1991 unter Kruses Klarnamen, ebenso der finale Band der Reihe *Caroline. Die Entscheidung.*

3 Die Neuauflagen von 1987 zeigen dasselbe Cover, einzig die Schrift der einzelnen Titel und der Rahmen wurden verändert.

Chronologisches Werkverzeichnis (Erstausgaben, Neuausgaben, Verlagswechsel)

Kinder- und Jugendbücher

1 *Der Löwe ist los!* Eine Geschichte für grosse und kleine Leute. Gezeichnet von Franziska Bilek. Freiburg i. Br.: Klemm 1952, 43 S.

2 *Pitt im verbotenen Garten.* Farbfotos: Inge Petersen. Die Bilder stellte mit ihren Puppen Käthe Kruse. Düsseldorf: Hoch Verlag 1957, 8 Bl.

3 *Kakadu in Nöten.* Mit Bildern von Horst Lemke. Düsseldorf: Hoch Verlag 1958, 95 S., Querformat.

4 *Sultan in der Grube.* Mit Bildern von Horst Lemke. Düsseldorf: Hoch Verlag 1959, 95 S., Querformat.

5 *Kleine Gauner – gute Kerle.* Die Räuber von Oltrone. Zeichnungen von Horst Lemke. Düsseldorf: Hoch Verlag 1959, 192 S.

6 *Der Löwe ist los.* Mit Bildern von Horst Lemke. Düsseldorf: Hoch Verlag 1960, 78 S.

7 *Vom Lama, das nicht mehr spucken konnte.* Mit Bildern von Lea Auvo. München: Obpacher 1961, 16 Bl. [Bilderbuch].

8 *Auf frischer Tat.* Düsseldorf: Hoch 1961, 191 S.

9 *Till und der Teddybär.* Ein Abenteuer auf der Auer Dult. Erzählt von Max Kruse u. mit Bildern vers. von Lea Auvo. München: Betz 1963, 13 Bl. [Bilderbuch].

10 *Der fremde Bill.* Zeichnungen. von Ruth Vayhinger, handgeschrieben von Friedrich Melchior. Reutlingen: Ensslin & Laiblin 1963, 60 S.

11 *Ulli unterm Regenschirm.* Ill. von Ingrid Schneider. Düsseldorf: Hoch Verlag 1964, 63 S.

12 *Der Löwe ist los.* Mit Bildern von Horst Lemke. Düsseldorf: Hoch Verlag 1965, 159 S. [enthält 1 und gekürzt 3 und 4].

13 *Kommt ein Löwe geflogen.* Mit Bildern v. Horst Lemke. Düsseldorf: Hoch Verlag 1966, 159 S.

14 *Fred und Peter.* Eine Geschichte aus unseren Tagen / Erdacht u. fotografiert von Marianne Sin-Pfältzer. Text von Max Kruse. Bern; Stuttgart: Hallwag 1966, 60 Bl.

15 *Die kleine Fang.* Zeichnungen von Aiga Naegele. Reutlingen: Ensslin u. Laiblin 1966, 64 S.

16 *Zwilling Luftballon.* Zeichnungen von Franz Josef Tripp. Düsseldorf: Hoch Verlag 1967, 93 S.

17 *Gut gebrüllt, Löwe.* Mit Bildern von Horst Lemke. Düsseldorf: Hoch Verlag 1967, 158 S.

18 *Seifenblasen.* Zeichnungen von Aiga Naegele. Handgeschrieben von Gunda Otto. Reutlingen: Ensslin & Laiblin 1968, 62 S.

19 *Meine kleine Stadt.* Ein Lernbilderbuch. Bilder von Lotti Sartorius. Reutlingen: Ensslin & Laiblin 1968, unpaginiert, ca. 20 S.

20 *Windkinder.* Illustr. Jochen Bartsch. Verse Max Kruse. Reutlingen: Ensslin & Laiblin 1968, 61 S.

21 *Der kleine Mensch bei den fünf Mächtigen.* 5 Parabeln über den Umgang mit anderen und sich selbst. Zeichnungen von Rainer Hartmetz. Düsseldorf: Hoch Verlag 1968, 224 S.

22 *Tausend Stiefel.* Ein Schauspiel für Kinder in 5 Akten. Stuttgart: Thienemann Theaterverlag 1968, 151 S. [Masch.schr].

23 *Urmel aus dem Eis.* Illustr. von Erich Hölle. Reutlingen: Ensslin & Laiblin 1969, 188 S.

24 *Löwe gut, alles gut.* Mit Bildern von Horst Lemke. Düsseldorf: Hoch Verlag 1969, 187 S.

25 *Urmel taucht ins Meer.* Illustr. von Erich Hölle. Reutlingen: Ensslin & Laiblin 1970, 189 S.

26 *Urmel fliegt ins All.* Illustr. von. Erich Hölle- Reutlingen: Ensslin & Laiblin 1970, 187 S.

27 *König Knirps.* Mit Zeichnungen von Rolf Rettich. Stuttgart: Thienemann 1970, 110 S.

28 *Großer Spaß im kleinen Zoo.* Die Tiere haben ein Spiel erfunden, bei dem alle viel Spaß haben. Illustr. von Herbert Lentz. Loewes Verlag: Bayreuth 1970, 41 S. [Neuausgabe von 7].

29 *Der dicke Löwe kommt zuletzt.* Mit Bildern von Horst Lemke. Düsseldorf: Hoch Verlag 1970, 160 S.

30 *Don Blech und der goldene Junker.* Mit Bildern von Horst Lemke. Düsseldorf: Hoch Verlag 1971, 159 S.

31 *Urmel zieht zum Pol.* Illustr. von. Erich Hölle. Reutlingen: Ensslin & Laiblin 1972, 189 S.

32 *Urmel spielt im Schloss.* Reutlingen Illustr. von Erich Hölle: Ensslin & Laiblin 1972, 189 S.

33 *Don Blech und der glutrote Vogel.* Mit Bildern von Horst Lemke. Düsseldorf: Hoch Verlag 1972, 159 S.

34 *Urmel im Vulkan.* Illustr. von Erich Hölle. Reutlingen: Ensslin & Laiblin 1973, 189 S.

35 *Don Blech und der silberne Regen.* Illustr. von Erich Hölle. Düsseldorf: Hoch Verlag 1973, 158 S.

36 *Urmels toller Traum.* Illustr. von Erich Hölle. Reutlingen: Ensslin und Laiblin 1974, 189 S.

37 *Urmels großer Flug.* Illustr. von Erich Hölle. Reutlingen: Ensslin und Laiblin 1974, 185 S.

38 *Die Nacht der leuchtenden Pantoffeln.* Ein Schauspiel für Kinder in 4 Akten. Stuttgart: Thienemann, 1974, 87 S. [als Ms. vervielf.].

39 *König Qualm.* Ein Schauspiel für Kinder in drei Akten. Stuttgart: Thienemann, 1974, 90 S. [als Ms. vervielf.].

40 *Lord Schmetterhemd.* Besuch aus d. Jenseits. Illustr. von Erich Hölle. Düsseldorf: Hoch Verlag 1974, 158 S.

41 *Urmel wird ein Star.* Illustr. von Erich Hölle. Reutlingen: Ensslin und Laiblin 1975, 185 S.

42 *Lord Schmetterhemd.* Der tödliche Colt. Illustr. von Erich Hölle. Düsseldorf: Hoch Verlag 1975, 158 S.

43 *Die Schnurfe in der goldenen Stadt.* Mit Zeichnungen von Erich Hölle. Stuttgart: Thienemann 1975, 160 S.

44 *Die Nacht der leuchtenden Pantoffeln.* Eine Geschichte aus dem Orient, bunt wie ein Basar und voller Poesie und Weisheit. Illustr. von Ulrik Schramm. Bayreuth: Loewes Verlag 1975, 143 S. [Buchfassung von 38].

45 *Lord Schmetterhemd.* Der Geist des Grossen Büffels. Illustr. von Erich Hölle. Düsseldorf: Hoch Verlag 1976, 126 S.

46 *Kasper Laris neue Kleider.* Ein Spiel für Kinder in drei Akten. Stuttgart: Thienemann 1976, 80 S. [als Ms. vervielf.].

47 *Kasper Laris neue Kleider.* Bilder von Erich Hölle. Bayreuth: Loewes-Verlag 1976, 155 S. [Buchfassung von 46].

48 *Kasper Lari in der Klemme.* Bilder von Erich Hölle. Bayreuth: Loewes-Verlag 1976, 157 S.

49 *Die lustigen Gowiggels kommen zu Besuch.* Illustr. von Brigitte Smith. München, Wien: F. Schneider 1977, 77 S. [unter dem Pseudonym Gunnar Aalson].

50 *Die Schnurfe bauen sich ein Haus.* Illustr. von Erich Hölle. Stuttgart: Thienemann 1977, 126 S.

51 *Die lustigen Gowiggels landen im Urwald.* Illustr. von Brigitte Smith. München, Wien: F. Schneider, 1978, 77 S. [unter dem Pseudonym Gunnar Aalson].

52 *Froki und der Schatz der Erde.* Stuttgart: Thienemann 1979, 216 S.

53 *Kasper Laris Abenteuer.* Die Zaubertaube. München; Wien: F. Schneider 1979, 105 S.

54 *Die lustigen Gowiggels spielen verrückt.* Illustr. von Brigitte Smith. München, Wien: F. Schneider: 1979, 77 S. [unter dem Pseudonym Gunnar Aalson].

55 *Die Schlosskinder lassen nicht locker.* Illustr. von Renate Vögel-Cossmann. München; Wien: F. Schneider 1979, 120 S.

56 *Kasper Laris Abenteuer.* Die Räuberbande. München; Wien: F. Schneider 1980, 105 S.

57 *Die Schlosskinder und der geheimnisvolle Gast.* Illustr. von Renate Vögel-Cossmann. München; Wien: F. Schneider 1980, 119 S.

58 *Die Schlosskinder und ihre Abenteuer in Venedig.* Illustr. von Renate Vögel-Cossmann. München; Wien: F. Schneider 1980, 116 S.

59 *Ich bin Ogno der Troll.* Mit Bildern von Christine Ackermann. Stuttgart: Herold-Verlag 1980, 143 S.

60 *Kasper Laris Abenteuer.* Das Spukschloss. München; Wien: F. Schneider 1981. 101 S. [in Schreibschrift].

61 *Die Schlosskinder und die seltsamen Geschwister.* Illustr. von Renate Vögel-Cossmann. München; Wien: F. Schneider 1981, 116 S.

62 *Flori geht zur Schule.* Illustr. von Brigitte Smith. München; Wien: F. Schneider 1982, 59 S.

63 *Die Schlosskinder retten den Zirkus.* Illustr. von Renate Vögel-Cossmann. München; Wien: F. Schneider 1982, 122 S.

64 *Was die Buchstaben erzählen.* Mein ABC in Bildern und Geschichten. Illustr. von Henk Kneepkens. Ravensburg: Otto Maier 1982, 80 S.

65 *Caroline.* Die Verschwörung im Schloss. Illustr. von Ulrike Heyne. München: F. Schneider 1982, 121 S. [unter dem Pseudonym Katharina Simon].

66 *Caroline.* Die brennende Stadt. Illustr. von Ulrike Heyne. München: F. Schneider, 1983, 123 S. [unter dem Pseudonym Katharina Simon].

67 *Caroline.* Der Überfall auf die Mühle. Illustr. von Ulrike Heyne. München: F. Schneider 1983, 122 S. [unter dem Pseudonym Katharina Simon].

68 *Pizza-Bande.* Bd. 5. Das Paradies der Frösche oder der Bandenkrieg. München; Wien: F. Schneider 1984, 121 S.

69 *Es hat dich immer jemand lieb.* Illustr, von Ulrike Heyne. München; Wien; Zürich: F. Schneider 1985, 60 S.

70 *Ich will mit der Sonne gehen.* Eine fantastische Reise. Gemalt von Amrei Fechner. Ravensburg: Maier 1985, unpaginiert, 16 Bl. [Bilderbuch].

71 *Der Schattenbruder.* Roman. Wien: Ueberreuter 1985, 346 S.

72 *Von Sonne und Erde, Wasser und Luft.* Kleine Geschichten von grossen Dingen und brauchbaren Sachen. Illustr. von Monika Laimgruber. Hildesheim: Gerstenberg 1985, 70 S.

73 *Was der Regenschirm erzählt.* Mit Bildern von Herbert Lentz. Würzburg: Arena 1985, 64 S. (= Arena Taschenbuch; 2016).

74 *Caroline.* Die Entführung aus Paris. Illustr. von Ulrike Heyne. München: F. Schneider, 1987, 122 S. [unter dem Pseudonym Katharina Simon].

75 *Tina und ihr Papagei.* Ill. Hilde Heyduck-Huth. Oberursel: Neuer Finken-Verl. 1987, 28 Bl. [Bilderbuch].

76 *Urmel aus dem Eis.* Illustr. von Erich Hölle. München: F. Schneider 1987, 126 S. [gekürzte Version mit neuen Illustrationen in neuem Verlag].

77 *Urmel fliegt ins All.* Illustr. von Erich Hölle. München: F. Schneider 1987, 122 S. [gekürzte Version mit neuen Illustrationen in neuem Verlag].

78 *Der Ritter.* Nach Motiven von Sir Walter Scotts *Ivanhoe.* Wien: Ueberreuter 1988, 415 S.

79 *Urmel taucht ins Meer.* Illustr. von Erich Hölle. München: F. Schneider 1988, 121 S. [gekürzte Version mit neuen Illustrationen in neuem Verlag].

80 *Urmel im Vulkan.* Illustr. von Erich Hölle. München: F. Schneider. 1988. 119 S. [gekürzte Version mit neuen Illustrationen in neuem Verlag].

81 *Urmels toller Traum.* Illustr. von Erich Hölle. München: F. Schneider 1989, 119 S. [gekürzte Version mit neuen Illustrationen in neuem Verlag].

82 *Urmels grosser Flug.* Illustr. von Erich Hölle. München: F. Schneider 1989, 118 S. [gekürzte Version mit neuen Illustrationen].

83 *Urmel wird ein Star.* Illustr. von Erich Hölle. München: F. Schneider 1989, 119 S. [gekürzte Version mit neuen Illustrationen in neuem Verlag].

84 *Die schönsten Geschichten vom Kasper Lari.* Illustr. von Ingrid Kellner. München: F. Schneider 1990, 139 S.

85 *Der Morgenstern.* Wien: Ueberreuter 1990, 275 S. [Taschenbuchausgaben u.d.T. *Der weite Weg,* 1994, und *Die weite Fahrt,* 2003].

86 *Der Morgenstern.* Die Insel der Ritter. Wien: Ueberreuter 1991, 238 S.

87 *Caroline.* Das Geheimnis der schönen Prinzessin. München: F. Schneider 1991. 379 S. [enthält 66, 67 und 70 unter neuem Titel].

88 *Wie die Schuhe fliegen lernten und andere Schelmengeschichten.* Illustr. von Johannes Gerber. München: F. Schneider 1992, 140 S.

89 Der *Morgenstern.* Ein Perlenmantel. Wien: Ueberreuter 1992, 239 S.

90 *Anna zu Pferde.* München: F. Schneider 1992, 220 S.

91 *Caroline.* Die Entscheidung. München: F. Schneider 1993, 185 S.

92 *Die kleine Maus auf Wanderschaft.* Mit Bildern von Thomas Buttkus. München: F. Schneider 1993, 60 S.

93 *Pizza-Bande.* Bd. 27. Elefanten tragen keine Spitzen oder Rettung in letzter Minute. München: F. Schneider 1993, 118 S.

94 *Der Auserwählte.* Animurs Geschichte. Mödling b. Wien: Verl. St. Gabriel 1995, 200 S.

95 *Lisa und Jenny.* Lisa und Jenny lassen nicht locker. Illustr. von Bärbel Skarabela. München: F. Schneider 1995, 124 S. [Neuausgabe von 55 unter neuem Titel und mit neuen Illustrationen].

96 *Lisa und Jenny.* Lisa und Jenny und der geheimnisvolle Gast. Illustr. von Bärbel Skarabela. München: F. Schneider 1995, 124 S. [Neuausgabe von 57 unter neuem Titel und mit neuen Illustrationen].

97 *Die Ponys von der Insel.* Sternenauge. München: Egmont Schneider 1995, 135 S.

98 *Urmel aus dem Eis.* Illustr. von Erich Hölle. Stuttgart, Wien: Thienemann 1995, 158 S. [neuer Verlag].

99 *Urmel fliegt ins All.* Stuttgart, Wien: Thienemann 1995. 160 S. [neuer Verlag].

100 *Urmel taucht ins Meer.* Illustr. von Erich Hölle. Stuttgart, Wien: Thienemann1995. 158 S. [neuer Verlag].

101 *Urmel spielt im Schloss.* Illustr. von Erich Hölle. Stuttgart, Wien: Thienemann1995. 158 S. [neuer Verlag].

102 *Urmel zieht zum Pol.* Illustr. von Erich Hölle. Stuttgart, Wien: Thienemann 1995. 160 S. [neuer Verlag].

103 *Urmel im Vulkan.* Illustr. von Erich Hölle. Stuttgart, Wien: Thienemann 1995. 158 S. [neuer Verlag].

104 *Lisa und Jenny.* Abenteuer in Venedig. Illustr. von Bärbel Skarabela. München: F. Schneider 1996, 124 S. [Neuausgabe von 58 unter neuem Titel und mit neuen Illustrationen].

105 *Lisa und Jenny.* Lisa und Jenny und die seltsamen Geschwister. Illustr. von Bärbel Skarabela. München: F. Schneider 1996, 124 S. [Neuausgabe von 61 unter neuem Titel und mit neuen Illustrationen].

106 *Der Graf von Monte Christo.* Nacherzählt von Max Kruse. Ill. von Doris Eisenburger. Wien [u.a]: Betz, 1996, 94 S.

107 *Urmels toller Traum.* Illustr. von Erich Hölle. Stuttgart, Wien: Thienemann 1. Aufl. 1996. 158 S. [neuer Verlag].

108 *Urmels großer Flug.* Illustr. von Erich Hölle. Stuttgart, Wien: Thienemann 1. Aufl. 1996. 158 S. [neuer Verlag].

109 *Urmel wird ein Star.* Illustr. von Erich Hölle. Stuttgart, Wien: Thienemann. 1. Aufl. 1996. 158 S. [neuer Verlag].

110 *Lisa und Jenny.* Lisa und Jenny retten den Zirkus. Illustr. von Bärbel Skarabela. München: F. Schneider 1997, 124 S. [Neuausgabe von 63 unter neuem Titel und mit neuen Illustrationen].

111 *Im weiten Land der Zeit.* Teil: 1., Vom Urknall bis Galilei. München: Bertelsmann 1997, 531 S.

112 *Die Ponys von der Insel.* Goldhaar. München: Egmont Schneider 1997, 135 S.

113 *Im weiten Land der neuen Zeit.* Teil: 2., Von Galilei bis heute. München: Bertelsmann 1998, 565 S.

114 *Urmels Lichterbaum im Eismeer.* Professor Habakuk Tibatongs Tier-Sprech-Schule. Illustr. von Roman Lang nach Erich Hölle. Stuttgart; Wien; Bern: Thienemann 1999, 158 S.

115 *Die Ponys von der Insel.* Silberfell. München: Egmont Schneider 1999, 140 S.

116 *Urmel fährt Ballon.* Professor Habakuk Tibatongs Tier-Sprech-Schule. Illustr. von Roman Lang nach Erich Hölle. Stuttgart; Wien; Bern: Thienemann 2000, 141 S.

117 *Schelmengeschichten.* Illustr. von Sophie Schmid. München: Bertelsmann 2000, 191 S. [Neuaufl. von 83 mit neuen Illustrationen in neuem Verlag].

118 *Kerlchens wundersame Reise.* Illustr. von Doris Eisenburger. Stuttgart; Wien; Bern: Thienemann 2001, 250 S. [Neuausgabe von 21 mit neuen Illustrationen in neuem Verlag].

119 *Don Blech auf der Didnik-Insel.* Mit Bildern von Horst Lemke. Stuttgart; Wien: Thienemann 2002, 120 S. [gekürzte Neuaufl. von 30 in neuem Verlag].

120 *Don Blech in Gurkonien.* Mit Bildern von Horst Lemke. Stuttgart; Wien: Thienemann 2002, 122 S. [gekürzte Neuaufl. von 33 in neuem Verlag].

121 *Ein Klecks ging mal spazieren.* Kindergedichte. Illustr. von Gertraud Funke. München: Verl. St. Michaelsbund 2003, 94 S.

122 *Don Blech bei den Wattels.* Mit Bildern von Horst Lemke. Stuttgart; Wien: Thienemann 2003, 123 S. [gekürzte Neuaufl. von 35 in neuem Verlag].

123 *Vom Mann und der Gans.* Illustr. von Sophie Schmid. Düsseldorf: Sauerländer 2004. 29 S. [Bilderbuch].

124 *Die Geschichte vom Höherhinauf.* Illustr. von Jens Rassmus. Düsseldorf: Sauerländer 2004, 22 S. [Bilderbuch].

125 *Caroline.* Teil: 1., Die Verschwörung im Schloss. Köln: Schneiderbuch Egmont 2006, 154 S. [Neuaufl. unter Klarnamen].

126 *Caroline.* Teil: 2., Die brennende Stadt. Köln: Schneiderbuch Egmont 2006, 157 S. [Neuaufl. unter Klarnamen].

127 *Wie die Schuhe fliegen lernten und andere Schelmengeschichten.* Illustr. von Karl-H. Volkmann. Wiesbaden: Marixverl. 2006, 141 S. [Neuaufl. von 83 mit neuen Illustrationen in neuem Verlag].

128 *Caroline.* Teil: 3., Der Überfall auf die Mühle. Köln: Schneiderbuch Egmont, 2007, 157 S. [Neuaufl. unter Klarnamen].

129 *Caroline.* Teil: 4., Die Entführung aus Paris. Köln: Schneiderbuch Egmont, 2007, 155 S. [Neuaufl. unter Klarnamen].

130 *Caroline.* Teil: 5., Die Entscheidung. Köln: Schneiderbuch Egmont 2007, 186 S. [Neuaufl. unter Klarnamen].

131 *Das große Geschichtenbuch.* Bildern von Doris Eisenburger Wien; München: Betz 2009, 93 S.

132 *Kerlchens wundersame Reise ins Zauberreich der Sprache.* Bilder von Doris Eisenburger. Neu-Isenburg: Lenz 2009, 277 S. [erw. Neuaufl. von 113 mit neuen Illustrationen in neuem Verlag].

133 *Die Froki-Saga.* Illustr. von Ulrike Thielemann. Neu-Isenburg: Lenz, 2010, 177 S. [Überarb. Neuausg. von 52 mit neuen Illustrationen in neuem Verlag].

134 *Ich und du und Müllers Kuh und 1000 Kaffeebohnen.* Das große Max-Kruse-Buch. Hrsg. von Renate Raecke. Mit Bildern von Christine Brand. Köln: Boje Verlag 2011, 125 S.

135 *Urmel saust durch die Zeit.* Unter Mitarb. von Michael Schmidt-Salomon. Illustr. von Günther Jakobs nach den Figuren von Erich Hölle. Stuttgart; Wien: Thienemann 2013, 149 S. Ein Vortrag zum Schluss, 14 Bl.

Erwachsenenliteratur

136 *Ruhige Insel gesucht!* Roman. Stuttgart: Engelhorn 1965, 173 S.

137 *Goldesel-AG.* Ein heiterer Roman. Stuttgart: Stahlberg 1971, 188 S.

138 *Shaofangs Reise.* Auf der Suche nach Asien. Mit Federzeichnungen von Shaofang Kruse. München: Deutscher Taschenbuch-Verlag 1981, 182 S.

139 *Federleicht.* Verse zu chines. Holzschn. Lahr: SKV-Edition 1982, 48 S.

140 *Amsterdam und seine Bilder.* Lahr: SKV-Edition 1982, 70 S.

141 *Florenz und die Fresken des Benozzo Gozzoli.* Mit Federzeichnungen von Shaofang Kruse. Lahr: SKV-Edition 1983, 68 S.

142 *Die versunkene Zeit.* Bilder e. Kindheit im Käthe-Kruse-Haus. Stuttgart: Deutsche Verlags-Anstalt 1983, 239 S.

143 *Ägypten – das Geschenk des Nils.* Eine Reise. Mit Zeichnungen von Shaofang Kruse. Bern; Stuttgart: Hallwag 1984, 216 S.

144 *Ruhige Insel gesucht!* Roman. Hamburg: Deutscher Literatur-Verlag 1984, 143 S. [neuer Verlag].

145 *Kleines ABC der Freuden.* Lahr: SKV-Edition 1985, 69 S.

146 *China.* Eine Reise von Peking bis Kanton. München: Prestel 1985, 330 S.

147 *Glücks-Geschichten.* Lahr: SKV-Edition 1989, 72 S.

148 *La Primavera.* Ein historischer Roman. Berlin: Ed. q 1991, 416 S.

149 *Gläserner Vogel.* [Gedichte]. München: Sankt-Michaelsbund 1991, 44 S.

150 *Die behütete Zeit.* Eine Jugend im Käthe-Kruse-Haus. Stuttgart: Dt. Verl.-Anst. 1993, 287 S.

151 *Hazard, der Spielmann.* Roman aus dem Mittelalter. Heilbronn: Eugen Salzer 1994, 316 S.

152 *Die verwandelte Zeit.* Der Aufbau der Käthe-Kruse-Werkstätte in Bad Pyrmont. Duisburg: Verl. Puppen und Spielzeug 1996, 198 S.

153 *Der Kronenkranich.* Roman aus der italienischen Renaissance. Bergisch Gladbach: Bastei-Verl. Lübbe 1999. 492 S. [Taschenbuchausgabe von 141 mit neuem Titel].

154 *Ich bin ein Vogel aus Samarkand.* Gedichte. Illustr. von Shaofang und einem Nachwort von Erich Jooß. München: Verl. St. Michaelsbund 2001, 88 S.

155 *Vorfrühling.* Roman Berlin: List, 2006, 109 S.

156 En(t)dzauberung. Herbst des Religionszeitalters. Von Friedhelm Schenitz (d. i. Max Kruse). Neustadt am Rübenberge: Lenz 2007, 419 S.

157 *Gott oder Nichtgott* – das ist hier die Frage; Reflexionen. Neustadt am Rübenberge: Angelika Lenz 2008, 143 S. [Überarbeiteter Auszug aus 151].

158 *Antworten aus der Zukunft.* Ein Weg zu neuer Humanität. Neustadt am Rübenberge: Angelika Lenz 2008, 243 S. [überarb. Neuaufl. von 151].

159 *Die Tage mit Jantien.* Eine Liebesgeschichte. München; Wien: Thiele 2010, 158 S.

160 *Besen, Besen, seid's gewesen.* Eine Vorgeschichte der Aufklärung. Neu-Isenburg: Lenz 2010. 342 S.

161 *Im Wandel der Zeit.* Wie ich wurde, was ich bin. Stuttgart; Wien: Thienemann 2011, 589 S. [enth. 136, 144 und 146 leicht gekürzt].

162 *Das Alphabet der kleinen Freuden.* München; Wien: Thiele 2012, 107 S.

163 *Mein Herz beginnt zu schweben.* Liebesgedichte. Mit einem Vorwort von Erich Jooß. München; Wien: Thiele 2013, 108 S.

164 *Das silberne Einhorn.* Eine Geschichte vom Wünschen. München; Zürich: Piper 2013, 144 S.

Die Beiträgerinnen und Beiträger

Andreas Bode, Dr. phil. i. R., Studium der osteuropäischen und neueren Geschichte und Slawistik; Ausbildung zum wissenschaftlichen Bibliothekar des höheren Dienstes; 1978–1983 Leiter der Bibliotheken der Hochschule der Künste in Berlin, 1983–2008 Direktor und Chefbibliothekar der Internationalen Jugendbibliothek in München.

Hans-Heino Ewers, Prof. i. R. Dr. Dr. h.c., Universitätsprofessor für Germanistik/Literaturwissenschaft. Von 1989 bis 2014 Direktor des Instituts für Jugendbuchforschung und von 2015 bis 2017 Seniorprofessor am Seminar für allgemeine Erziehungswissenschaften der Goethe-Universität Frankfurt am Main. Derzeit Lehrbeauftragter an der LMU München/Zentrum für Buchwissenschaft und der HU Berlin/Germanistik.

Katrin Fügener, freie Journalistin und Autorin, schreibt für süddeutsche Verlage, Firmen und Einzelpersonen mit Schwerpunkt Kultur, regionale Geschichte, Tourismus, Biografie. Für das Museum Penzberg, Sammlung Campendonk, Beiträge als Texterin sowie Mitarbeit bei der Konzeption von Ausstellungen. Seit 2010 zudem Leitung der Stadtbücherei Penzberg.

Kirsten Goebner, Kunsthistorikerin, Wissenschaftliche Mitarbeiterin im Käthe-Kruse-Puppen-Museum der Stadt Donauwörth.

Nazli Hodaie, Dr. phil., ist Professorin für Literaturwissenschaft und Literaturdidaktik an der Pädagogischen Hochschule Schwäbisch Gmünd und Sprecherin des dortigen Zentrums für Migrations- und Integrationsstudien «Migration – Gesellschaft – Schule». Von 2007 bis 2015 war sie wissenschaftliche Mitarbeiterin am Lehrstuhl für Didaktik der deutschen Sprache und Literatur sowie des Deutschen als Zweitsprache an der LMU München.

Petra Josting, Professorin Dr. phil. habil., Hochschullehrerin an der Universität Bielefeld im Fach Germanistik für Kinder- und Jugendliteraturforschung, Literatur- und Mediendidaktik sowie Direktorin der Bielefeld School of Education.

Gerhard Lauer, Professor für Digital Humanities an der Universität Basel. Schwerpunkte seiner Arbeit ist das Lesen. Seine Gruppe untersucht das Teilen von Geschichten in der Menschheitsgeschichte, bei Kindern, in der jüngeren Geschichte und im digitalen Zeitalter. Ab 2021 Direktor des Instituts für Buchwissenschaft der Johannes-Gutenberg-Universität, Mainz.

Claudia Maria Pecher, Dr. phil., Präsidentin der Deutschen Akademie für Kinder- und Jugendliteratur; Leiterin der Landesfachstelle für Büchereien und Bildung im katholischen Medienhaus Sankt Michaelsbund, München, bis 2020 wissenschaftliche Mitarbeiterin am Institut für Jugendbuchforschung der Goethe-Universität Frankfurt am Main.

Carola Pohlmann, Studium der Germanistik an der Universität Leipzig; 1991–93 Postgradualstudium der Bibliothekswissenschaft an der Humboldt-Universität zu Berlin. Seit 1993 Leiterin der Kinder- und Jugendbuchabteilung der Staatsbibliothek zu Berlin – Preußischer Kulturbesitz. Zu den Forschungsschwerpunkten gehören die Kinder- und Jugendliteratur des 18. und 19. Jahrhunderts und die Sachliteratur.

Michael Schmidt-Salomon, Dr. phil. Dr. h.c., ist Philosoph und Autor, Mitbegründer und Vorstandssprecher der Giordano-Bruno-Stiftung (gbs), Mitglied der Forschungsgruppe Weltanschauungen in Deutschland (fowid), stellvertretender Vorsitzender des Bertha von Suttner-Studienwerks (BvS) sowie Direktoriumsmitglied des Instituts für Weltanschauungsrecht (ifw) und des Hans-Albert-Instituts (HAI).

Fred Steinbach ist Film-, Fernsehen- und Musikproduzent. Täger des Grimme Preises, Teilnahme am Hauptwettbewerb Filmfest Venedig, Longlist Academy Awards (Oscars), weitere Preise. Seit 1989 zudem Produzent der TV Serien und audiovisuellen Medien der Augsburger Puppenkiste.

Klaus Wolf, Prof. Dr., lehrt Deutsche Literatur und Sprache des Mittelalters und der Frühen Neuzeit mit dem Schwerpunkt Bayern an der Universität Augsburg. Er ist Mitglied der Deutschen Akademie für Kinder- und Jugendliteratur.

Das Signet des Schwabe Verlags ist die Druckermarke der 1488 in Basel gegründeten Offizin Petri, des Ursprungs des heutigen Verlagshauses. Das Signet verweist auf die Anfänge des Buchdrucks und stammt aus dem Umkreis von Hans Holbein. Es illustriert die Bibelstelle Jeremia 23,29: «Ist mein Wort nicht wie Feuer, spricht der Herr, und wie ein Hammer, der Felsen zerschmeisst?»